U0904191

扔掉深奥，只留实用的好玩美学书

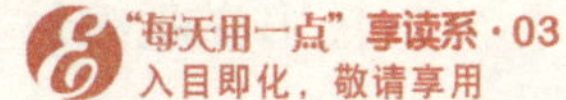

美学其实很好玩

陈韵鹦/著

湖南文艺出版社
HUNAN LITERATURE AND ART PUBLISHING HOUSE

图书在版编目（CIP）数据

美学其实很好玩 / 陈韵鹦著 ; 高婧绘. -- 长沙 :湖南文艺出版社, 2011.5
ISBN 978-7-5404-4846-2

Ⅰ. ①美… Ⅱ. ①陈… ②高… Ⅲ. ①审美心理 Ⅳ. ①B83-02

中国版本图书馆CIP数据核字(2011)第037760号

上架建议：社科 · 时尚读物

美学其实很好玩

作　　者： 陈韵鹦
出 版 人： 刘清华
责任编辑： 唐　明　张　璐
整体监制： 刘　丹
策划编辑： 童丽慧
插画作者： 高　婧
版式设计： 付　莉
出版发行： 湖南文艺出版社
（长沙市雨花区东二环一段508号 邮编：410014）
网　　址： www.hnwy.net
印　　刷： 北京佳信达欣艺术印刷有限公司
经　　销： 新华书店
开　　本： 16
字　　数： 250千
印　　张： 20
版　　次： 2011年5月第1版
印　　次： 2011年5月第1次印刷
书　　号： ISBN 978-7-5404-4846-2
定　　价： 39.80元
（若有质量问题，请直接与本社出版科联系调换）

目录
[CONTENTS]

色彩的奇妙之美 / 46

空间的有趣魔力 / 78

第二章

美感力大测试

你也拥有美感力 / 104

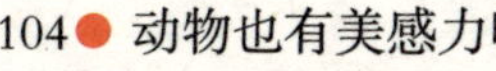

你的美感力有多少 / 120

第三章

美感力大作战

学会欣赏 / 140

发现美的眼睛 / 153

美感力晋级 / 163

让生活充满美感 / 177

第四章

鉴赏最美的经典

鉴赏西方绘画 / 198

鉴赏中国绘画 / 222

鉴赏诗词 / 248

第五章

……应用美学的秘密……

第一章

美是生活

过去，小学有美术课，教孩子们画画，做手工；现在，美术课则被分得更细，分为绘画课、手工课、陶艺课等。这样的美学应用课程，能让孩子们知道如何构图，如何使用颜色，如何制作立体物品。同时它也能让孩子们发现，生活中充满了美的事物，就像放大了的美术课程。

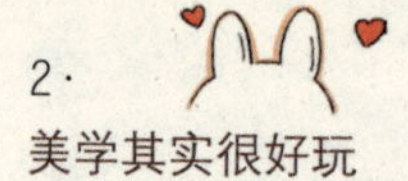

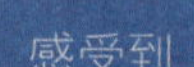

生活处处有美学

生活中处处都有美的事物存在，有美存在的地方，就一定存在与美有关的学问。虽然人人都能感受到美，但不具备足够美学知识的人，无法获得更丰富的美感体验，在同样的事物面前，所获得的享受就更少。

没有美感的生活会是什么样

我们很难想象没有美感的生活会是什么样。事实上，缺乏美感的生活等于缺乏理想和自我证明，其结果将会导致对生活缺乏激情，甚至丧失对生存的信心。

在现代社会中，过重的压力和过于繁忙的生活节奏，容易使人缺乏时间来欣赏美、感受美，所以现代人很容易抑郁成疾。抑郁的治疗方法，其实就是安排出更多的时间来感受美好的事物，一旦能重新感受到美，抑郁就会很快好转。相反的，如果一个人过于空闲而无所事事，又缺乏美感知识，也容易在空虚无聊中感受到生存的无意义。这样的人只要让他们参与能体验到美感的活动，就能使他们重新找到自我认证，活得精彩起来。

由此可见，美不仅是我们生活中可以感受到的，也是保证我们生活得美满的重要元素。增加生活中的美，学会鉴赏生活中的美，能让我们获得更多的幸福感。

美感能使身心愉悦

俄国哲学家车尔尼雪夫斯基是率先提出“美是生活”的学者，他认为美在生活中起着非常重要的作用，美感能引起人赏心悦目的快感。这种快感来自人们对美的事物的感应，当外界的美将人的情感引导调整到相应的状态和水平时，人就会感到内心受到了肯定，受到了激发，心理的愉悦会带动身体发出愉悦的信号。

孔子可以在听到“韶乐”后，“三月不知肉味”，这是音乐调动了生理和心理一起去感受乐音之美。这种余音绕梁的效果，是极度美感带给人的享受，可以使人沉浸其中而忽略其他的感观享受。可见美感能给人带来生理和心理的双重享受。

值得一提的是，生理本身也可以引起单纯的快感，但生理的快感无法引起心理的快感，这就使生理快感很容易消失。引起生理快感的活动一旦停止，快感也就随之消失。而美感所具有的快感更具持久性，不会随着审美的结束而结束，甚至可以凭借记忆重温美感体验。

美感能使生活得到丰富

美国心理学家马斯洛研究出著名的“需要系统”，他认为人类有低级需要和高级需要两种需要等级，其中生理和安全是低级需要的两个层次，归属和爱、尊重、认知、审美、自我实现是高级需要的五个层次。在这个需要系统中，高级需要能够弥补低级需要的不足之处。事实上，生理需要和安全需要是所有生物共有的，也是生命存在所必需的。但人类的本性中就有需要证明自己与其他生物的不同之处，所以才有了高级需要。越高层次的需要越能使人获得满足感。

审美作为高级需要，使人超越功利的狭隘生活，获得丰富的精神体验。所以爱因斯坦认为艺术和科学创造的动力，在于“摆脱日常生活，在单调乏味和这个充满着由我们创造的形象的世界中，去寻找避难所的愿望，才是他们最强有力的动力”。

美感能让生活更美好。

1.2.3...
共同的美感，让人们趋同。

A.B.C...
不同的群体有不同的美感。

敌人！

哇，跳得好棒哦！
人们更欣赏超越自我的美。

我是MJ第二！
它能激起模仿的欲望，从而提升自我。

美感能提升人的素质

虽然现在美学非常强调去感受纯粹的美，但我们仍然不能忽略美感的教化作用。无论中国还是西方，在很早的时候就将美与教化联系在一起。教化是枯燥的，而美感是受人喜爱的，所以用美的形式来教化民众无疑是最受欢迎的。所以古罗马的美学家贺拉斯就提出了“寓教于乐”的学说。

在对孩子的教育中，寓教于乐是非常有用的。让孩子们去数糖果做游戏，比让他们去认识黑板上的数字有趣得多。虽然这些做法重在知识的传授，但事实上，任何美感都能让人获得自我的提升。人们之所以能获得美感，源自内心能与美的事物相感应，这种感应能让人不断肯定自我的内心，并获得自信。即使是纯粹的美感享受，也是自我塑造和自我生成的手段。

为何生活需要实用艺术

我们都知道身边充斥着各种美的事物，其中最多的就是一些经过美化的实用物品。如我们住的房屋，不仅能够遮风蔽雨，还布置得美观、舒适；我们穿的衣服，不仅能遮羞蔽体，还各具特色，在或大方或俏丽中展现自我；我们用的器皿，不仅能盛装食物，更精致得如同艺术品。这些生活用具的美化，就是实用艺术，它能将生活的方方面面，都赋予美的形式，让人们随时感受到美的存在。

美感能带给人更多的幸福感，所以人们更愿意在生活中增添美的事物。这些事物所具有的美感价值，虽然不如艺术品本身的高，但它们随处可得，也能显示出生活的精美度。精美的生活代表着具有更高品质的生活，无论从功利的他人眼中，还是从自我认证的角度，实用艺术都能让人感到充实和满足。

实用艺术以实用为前提

虽然实用艺术能提供美感，但它是以实用物品为创作基础的。这样的艺术形式，与纯粹的艺术是有区别的。单纯的创美活动本身是不注重实用性的，所以诗歌、音乐、绘画等纯粹的艺术形式能够脱离实用的物质基础，这样的艺术形式可以海阔天空自由发挥。但实用艺术却受到物品的实用限制，只能在实用的基础上进行美化。

就好像建一间房屋，不能为了美观而建造得过于低矮；做一只碗，也不能为了追求独特的形式，而制作成完全平坦的形状。如果只为了艺术效果而忽略实用性，这样的物品已经上升为艺术品的范畴，而不能被当做普通物品来使用了。事实上，很多的艺术品就是在实用艺术的基础上发展而来的。

实用艺术更形象

因为有实用的物体为基础，实用艺术很难像纯粹的艺术一样，给人更丰富的想象空间。但它也同时拥有更形象的形式来进行表达，它能让不同思想的美更具体地展现出来，令世人更容易感受和解读。

就像哥特式建筑，其高耸和繁复的形式是在表达一种神秘之美；现代帝国大厦一类的摩天建筑，则用高度和体积的形式，来展示人类的征服力量；又如中国园林中，曲径通幽的移步换景布局，是隐士情怀对自然山水的向往；西方园林规整的秩序和明快的节奏感，则来源于西方人对自然征服的理想思维。

所有经过艺术化的实用物品，都有不同的思想倾向，这就使得同一个物品可以经过不同的艺术化而具有不同的风格。宜家有一个非常有意思的活动，利用宜家所售卖的一件简单家具，请来自不同地方的人对其进行美化。参与活动的人大多会按照自己的喜好去美化这个物品，宜家也借此来表达宜家家具能适应所有家庭的理念。

你什么时候改吃苹果了？
设计改变生活。

哇，
好酷哦！
苹果笔记本

潮
你那个该淘汰了，这个才叫潮！

给我看看！给我摸摸！

太漂亮了。
我也想要。

×1000
好好好，这就拔萝卜去~
拿一千个萝卜来
设计创造价值。

实用艺术已成热门

实用艺术虽然不如纯粹的艺术形式那么具有美感价值，但在现实生活中，实用艺术已经成为了热门的艺术门类。由于生活品质的提高，更多的人需要实用艺术来装扮生活，所以越能进行美化的物品越畅销。实用艺术也因此具有非常实际的价值。

现代人将实用艺术归为设计门类，服装、广告、工业产品、影视等都能用到设计，现在甚至还出现了管理艺术的实用艺术课程。在英国，实用艺术带来的创意产业已经成为了仅次于金融服务业的第二大产业，这也使英国拥有其他国家难以企及的艺术设计课程。在国内的艺术类院校的招生中，也出现了选择艺术设计类的人大大多于选择纯艺术类的情况。虽然纯艺术更有可能会一朝成名，但市场对实用艺术的需求，使其需要大量懂得实用艺术的人参与产品的生产制作，这就使学习艺术设计的人更容易找到一份好工作。

欣赏艺术能提升生活品质吗

不少人将看一场演出，参加一次画展，当做值得炫耀的谈资。虽然古人就将这种并非出于真正喜好的艺术参与活动，称为“附庸风雅”，但这也同时表明，艺术参与活动本身是一件非常风雅的事，代表一种更高层次的生活模式。

可欣赏艺术真的能提升生活品质吗？在古代，普通人要欣赏到非实用的纯艺术品，并非一件易事。摆脱了追求基本生存需求的人，才有足够的资本、时间和心境去欣赏纯艺术品。即使懂得欣赏的普通人，在生活压力下，也很难细腻地去体会艺术本身的丰富内涵。所以能欣赏艺术，本身就代表着有一定的生活品质。这也是有不少人要附庸风雅的原因，即希望通过欣赏艺术让人感觉其生活品质得到了提升。

我们之前说，美感的提升能带动幸福感的提升，因此欣赏纯艺术也就具有获得更多幸福感的可能，而生活品质是与幸福感成正比的。不同的艺术类别，又能丰富我们不同的生活层面，令生活品质得到实质的提升。

雕塑与绘画的凝聚之美

在艺术门类中，雕塑与绘画被称为造型艺术，它们最大的特点是能够再现最具表现力的生活瞬间，具有其他艺术不能比拟的高度凝聚力。由于它们的形象是永恒固定的瞬间，它们具有最能吸引人的情感表达方式。这样的方式可能是我们曾经的记忆，可能是心中期盼的最美形式，而当它们用非常形象的方式出现时，能最直接地打动人心。因此，欣赏雕塑与绘画，是在欣赏经典的形象，寻找瞬间感人的力量。这样的欣赏，能让人更注重观察生活的细节，更能把握生活中充满美感的瞬间。

音乐的流动之美

声音是一种难以捉摸的事物。它没有具体的形象，只能通过听觉获得；它无法被固定，一旦停止发声就会消失。这让声音充满了动态，并适合反复地重复和模仿。这些特性使音乐在很早以前就成为一门独立的艺术，在流动的声音中制造美感。

由于音乐没有具体的形象，所以它只能表现概括的情感。但音乐音响的流动变化，与情感的起伏跌宕具有最大的应和关系，所以音乐能够表达最真切和细微的情感。这也是音乐比其他艺术形式更容易牵动神经的原因。我们会在音乐中兴奋、愉悦、忧伤、落泪，对音乐的欣赏，能让我们更多观察内心的情感波动，了解自己。

舞蹈的发泄之美

在《毛诗序》中，有一句话是讲人如何发泄情感的，其大意是：人的心中有了

对艺术的欣赏能提升生活
品质。

绘画能再现过去的经典。

雕塑的立体感能让经典更
形象。

音乐最能表达细微的情感。

舞蹈最能发泄情绪。

美人图
语言能给人
更自由的想象空间。

情感，首先是用言语表达，当言语不足以表达时就会发出感叹，当感叹不足以表达时就会歌唱，当歌唱不足以表达时就会手舞足蹈地跳舞。可见舞蹈是最能发泄人类情感的一种艺术形式。

舞蹈的动作大多来自生产劳动、生活运动、动物模仿，能给人再现的美感。或柔美或刚毅的肢体，能表现不同的情感，看着舞蹈者的动作，能让人感到自己的情绪也被发泄而出的快感。舞蹈之美也就重在情感获得发泄的满足。

语言艺术的自由之美

语言艺术主要是指文学，它虽然不具有具体的形象，却能令大脑绘制形象；它虽然没有声音，却能令人在阅读中感受节奏之美。所以语言艺术具有全能的特质，它能再现经典，令人内省，发泄情感，更重要的是，这些的获得都是间接的，这就给予人更自由的想象空间。

在《陌上桑》中写了一个叫罗敷的美女，诗中虽然没有写罗敷的容貌如何，只写了她的穿着，但写到看见罗敷的路人会放下担子，年轻人会整理衣冠，耕田的会忘了犁耙，锄地的会忘了锄头。虽然我们无法得知罗敷究竟有多美，但每个人都会将自己认为最美的容貌赋予她。语言艺术就在这种想象的自由中，让人不断丰富自我。

与人的交往也能感受到美吗

我们很难将与人交往和美学联系到一起，但我们常常能在与他人的接触和交往中，获得满足的快感。虽然这跟群居人类的社交需要本能有关，但如果从美学的角度看，与人的交往其实也是一项重要的审美内容。

美感的产生是要事物能够符合人的理想，引起人内心的共鸣，获得自我认证。而在人际交往中，遇到一个心仪的人，或碰上一个相见恨晚的知己，就很容易满足美感产生的条件，这时人体产生的愉悦感与美感是相同的。所以我们在与人的交往中，也同样能感受到美，虽然不是时时都有，但这种美感一旦出现就弥足珍贵，使人想要努力把握这种人际关系，以令愉悦感持续。事实上，在此基础上建立起来的爱情和友情也是最为持久的。

人是美的最高形态

“人是最高级的灵长类动物”一类表示人的高级性的说法，已经老掉牙了，所以我们不会说因为人的高级性，使得对人的欣赏就变得更高级。事实上，任何一类生物，它们所最为欣赏的，还是自己的群类本身。每种生物都能更多地从同类身上获得自我认证，因此欣赏同类之美都是不同生物审美的最高形态。

各种艺术形式虽然是由人所创造，但它们受到各自表现方式的局限，大多只能进行某一方面的审美。但对人的欣赏则不同，人不仅具有实体的形象，也能制造抽象的思维、节奏等，它可以从各方面去实现人所需要的美感，是最全面的综合形态的美。因此在对人的欣赏过程中，人能获得丰富的物质与精神上的美感享受。

形体美是最容易被感受的

我们都很容易被漂亮的形体所吸引，一个美女不仅会让男人回头，还会使女人侧目。容貌形体好的人确实更容易受到他人的注视，这是人自然的美态。

美学家认为当人体符合一定比例时，能显示出最佳的美来。达·芬奇曾总结了一套美的形体比例：人的头长是身高的八分之一，肩宽是身高的四分之一，双臂平伸的宽度等于身长，两腋的宽度等于臀部的宽度，乳房与肩胛骨在同一水平上，大腿正面宽度等于脸的宽度，跪下的身高是整体身高的四分之三，平卧的身高是整体身高的九分之一，两眼间的距离等于一只眼的长度，耳朵鼻子一样长……而中国的宋玉则用“增一分则太长，减一分则太短”来描述最美的人体，对面相还有“三庭五眼”等标准之说。

之所以将比例和匀称作为形体美的重要因素，在科学上是由于符合适度比例的身体最能展示人的灵巧，也最能发挥人的力量。不过一些社会因素，也会使美的标准有所不同。就像“三寸金莲”，就是某个时代特有的审美标准。

仪态美是内在心灵的释放

仪态是指人在交际中的妆容服饰和态度举止。形体主要为天生，仪态则由后天学习得来。所以容颜的美丽是“30岁前靠父母，30岁后靠自己”。人在30岁之前，大部分的时间用于学习，30岁之后基本都拥有一定的学识和独立的思想模式，仪态能表现的，恰恰是30年来所学习到的这些修养和能力。

由于仪态是最能展示人内在的方式，因此大部分人通过仪态来判断他人。善于利用仪态的人，能给人更多好感，从而获得更多的关注度。

现代人为人际交往归纳出了一门人际艺术，这门艺术教授人如何在人际交往中令交往双方感到舒适，以获得对自己最佳的人际关系。其方法主要是在建立和维系人际关系时，尽量采用符合对方理想，能引起对方共鸣，能使其获得认证，同时又对自己有一定利益的方法。在对方获得美感的条件下，就更容易获得需要的人际关系。

交际中心灵的善美是美学家非常注重的，这个不用多说。值得一提的是，越是善美的行为，越能给对方美感，使对方也自然回馈善美。这些被称为关爱、同乐、和谐的行为，恰恰能使人际的美感达到最高的层次。

同类之美是最高形态的美。

我爱萝卜，你也爱萝卜，
我们有很多共同点。

我们有相同的兔子比例。

你还是最会装扮的兔子。

你更上得厅堂下得厨房！

赞美的力量
善意对待他人更容易获得回报。

人们为何既喜欢看喜剧又喜欢看悲剧

我们通常能理解人们为何爱看喜剧，毕竟快乐的感觉是人人都希望拥有的。但为何人们还很喜欢看悲剧，甚至曾经出现几乎全国人民为同一部悲剧而伤心感怀的情景？

很多人将喜欢看悲剧归结为心理因素。当我们看到有人和我们同样悲惨时，我们会与其产生共鸣；当我们看到有人比我们更悲惨时，就会感觉自己的不幸是微不足道的。在美学的范畴中，共鸣是最容易获得美感的，而对比则更容易感受到美。

不过也有人指出，悲剧之所以被人们喜欢，是因为它更值得玩味。就像列夫·托尔斯泰所说："幸福的家庭都是相似的，不幸的家庭各有各的不幸。"悲剧本身拥有的复杂性可能比喜剧来得更多。加上"人生不如意事十之八九"的论断，使人们对悲惨的理解远比对喜悦的理解来得深刻。因此悲剧不仅受人欢迎，也拥有更深入人心的力量。

负面艺术也能制造美感

其实不仅仅是悲剧，在很多的艺术形式中，都会出现与快乐相反的情感。有的忧伤，有的悲愤，有的荒诞。几乎所有人可能拥有的情感，都可以在艺术作品中找到。

在人类对艺术的追求过程中，人们发现，美感的产生与艺术品本身形象的美或丑是没有必然关系的。重点是艺术品有经典、深刻的表现，其精彩度关系到美感是否能够产生。所以艺术家在创造艺术品时，将重点放在如何对人类及其周围的一切进行经典、深刻的表现。因此人类的不同情绪，甚至带有负面的情绪，都成为艺术表现的形式。

我们知道最容易获得美感的形式就是内心能与欣赏对象产生共鸣，这种共鸣使人的情绪在外界找到了共同点。当共鸣的力量足够大时，情绪就会获得释放的出口，从而获得最佳的美感体验。

正面的情绪获得释放能令人有“心有戚戚”的满足，而负面情绪的释放则能让人获得解脱。负面情绪被释放的快感，毫不逊于快乐情绪所带来的快感。尤其是当负面情绪被长久压抑得不到释放时，欣赏负面艺术就是非常有效的减压方式。

悲剧比喜剧更深刻

美学家普遍认为，悲剧比喜剧更为深刻。叔本华甚至认为悲剧是艺术的高峰。不过这里的悲剧要和生活的悲剧相区分，它是指悲剧的艺术。生活中的悲剧是不幸，可能是偶然因素造成的；悲剧的艺术则有更深的性格原因和社会原因，它们大多是无法摆脱的必然。小说中有情人不能终成眷属的悲剧，就是典型的悲剧艺术。

比起制造快乐的喜剧，悲剧的无法摆脱感，吸引人们不断寻找悲剧发生的原因。人们对悲剧的认识，也从最开始无法摆脱的命运，发展到个体性格必然导致的结果，之后又发展为个人无法改变的社会所必然导致的结果。不过这一过程却使人们发现悲剧并非不能改变，个人对其性格缺点的改变，群体对其社会弊端的改革，都能避免悲剧的发生。因此悲剧也具有令人深思并寻求改变的力量。

需要警惕的情绪放大

虽然悲剧能释放负面情绪，给人减压，令人深思，但它也可能将情绪放大，甚至达到难以控制的程度。就有不少读者和观众，由于受到悲剧作品的影响而对人世感到绝望，继而选择了自杀。

艺术本身需要艺术家将情绪放大，方能使艺术更具有感染力。但如果不能理性对待这些放大的情绪，任由情绪无限制地扩大，就具有极大的危害。不少艺术家、文学家也由于无法摆脱被放大的情绪影响，最终以自杀结束自己的生命。我们仅在这里举一些著名的例子：梵高、莫泊桑、杰克·伦敦、叶塞宁、马雅可夫斯基、海明威、芥川龙之介、三岛由纪夫、川端康成、陈天华、王国维、老舍、傅雷、三毛、海子、顾城、徐迟、张纯如……

悲剧比喜剧更具感染力。

女人为什么都爱看悲剧?

脆弱的女人在看什么?

55555……
??

喜剧可以调节悲剧释放的
负面情绪。
多哭伤感，换部喜剧看看吧。

点与线的完美世界

我们的世界是由点线为基础建构起来的，点与点能形成不同的布局，线条与线条能构成不同的形状。所以点线的运用，不仅是绘画艺术中强调的重要技巧，也能在生活中发挥奇妙的作用。

点线是我们最简单的叙述方式吗

原始人为了增加记忆，会使用结绳记事的方法。一根绳子上，一个结表示一件重大的事情，当看到这个结就会记起曾经的重大往事。我们今天还能在鄂伦春人的家里看到这样的绳子，如有的家庭会用绳结来代表这家人传了几代。在子孙绳上，鄂伦春人则会挂上一些物品来代表家庭成员。如家中生了男孩会挂上小弓箭，生了女孩则会挂上红布条，看看绳结就可以知道有多少男孩多少女孩了。所以人类最早就是用点与线来记事的，我们今天在绘制历史事件的线形图时，也会采用这种点线结合的方式。

数学上认为点是一个最基础的单位，当点发生移动就会成为线，线的平面组合能构成面，在三维空间中则能构成立体形状。点线的组合其实就是构成这个世界最基本的方式。所以我们自然也就学会了利用点线来进行表述，这早已成为人类最简单的叙述方式。

以点线描绘形状是绘画的基础

中国有一种绘画形式叫做白描，就是在一张白纸上用线条描绘出形状来。白描最早是画家和制作壁画的工匠为了让画面更加精美，先用浅色的线条勾勒出一个形象，然后再填上颜色。这些用线条勾勒的形状只是绘画的底稿，但也是绘画成功与否的关键因素。到了印刷时代，由于彩色印刷相对昂贵，要想经济实用，最好能用一种颜色来表现事物。既然线条本身就有很强的表现力，何必再用颜色来增加成本呢？于是在明清小说中，出现了大量白描绣像，使白描成为了一门独立的艺术。

事实上，我们眼中的世界，无论大小方圆，都能将其外部轮廓视为线条。因此在图形艺术中除了少数的绘画形式不用线条预先勾勒，大部分都要借助线条来确定形象。在西方也使用素描的方式来表现形象，不过素描在描绘基础形状的同时，还注意物体表面的明暗变化，即利用线条来表现阴暗的部分，以使形象更具立体感。素描也是西方绘画的基础，可见线条是图形艺术最基础的表现形式。

结构布局是点线的运用艺术

人类对点线的认识并不局限在点与线构成的形状上，更重要的是，点与线能进行结构布局。几乎所有的事物都可以看做点，一个苹果是点，一个人是点，一栋房子是点，一个楼盘是点，一个城市是点，一个国家也可以是点，就连我们住的星球也可以看做点。点与点以怎样的距离摆放，怎样连接成线，对于结构布局来说是非常重要的课题。

在点线布局中，线能确定点是否具有意义。尤其是同一空间代表不同事物的点线，只有当点与线相连时，才有实用性。比如，在一间客厅里，茶几、电视、坐椅、柜子等都可以看做点，这些点如果连起来就是线，而客厅中空余的地方则可以看做人行动的路线。由家具家电组合起来的点线布局，是否会影响到行动路线的流畅性，是客厅布局的关键。只有当行动路线能流畅地与各家具家电点相接触，才可能使客厅发挥最大的功能。这个点线规则在城市中也同样有用。

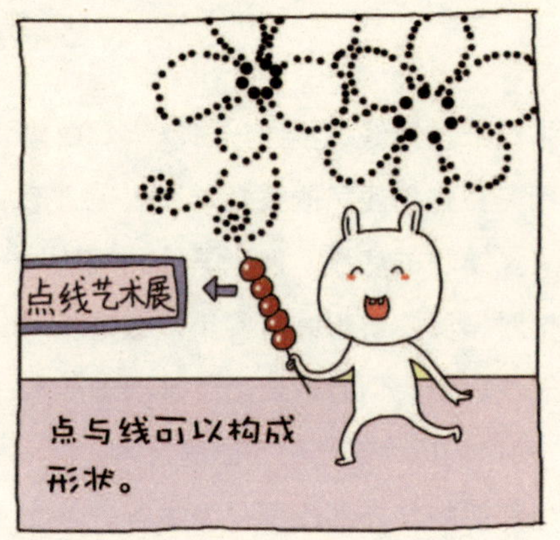
点线艺术展
点与线可以构成形状。

点的布局能影响美感。

生活中有很多点线结构。

我的项链也是。
糖葫芦也算。

这算不算点线结构？

太多了~~

文学中的点线技巧

对点与线的应用，使人们发现点与线具有高度的概括作用。所以人们将点线的概念抽象了出来，创造了很多词，如兴趣点、工作站点、流水线、路线等。在文学艺术中更将点线作为作品是否成功的重要标准之一。

文学中的点指众多人物和事件中的一个，这个点越典型越能代表整个群体，这就是文学作品要“以点带面”的要求。文学中的线则是指线索、主题，所写人物和事件是否与线索、主题有关，意味着它们是否有必要在作品中出现。而线索、主题越少，就越容易被读者理解，过多线索则会使作品变得杂乱无章，很容易导致失败。

为什么拍照时人们喜欢靠得比平时更近

我们在拍纪念照时，拍照的人一定要靠得近才会好看。我们也经常听摄影师在拍照时叫：“大家靠近点！”很多人认为，要让相机镜头照下足够多的人，一定要让大家靠得近一点才行。其实这并非拍照时人们靠得近的真正理由。

我们之所以要拍纪念照，是拍照的人之间有比普通人更近的关系。谁都不愿意留下不好的印象，所以纪念照一定要看起来很美好。人际关系的美好，很大程度上取决于人与人之间的亲密度。人与人越近，表示两者之间越亲密。所以，通常人们会在镜头前表现得比平时亲昵一些。

不过摄影师的看法有些不一样，他们发现如果拍照的人按照平时站立的距离拍照，最后在照片中的距离会看起来比实际距离远。我们看照片时也会发现，如果一张照片中的两个人不是肩并肩站在一起，而是隔了一点距离，我们就会觉得两人离得太远了，很疏离，这跟我们平时的感觉完全不同。

点在不同范围内的远近效果不同

我们在看两个以上的点时，它们之间的距离，是跟视野的范围有关的。如果眼睛离它们的距离近，我们就会觉得它们之间的距离远；如果眼睛离它们的距离远，我们就会觉得它们之间的距离近。根据这个原理，我们可以画两组同样距离的两个圆点，在一组圆点外画大框，在另一组圆点外画小框。结果我们会感觉画大框一组的圆点距离比画小框一组的圆点距离近。这就是说，小的视野范围，具有使两点间距离拉大的错觉效果。

相片的视野范围不同于人眼，它的视野是相机的镜头所捕捉到的图像范围。人的单眼水平视角可以达到135°，而标准镜头的视角只有45°~55°。这使相片的视野通常只有人眼的三分之一左右，我们看相片时，自然会有距离被拉大的错觉。

点的距离感能影响布局

点在不同范围内的距离感，会影响它们之间的关系。当点与点的距离小于画框宽度的三分之一时，我们会有两个点在向中间靠拢的错觉；而当点与点的距离大于画框宽度的二分之一时，我们则会认为两个点在向两旁分散。这样的错觉，让人感觉点仿佛有磁性，近的点具有相吸的动感，而远的点则具有相斥的动感。

这种特性成为人们对事物进行布局归类的重要依据。两个事物在视野中感觉相吸，它们就会被归为一类；当它们出现相斥的感觉时，就被划为两个类别。根据这个原则，有经验的摄影师，会在人满为患的景点尽量靠近被拍的人。这样不仅拉远了被拍者和其他人的距离，还让相片中的人产生相斥的感觉，从而点明他们的关系。这种方法在环境布局中也被广泛运用。不同主题或不同风格的区域之间，会有相对较大的距离。

人与人之间的交际距离

点与点的距离所造成的相吸或相斥感觉，也被我们用来判断人与人之间的关点在不同范围内的距离感不同。

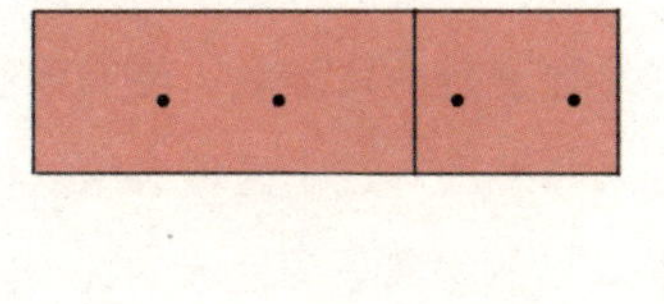

距离可以判断两人的关系。

不同国家的人对距离的认识不同。

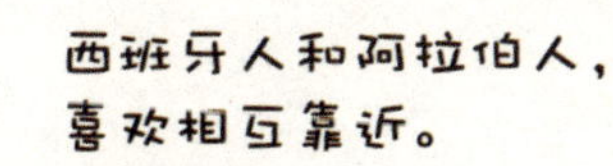

西班牙人和阿拉伯人，喜欢相互靠近。

拉美人交谈时几乎贴在一起。

意大利人靠得太近，英国人只好不断后退。

系。在人际交往的距离美学中，我们会发现，根据关系的不同，人与人的距离是不同的。

亲密的朋友和恋人、夫妻，可以将距离拉得非常近，大约在15厘米之内。在这个距离里，两人可以感受到相互的体温、气味、气息，这是最为亲密的关系。这种关系的最远距离为15厘米到45厘米，两人能很容易地进行身体接触，使亲密感不减。熟人之间的交际距离为45厘米到75厘米，陌生人如果进入这个区域会给人以侵犯感。一般的朋友和认识的人，应保持75厘米到120厘米的距离。陌生人的礼节性接触，需要将距离维持在120厘米到200厘米之间。如果在非常正式的交往关系中，则需要将距离增加到200厘米到400厘米。如果是在演说类的公众场合，演说者则需要与听众保持400厘米到800厘米的合理距离。

越简单的事物越有吸引力吗

在奥斯卡颁奖典礼的红地毯上，我们经常会看到性感的女星们费尽心思用服饰来展示自己。不过无论她们选用什么款式，她们大多数都会穿单一的颜色，或者一身红色，或者一身白色，或者一身黑色。明星的服装设计师是最懂得女星心理的，她们都希望在公众场合中是最醒目的。多种颜色很容易在视觉上将人分割成很多部分，降低人本身的吸引力。而单一的颜色，则会显著提高吸引力。

这就是视觉的简单原则，设计师们相信越简单越具有吸引力。一幅油画，不如同样大小的墙面来得简单；一缕烟雾，不如旁边的气球简单。所以我们更容易被简单的墙面、气球所吸引。

简单的事物具有统一的效果

这里说的简单，不仅仅是指颜色和式样的简单，它其实是一个更宽泛的概念。

人眼会将相似的物体进行简化，无论这个物体本身有多复杂，都会被认为是一个点，多个相似的点之间能发生联系，具有互相吸引的作用，就会使它们看起来像一个整体。

在服装搭配中，这种简单带来的统一效果是非常重要的搭配原则。我们身上的服饰可以五颜六色、形状各异，但在不同的位置应该有相似的元素，这样才能让服饰看起来是一个整体。如黑色的鞋可能是为了跟头发的颜色相应，粉色的珍珠耳环可能是为了跟裙子上的粉色圆点相应，三角形的发饰可能是为了跟项链上的三角形坠饰相应。简单事物间的统一性，让不少情侣喜欢穿情侣装，也让不少三口之家喜欢购买亲子装。而不少公司为了使公司形象更为突出，也会让员工穿统一的制服，让各店面采用统一的装修。

简单的事物更容易表达思想

由于简单的事物本身具有很强的吸引力，所以现在的广告商会运用最简单的事物来表达理念，他们将最需要强调的内容放到最大。

在具有不规律性质的艺术中，也常利用简单的表现力。最典型的例子是格林瓦尔德为伊森海姆祭坛绘制的耶稣受难图。在图中，圣母、耶稣的腰布、羔羊、《圣经》、十字架顶部的题字，都使用了白色，这不仅仅让画面看起来更像一个整体，它们也共同表达了神圣的含义。这样的方式在“散漫性构图”的绘画作品中，被经常使用。

简单所制造的相似性不仅仅用来区分类别，它还能构成图案。在体检时，医生会让我们看测试色盲的卡片。我们之所以能从中看出形状、字母来，是因为其中相同颜色的相互吸引力，使我们将统一颜色的部分简化为一个连续的图案，而其余的颜色则被简化为背景。

不同的事物，如果它们能组合成简单的形状，也能使它们之间关系紧密。用各种饰物编织成的圣诞环，就是非常典型的例子。而在艺术中，达·芬奇率先发现了三角形构图的稳定性和统一性，他的大部分作品都采用了三角形构图。《岩间圣母》、《最后的晚餐》都是利用人物形成的三角形来表现整体性。这种构图也成为绘画的经典构图模式，在籍里柯《梅杜萨之筏》中，更是利用了船的三角形结构来

简单的事物能给人统一感。

画家非常善于利用简单相似性原则。

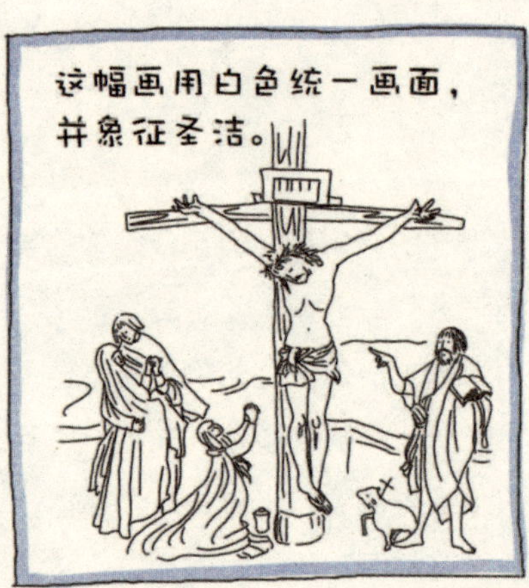
这幅画用白色统一画面，并象征圣洁。

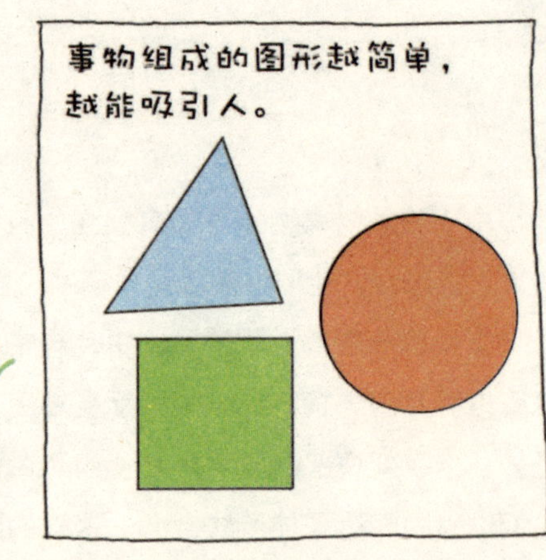
事物组成的图形越简单，越能吸引人。

绘画中的三角形构图，利用了简单图形的统一性。

简单的事物之间容易形成运动感。

框定人物。

简单的事物之间容易形成运动感

在同一视觉范围内，多个简单的事物可以给视觉带来运动感。在生活中，我们的视线经常被各种指示标志吸引，它们会指引我们的眼睛运动。当多个指示标志同时指向一个方向时，就会给我们带来运动感。

这一原理也被艺术家运用到了绘画中。最典型的例子是西班牙画家葛雷柯所绘制的《洁净圣殿》，在整个画面中，只有耶稣和左下角货币交换者的衣服是红色的。我们的视线会从耶稣转移到货币交换者，在视线移动的过程中，我们会看到左边人群做出躲避的动作，就仿佛看见了耶稣在挥动鞭子驱赶人群，这让静止的画面形成运动感。

线条可以表达情绪吗

当有重要人物去世时，我们会发现，报纸会将其照片用很粗的黑色线条框起来。用于祭吊他的文章，也会用上很粗的线条来与其他文章相分隔。平时我们很少在报纸上看到粗线条，一般会采用一些细长的线条来分隔文章或板块。

如果我们将一张有粗线条的报纸和一张只有细线条的报纸放在一起，会明显感觉粗线条的报纸更为沉重，它能让我们收起戏谑的心态，变得严肃起来，甚至有的人可以直接从线条上感觉到悲伤。

而细线条的报纸则更容易让人心情轻松愉快，尤其是长的线条，能给人更为流畅的感觉，带给人阅读的轻快感。这或许也是《21世纪经济报道》为什么喜欢采用横向破版版式的原因。阅读经济文章常需要多动脑，通过细线条的横向分隔，能大大简化版式，使报纸整体节奏更为明快，也使阅读变得轻松一些。

由此我们发现，线条是可以用来表达情绪的，也可以影响情绪的波动。

人们对不同的线条有偏好

早期的实验美学心理学家，利用各种线条做实验，通过人们对不同线条的喜好，来了解什么才是人们最感兴趣的线条和形状。在关于线条类别的喜好上，实验发现，人们最喜欢的形状为圆形，第二是直线，第三是波浪形，第四是椭圆形，最后是圆弧形。

不过人们对线条喜好的选择并非固定的，个体差异之大甚至让被试者和研究者都很难解释。有不少人对直线的喜好超过了圆形，而有的人根本就不喜欢圆形，其理由是看圆形会让他们的眼睛一圈一圈地运动，这让他们感到不舒服。

线条的变化会引起喜好的变化

人们对线条的喜好似乎很容易发生变化，特别是当线条本身发生了一定的变化后。一根短的横线可能很难给人喜好的感觉，但当它被加粗后，可能就会引起关注。而当它被加粗到让人感觉它有高度时，它既可以被看做线，也可以被看做长方形，这容易让人对其感兴趣，甚至产生好感。如果继续将其加粗，它可能变成矮胖的矩形，而使人厌恶。但当它被加粗成正方形时，又会引起人的好感。当它再次加粗，又会显得过于臃肿。直到它被加粗成细长的垂直长方形，它可能被看成一条足够粗的线条，此时人们会重新对其发生好感。

由此我们发现，人们对线条的变化非常敏感。除直线的粗细外，圆的大小变化、弧线的曲度变化、线的倾斜角度、波浪形的紧凑度、线的长短等，都会给人不同的感觉。设计人员也因此非常注重各种线条、色块的运用，致力于通过它们来影响观看者的情绪。

线条本身能给人喜好感。

线条的改变，会影响喜好。

超爱！！

富士山
线条会使人们产生联想。

流畅的线条能带给人愉悦。

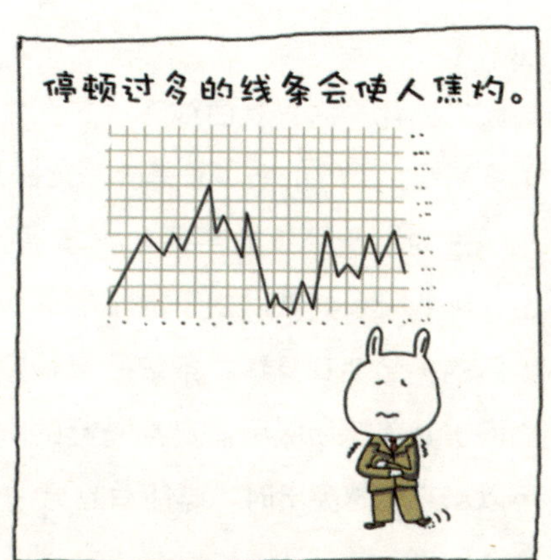
停顿过多的线条会使人焦灼。

流畅、有规律的线条能引起好感

不论是什么线条，能引起好感的线条大多是流畅的、有规律的。虽然人们大多不喜欢有棱角的线条，但当出现有规律的折线时，人们大多也会表现出好感。

美学大师宗白华先生称，中国的艺术就是线的艺术。我们确实能在中国画中看到更多的线条，而非西方画的色块。其中能引起愉快情绪的线条，无论用笔的浓淡、燥湿，都是非常流畅的，就连转角也没有过多的棱角。而使人不愉快的线条，基本上都是出现了过多的停顿，让人感觉艰涩难行。当停顿过多时，就会给人焦灼、忧郁的感觉。

虽然线条本身会给人带来不同的喜好体验，但人的心理也会使人对同一线条有不同的看法。当一条斜线被当做画得糟糕的垂直线时，人们就会感到厌恶；当这条斜线被看做一条向上的坡路时，人们则会感到欣喜。

这种心理对线条喜好的影响，其实是人们在对线条下定义。传统上，我们已经将垂直线定义为向上的力量，将曲线定义为流水般的柔顺，将立着的长方形定义为屹立不动的挺拔力量，将横着的长方形定义为伸展的自由，而粗线条则被定义为严肃、沉重，我们在看到它们时，首先会根据经验判断其定义，而作出情绪的反应。

为什么男性喜欢具有曲线感的女性

男性几乎都喜欢曲线玲珑的女性，这绝大部分是出于生理的需要。但从美学的角度来看，女性的曲线正是外观上跟男性之间最大的差别。

生物出于繁殖的需要，大多拥有与异性不同的生理特征，这些生理特征越突出，越能吸引异性。由于男性的身材平板，不仅缺少变化，从线条的角度看，肌肉组织的突起使其身体线条缺乏流畅感。因此当拥有柔和线条的女性出现时，男性会立即被其美感所吸引。高高隆起的胸部和丰满的臀部，都是女性重要的外部特征，所以当它们越突出时，越能激起男性的兴趣。

曲线作为女性的特征是深入男性骨髓的，西方的艺术大师们对女性的人体美推崇备至，甚至认为女性就是最完美的人体。这就是为什么大部分男性反感中性化的女性，有的甚至有深恶痛绝的情绪。拒绝曲线美的中性化女性，是在对男性的传统审美进行颠覆，这在审美心理上，是对男性的对抗，自然很难引起男性的好感。

女性以曲线为美

由于男性对女性曲线的追捧，使女性将曲线作为自己重要的美感象征，可事实上，并非所有的女性都拥有完美的线条。摄影师和画家所记录的人体，大多是最完美的人体。对大部分女性来说，胸部不够挺拔、腰部的赘肉、臀部的平扁或下垂、腿部的粗短，都可能影响形体的美感。因此从古代开始，就有专门的礼仪课教导女性要如何走、如何坐、如何穿衣打扮，这些课程在很大程度上，都是为了使女性吸引男性的特征被更好地展示出来，而不利于吸引的部分则被隐藏起来。所以女性的装扮和行为艺术，大多是曲线的艺术。

中国绘画不像西方绘画那么强调曲线的美感，这跟中国传统思想中摒弃情欲的要求有关。所以就连在印度曲线玲珑的佛像，也在中国变成了水桶腰。不过在唐朝永泰公主墓出土的宫女壁画中，有一个身体呈现S形的宫女。她手捧烛台，头部微微前倾，身体呈现出前行时特有的曲线，加上其衣服柔和的线条，顿时将少女的柔美展露无遗。国画大师专门为其写了一首诗，结尾处有“曲尽风姿写仪态”的诗句。这个宫女也由此被一些艺术家称为中国古代最美的女性。

曲线是具有动感的线条

曲线的不稳定性使曲线由此具有动感。我们在观看曲线时，会有视线随着曲线波动的感觉。当我们用曲线来绘制波浪时，很容易产生波浪在流动的错觉。

曲线虽然不具有太大的实用性，但能使艺术作品更有生机。绘画中常常大量使用曲线，就是为了制造更强烈的动感。唐代画圣吴道子的画，就因为拥有流畅的曲线而使画中的人物动感十足，世人赞其为“吴带当风”。

人类喜欢具有曲线美的女性。

异性的外形差异，具有吸引作用。
兔子为什么都长一个样？

女性为了吸引男性，也常摆出S形造型。
S形

艺术家非常喜欢描绘女性柔美的躯体。

永泰公主墓中的宫女也有优雅的S形。

晕！

现在，人们为了打破家具陈设的呆板，开始制造具有曲线感的家具，一张富于曲线的桌子，或一个曲线条的搁板，能让室内风格活跃起来。但是这种曲线的布置，只适合用来做点缀，如果过多，则会带来头晕、不安全的副作用。

曲线并非是最受欢迎的线条

虽然男性对曲线明显的女性充满了好感，但在众多的线条中，人们更喜欢的线条并非曲线。我们在前面提到过，大部分人对圆和直线的喜好超过了曲线。曲线之所以不能成为最受欢迎的线条，可能是由于它不属于稳定的线条，让人感觉它很容易改变。曲线弯曲的幅度，随时可以发生变化，这使得曲线缺乏硬度，在现实生活中缺乏实用性。

我们在生活中是很难看到曲线事物的，这一方面是因为它不容易制造，另一方面则是因为它过于柔软。即使使用坚固的材料来制作曲线，也会使人感到不安全。在日常生活中，我们更多看到的是与直线相连的弧线，它作为圆的部分，比曲线更有稳定感。

不过或许正是因为生活中曲线的缺乏，就更凸显了女性曲线的美。

名片的尺寸是怎么来的

现代名片的标准尺寸是9厘米x5.4厘米，在古代，名片的尺寸经历了不小的变化。

名片最早大约出现在我国的秦朝，当时被叫做“谒”，是拜谒的意思，是为了去拜见某人需要递送的身份介绍帖子。之后名片又被叫做“名刺”、“拜帖”、“名帖”。我们今天可以看到的最早的名片，是汉朝的谒，长22.5厘米，宽7厘米，很像上朝用的手板。到了元代，名片的尺寸变得非常小，大约长9厘米，宽6厘米，跟现在使用的名片大小差不多。到了明代，名片又变大了，大约长21厘米，宽9厘米。直到近代，名片的尺寸才恢复到较小的尺寸。

虽然很难知道为何元朝名片的尺寸跟今天名片的尺寸很相似，但从时间上来看，元朝正处于西方的文艺复兴时期。该时期对古典美的追求，使黄金比例得到了充分的运用。元代和今天名片的尺寸都符合黄金比例，或许这是东西方文化交流的结果。

数学家发现了黄金比例

黄金比例最早由古希腊的数学家发现。当时数学家为了找到最美的比例，不厌其烦地将线分成不同比例的两段，最终才找到了“最优雅的比例节奏”。这个比例是短线条的长度除以长线条的长度，结果为0.618。在几何图案中，底和腰的比例等于0.618的等腰三角形，长宽比例为0.618的方形，都被称为黄金图像。另外，由于五角星中充满了黄金比例，而成为了神圣的图案。

中世纪意大利著名数学家斐波那契发现了一组数列：1，1，2，3，5，8，13，21，34，55，…将这组数字中相邻两数相除的结果会逐渐趋于0.618的倒数：1.618。1303年中国《四元玉鉴》上记录了著名的“杨辉三角”，从中也可以得到斐波那契数列。有研究提出，现代的黄金比例是在中世纪由中国传入西方的。14世纪前后，东西方同时出现了对黄金比例的研究，这并非巧合，中间必定存在文化的交流。

德国天文学家开普勒宣称，黄金比例是造物主赐予自然界传宗接代的美妙之意。我们确实能在自然界中找到众多的黄金比例：如普通树叶的宽与长之比、蝴蝶身长与双翅展开的长度之比、向日葵花盘上逆时针曲线数与顺时针曲线数之比、植物叶片的张角与剩余圆周的角度之比……有意思的是，我们如果数数花瓣，会发现马蹄莲有1瓣，百合有3瓣，桃花有5瓣，雏菊则有34瓣、55瓣、89瓣。花瓣的数目与斐波那契数列中的数字相符，在此数列以外的花瓣数目则很难见到。

名片的尺寸

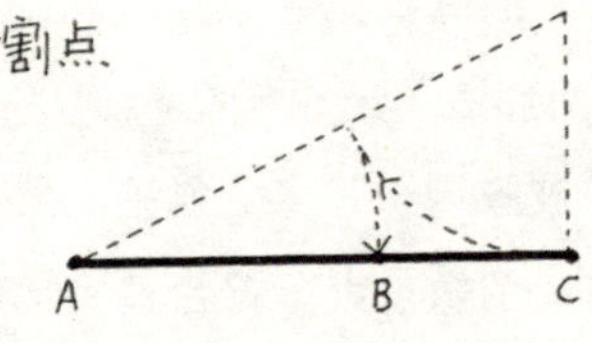

利用30°和60°的直角三角形，能方便地得到黄金分割点。

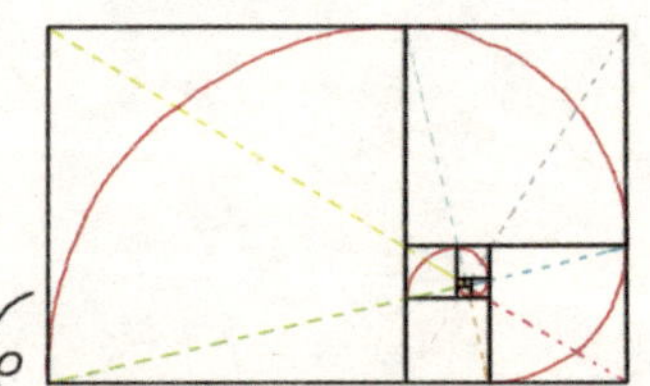

鹦鹉螺的螺旋结构，可以由黄金矩形绘制，是完美的几何图像。

绘制五角星的线条，在被各自分割后，会出现众多的黄金比例。

斐波那契数列

1/1 = 1.0000	2/1 = 2.0000	3/2 = 1.5000
5/3 = 1.6667	8/5 = 1.6000	13/8 = 1.6250
21/13 = 1.6154	34/21 = 1.6190	55/34 = 1.6176
89/55 = 1.6182	144/89 = 1.6180	233/144 = 1.6181

斐波那契数列：1，1，2，3，5，8，13，21，34，55，89，114，233，…

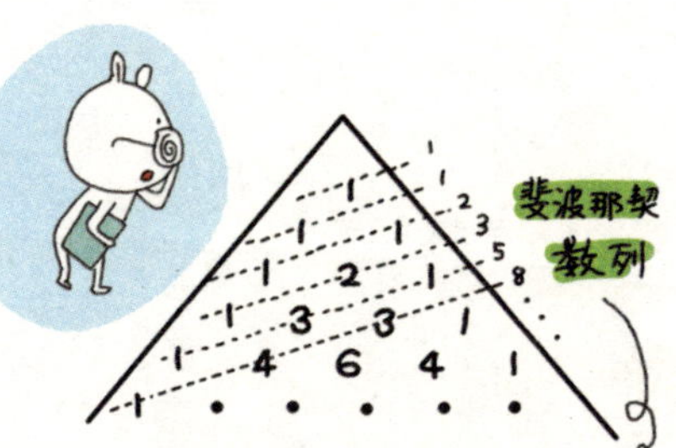

将杨辉三角斜向相加，可得到斐波那契数列。

利比里亚的邮票上有中国的杨辉三角。

黄金比例创造了艺术辉煌

达·芬奇发现古罗马杰出的建筑家维特鲁威在其《建筑十书》中盛赞人体比例和黄金比例，他研究发现符合黄金比例的人体确实是最美的。达·芬奇据此绘制了著名的人体比例图，他笔下的人物也大多符合这个比例。在达·芬奇的大力推广下，黄金比例成为文艺复兴时期艺术的重要指导原则，无论建筑、绘画还是音乐，艺术家们都极力符合黄金比例，从而创造了一代辉煌。

不过在此之前，黄金比例已经被应用于艺术创作中。雅典卫城中的帕提侬神庙中有众多的黄金比例，古希腊的美女图像也大多符合黄金比例，就连秦始皇兵马俑也拥有黄金比例。

黄金比例与生活密切相关

黄金比例在我们生活中大量存在，我们看的书、报纸、杂志，大多接近黄金比例，因为这样能让人阅读更为舒服。舞台上的报幕员最好能站在黄金分割点上，这样不仅美观，还最有利于声音的传送。

人们的生活方式也离不开黄金比例。我们通常在22℃到24℃的温度中感觉最舒适，这与人体37℃的正常体温成黄金比例。7、8月份所处的秋季正好位于一年的黄金分割点上，医学研究证明，此时为人体免疫力最佳的时节。在营养学中，强调一餐的主食要有四成细粮和六成粗粮，这也符合黄金比例。一天的作息如果按照黄金比例则是最适宜的，即有三分之二的时间用于工作和生活，三分之一的时间用于休息和睡眠。

为什么大多数人更喜欢看宽屏

现在购买电视和显示器，几乎很难买到老式的尺寸了，大多都是宽屏的。显示器越来越宽，其实跟电影有直接的关系。在19世纪末到20世纪50年代，电影几乎都采用1.33：1的尺寸，将其简化，就是4：3，这个比例被美国电影艺术与科学学院所接受。后来新诞生的电视为了方便将电影搬上银幕，也将4：3作为电视画面的比例。这就是我们几十年来看的老式电视尺寸。

电视的诞生使电影业受到了破坏性冲击，为了重新吸引人们回到电影院，电影界推出了宽银幕电影。这种电影的视觉范围更宽，能更好地模拟人眼的视野，带来更逼真的体验。在电影赢回了观众的时候，电视却显得窘迫起来。用电视播放电影时，为了顾及电影的宽度，会将电影画面缩小，在电影画面的上下方就会出现很宽的黑边。观赏的不舒适性，使电视势必要向更宽屏的方向进行改变。在液晶电视推出了16：10和16：9的宽屏尺寸后，电影又推出了变形宽银幕，于是飞利浦公司在2009年推出了21：9的超宽屏液晶电视来作回应。电影银幕的尺寸，已经成为显示器界所追赶的标准。

大比例长方形能使视觉拉伸

我们在看一个方形时，按照黄金比例来说，最美的方形应该是长宽约为5：3的方形，这已经成为艺术的经典模式。但喜新厌旧的特性，使人们并不满足于只拥有一种比例的方形。在选择方形比例时，正方形虽然拥有最稳定的结构，但相同的长宽也意味着缺乏变化，过于呆板。以黄金矩形为标准，方形的比例越接近正方形，就会显得越难看。这就使人们尝试将方形长宽的比例拉大，以获得变化的效果。

在实践中人们发现，当方形的长宽比例拉大后，方形就打破了平稳感，长的一边具有引导视线向上下或左右移动的特性，使画面似乎具有了延伸的动感。这种特性，使摄影师十分钟爱长方形，在相机还不具备广角拍摄功能的时候，摄影师就会通过多角度拍摄来制造长画幅的照片，以获得独特的视觉效果。

视觉尺寸决定了最佳方形

事实上，较大比例的长方形之所以受欢迎，跟人眼的生理结构有关。人的眼珠

适合
16
9
最适合人眼的方形尺寸是
16：9。

我看的可是最时尚的电视哦。
16：9

太长了……

家具设计非常注重方形的
多元化。

节奏感
用数学级数设计的家具很有
节奏感。

整数倍设计的家具井然有序。

是圆形的，不过我们的眼睑呈纺锤形，可以让眼珠在眼睑内移动，这使我们的视野呈椭圆形。椭圆形裁切成的方形，是长方形，因此长方形是方形中最适合人眼的一种形状。科学家研究发现，人的两眼重叠后，根据其最大视野范围裁切的方形比例为16：9。由此科学家认定，16：9的方形是最令人感觉舒适的。

现在液晶电视最流行16：9的比例，这也是2004年出台的国家数字高清晰显示器标准所指定的尺寸。而未来高清晰数字电视节目，都将是16：9的。不过也有业内人士指出，制造液晶显示器的上游企业正在改革切割工艺，因为16：9的液晶显示器面板不能最有效提高液晶板的利用率。不管怎么说，16：9的方形尺寸，已经成为最新的黄金矩形。

按数学比例选择的长方形家具更有美感

虽然显示器开始采用了新的方形比例，但并不意味着我们的家居中要处处充满这个新的黄金矩形。根据人类喜新厌旧的特性，这样做只会很快使人们对这一比例产生厌倦。因此多种方形比例的使用就非常必要。

家具装饰装修制造业是非常善于利用方形的行业。在家具的制造中，人们常常使用数学级数来对家具进行造型。比较常用的是2：4：8：16的等比数列和1：3：5：7：9的等差数列，以及1：1：2：3：5：8：13的斐波那契数列。按照这些数列设计的家具，具有很强的规律性，富于节奏感。也有利用整数倍来设计家具的，条理清晰、井然有序。等倍比例的家具也很常见，它们能给人匀称、和谐的平稳感。

为何大家更喜欢圆形

知道最受人欢迎的形状是什么吗？毫无疑问，那就是圆形。无论老幼，绝大部分人对于圆形有一种特别的偏爱。尤其是婴幼儿，他们中的大部分对圆形都会表现出特别的喜爱，当有圆形玩具出现时，他们大多会选择圆形玩具。幼儿在学画形状时，也最先学会画圆形。实验美学家也在他们的实验中发现，综合所有的形状，最受欢迎的是圆形，只有少部分人对直线的喜爱超过了对圆形的喜爱，但他们在对其他形状的喜欢程度上，也是更倾向于圆形。

生活中圆形无处不在

人们对于圆的喜爱，使圆形成为生活中无处不在的形状。虽然圆形缺乏方形的稳定性，加上其所占面积过大，使其无法成为主要家具的形状，但几乎所有的装饰品上，都有圆形的影子。

其实人们对于美的认识，大多跟生活的实用性有关。美学家认为，实用创造了人的美感，因此人们对于圆形的喜爱，应该与人类在早期生活中就发现了圆形的实用性有关。因此除了装饰品外，不少生活用品也都是圆形的：锅碗盆瓶是圆的，水管、灯泡是圆的，顶针、纽扣是圆的，车轮、井盖是圆的……

圆是最简单、最坚固的形状

圆形可以说是所有形状中最简单的，它是唯一能够用一根线条画出的形状。圆的绘制也很简单，只要手中有一根绳子，确定下一个点就可以画出一个圆，而其他形状的绘制则困难一些。

圆形的简单性，让它成为器皿的最主要形式。无论东方还是西方，在史前文明时，人们就都学会了制作圆形的陶器。将器皿制作成圆形还有工艺方面的原因，最早的陶器制作是由于将泥土捏成圆形比捏成其他形状更容易，到了后来，人们发明了可以旋转的制陶器，这让制作圆形器皿比制作其他形状的器皿更为方便。玻璃的制作则跟材质有关，玻璃原本就很容易凝结成圆形，用吹制的方式制作玻璃瓶，自然更容易得到圆形或圆柱形。

其实古人很早就会制作其他形状的器皿了，但人们仍然更热衷于圆形。就实用的原则来说，圆形的器皿比方形的器皿更为坚固。如果某个力度刚足以将一个方桶压变形，那它肯定不能将圆桶压变形。圆形的弧线具有将力量分散的作用，因此圆形具有非常坚固的特性。这就是用手用力握着鸡蛋也很难将其捏破的原因。

古罗马人很早就认识到了这一点，他们制作圆弧形的拱门和圆形的屋顶，使建筑不仅美观，还很坚固。著名的罗马万神殿就是圆顶建筑的一个典范，它的内部没有柱子支撑，却是世界上最大的圆顶建筑之一。

圆是可以运动的形状

虽然很多形状都可以给人运动感，但唯有圆形才可以进行平稳的运动。具有平稳运行性的圆，可以将物体较为安全地运送到目的地。

车轮就是根据这个原理发明的。在此之上，轮轴等提高效率的轮状物也被发明出来了，轮状物将搬运的问题变得轻松、简单，大大地解放了人力。今天令我们感到不可思议的古代工程，大多有轮状物的参与。即使到了今天，对轮状物的使用也非常的频繁。街上的窨井盖就是个很好的例子，圆形的窨井盖只需一个人就能将其滚走，而方形的窨井盖则至少需要两个人来共同搬运。

圆是绝对对称的形状

圆是所有形状中唯一可以无限对称的形状，可以画出无数条对角线，而正方形只能画出两条对角线，等边三角形只能画出三条对角线。这使得圆形不像别的形状有尖锐的角，或者有一定的重点，圆形上的每一点都是与其他点平等的，所以圆形成为一种很平和的形状，在形式和心理上象征了平等。

在中世纪的亚瑟王传说中，就有象征平等的“圆桌骑士”的故事。传说中亚瑟王拥有一支精锐的骑士队伍，这些骑士来自不同的国家，有着不同的信仰，他们围坐在巨大的圆桌旁开会，使他们之间没有等级的差别，从而能够携手合作。事实上，当人群自发地围观一个事物时，会很容易围成一个圆。对于人群中的一个人来说，如果自己过于靠前，会变得突出，容易遭到危险，而过于靠后则不能得到别人

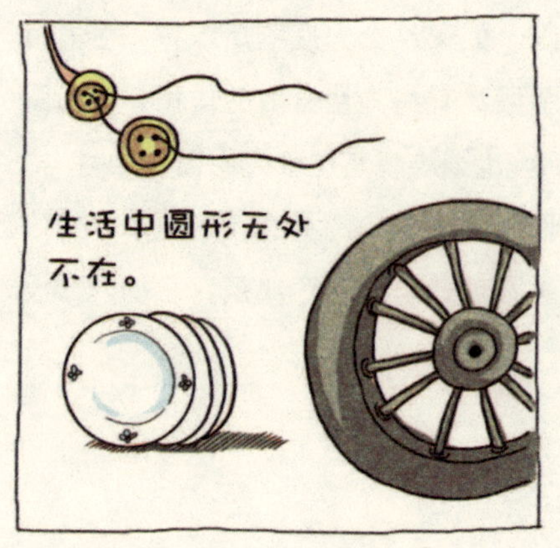
生活中圆形无处不在。

每个人都喜欢圆。

制作圆形器皿更容易。

圆形物体更坚固。
我捏，我捏～

圆还利于运输。

联合国大会
China
圆象征了平等。

可以得到的信息，因此没有人愿意站在跟别人不一样的位置。人们都希望获得与别人等同的距离，这也是为什么在现代协商或交流性质的会议或活动中人们喜欢围成圆形的根本原因。

人们为什么不喜欢倾斜的物体

家里有画框的人会发现，我们对方形画框是否垂直非常敏感，一旦感觉画框倾斜，就会用手将它归于垂直。

人们之所以不喜欢倾斜的物体，其根本原因在于人们对重力的习惯。地球因为有足够的重力，才能让人们脚踏实地。重力让垂直于地面的方形结构物品呈现最稳定的状态。当物体倾斜时，重力作用就会使物体翻转，很难始终保持倾斜的造型。所以倾斜的物体是极不稳定的。人们对居住的要求，最重要的一点就是安全。如果居住在一所不稳定的房屋中，人会随时感到危险。所以人类的房屋都有水平的地面和垂直的墙面，一旦在其中出现了倾斜的事物，很容易被发现，并令人感到不快。

人类判断事物是否倾斜靠视觉和动觉

人们对倾斜的认识主要来自视觉。如果我们发现一个事物倾斜时，我们会将头倾斜，以使视觉纠正这个事物。不过对事物是否倾斜，人类一般需要参照物。当房屋中的事物倾斜时，我们很容易发现，因为房屋有非常明显的垂直线条。但在室外，如果缺乏足够的垂直事物，一些轻微的倾斜是很难被发现的。

有趣的是，孩子们对于垂直的概念和成人不同。当他们发现烟囱是垂直于屋顶时，他们在画房屋时，常将烟囱直接垂直于房屋的倾斜线条，而并非垂直于地面。因为他们认为烟囱垂直的参照物不是地面，而是房顶。

如果在完全没有参照物的黑暗空间，我们会很容易将倾斜的物体看做垂直的。不过当倾斜角度过大时，人体的动觉系统也会告诉我们物体出现了倾斜。研究发现，女性在判断事物是否垂直时，主要使用视觉系统，而男性则更多地使用动觉系统。

现代技术可以制造倾斜的建筑

虽然比萨斜塔以它的倾斜闻名遐迩，但它时刻存在着倾覆的危险，如果没有现代技术对其进行维护和加固，它是很难继续存在的。不过现代的建筑师已经可以制造出倾斜度非常大的稳固建筑来。

1996年建成的西班牙马德里的欧洲门是典型的倾斜建筑。两座塔形建筑向中间15° 倾斜，比比萨斜塔的12° 倾斜还要大，形成了对称又具有挑战性的美感。欧洲门是为在马德里召开的欧盟会议修建的，充满了前所未有的勇敢无畏。现在正在建造的阿联酋首都阿布扎比的“首都之门”，将是全世界倾斜度最大的人工建筑，它高160米，从12层开始向西倾斜，角度达到18° 。

倾斜建筑之所以不倒，仍然是利用重力的原理。现代建筑的钢筋混凝土结构可以将建筑融为一个坚固的整体，只要这个整体的重心能维持其稳定性，就不会倾斜。央视的新大楼，其不规则的形状也是容易倾斜的，所以特地在其后修建了副楼来平衡其重量。这就是为什么副楼被烧却不能拆除的原因。

倾斜可以制造动感

为什么迈克尔·杰克逊的倾斜舞步能获得巨大的轰动效应？那是因为虽然倾斜的事物很难获得人们的喜爱，但倾斜的事物如果能呈现稳定的状态，则具有挑战人们常识的兴奋度。

在艺术效果上，倾斜的事物还能够制造强烈的动感。摄影师为了加强作品的活力，令观众兴奋，大多喜欢将人物影像跟画面呈一定的倾斜关系。一些画家为了使景物更有动感，也会将建筑、树木、高山等以相互倾斜的关系放置。

判断倾斜是靠经验学习得来的，小孩常常会画歪斜的图形。

孩子们要到6岁时，才知道图形的定向作用，所以很多孩子对倒着看书并不在意。

色彩的奇妙之美

眼睛是观看世界的主要窗口，但大部分动物都属于色盲，只有鸟类和灵长类动物可以分辨颜色。不满足于自然色彩的人类，创造了提炼色彩、改变色彩的能力，学会了用色彩来装扮自己的生活。因此，人类享受着其他生物无法企及的色彩世界。

可以用色彩来表达情绪吗

去参观画作时，一幅全是红色的图画，会让我们感到激动，或者焦灼不安；一幅全是绿色的图画，会让我们感到心情舒畅、平和；一幅全是蓝色的图画，会让我们感到沉静，甚至忧郁。人类在面对色彩时，有明显的情绪反应，而这种反应并不是根据我们原有的情绪所产生的。所以我们相信，色彩本身具有表达情绪的作用，画家也往往利用这一原理，来宣泄自己的情绪。

英国有一座著名的“自杀之桥”，在这座桥上跳河自杀的人非常多。经过研究发现，这座桥之所以有很高的自杀率，和它的桥身通体是黑色有很大关系。黑色是抑郁的颜色，容易加重抑郁人群的情绪，这就导致了更多的人选择在桥上自杀。政府听从研究人员的建议将桥改为绿色之后，在此桥上自杀的人就大大减少了。绿色所带来的平和感，能纾解抑郁人群的压抑心理，从而起到抑制自杀倾向的作用。

所以色彩不仅能表达情绪，还能改变情绪。

色彩比形状更能表达情绪

人类对于外界的感观主要来自视觉。视觉所能感受到的，主要为色彩和形状。我们之所以能看到形状，是由于物体上的色彩和亮度的截然不同而导致的分区。也就是说，形状主要是由颜色推导而出的。光影的变化，在现实中也表现为色彩深浅的变化。这就意味着我们的眼睛是先看到色彩，再看到形状的。

形状虽然能表现形体，但在表达情绪上，色彩要有效得多。有实验发现，肌肉会对色彩发生反应，在彩色的灯光下，肌肉的弹力能够加大，血液循环也会加快，其增加的程度，以蓝色最小，绿色次之，并按照黄色、橘色、红色的顺序逐渐加大。这一实验结果与我们面对色彩时的情绪波动是相同的。由此可知，表达情绪正是色彩的专长。

家居色彩影响情绪

与过去相对单调的室内布置不同，现代家居非常注重使用色彩。墙壁可以是彩色的，窗帘、沙发、地面可以是彩色的，各种家具也脱离原本的单一颜色，就连家电也不再以黑白一统天下。虽然色彩让家居变得更为时尚，但可能会带来一系列的问题。

中国是讲求风水的国家，在颜色的运用上非常讲究。传统的风水学中，将红、绿、黄、白、黑作为五大基础颜色，这些颜色不能随意组合，否则就可能导致冲撞，而引起灾祸发生。从现代科学的角度来解释，当表达完全相反情绪的颜色以相同比例出现时，很容易让情绪产生反复，导致神经疲累，使人容易出错，甚至生病。

有的家庭为了追求时尚，学电视中时尚的色彩家居布置，让墙面一块红、一块绿、一块黄，让窗帘一块桃红、一块艳紫，其结果就是让人的情绪高度紧张，情绪的不断变化很容易使人感到疲累。真正舒适的家居环境，应该是使人心情平和、舒适的，颜色不能过于复杂，整块的颜色也不宜过于明亮。亮丽的颜色只适用于一些局部进行画龙点睛的装饰，不能太过。

利用颜色来调节情绪

既然颜色对情绪有巨大的影响，我们也可以利用衣着、家居的颜色来调整我们不好的情绪。蓝色和绿色是最佳的心理镇静剂，当人感到紧张、压力大、疲惫时，不妨多看看蓝色和绿色。红色、黄色、橙色具有使人心情舒畅，产生兴奋感的作用，因此可以在感到悲观、抑郁、失落时使用，在受挫失意、缺乏自信、感到孤独时，也可以使用。暗淡的颜色能对情绪起到镇静和压抑的作用，当感到心烦、多疑、想发火、情绪不稳定时，可以使用白色、黑色、粉色、浅蓝色和浅黄色。

有色彩专家认为，色彩也有能量，对身心具有治愈效果。国际色彩诊断治疗研究会会长加岛春来就提倡利用色彩疗法来激发身体的机能，使身心恢复健康。色彩疗法指出，每个人都有专属的能量色。如皮肤白皙、头发偏黄的人，能量色是苹果绿、鹅黄、珊瑚色等浅而带明亮黄色的暖色。如皮肤偏粉色、头发黑却少有光泽的人，能量色是蓝色、紫色、玫瑰红等蓝色系。如皮肤、眉毛、头发的颜色偏深的人，能量色是咖啡色、橙色、芥末绿、砖红、金色等属于秋天的颜色。如皮肤深暗又浓眉大眼的人，能量色就是宝蓝、大红、玫红、松绿、纯黑等鲜亮纯正的颜色。

电风扇为什么不能是红色的

夏天我们使用的电风扇很少有红色的，它们大多是绿色、蓝色或灰色。也有红色的电风扇，但那是一种小型迷你的手持式电风扇，原本就没有多大的风力，除了造型可爱外，几乎没有什么实际的效用。之所以电风扇很少使用红色、黄色等颜色，主要原因是这些颜色能够给人温暖的感觉，这对于需要凉爽的夏天来说，是非常糟糕的。

颜色确实能给我们带来或冷或暖的感觉。在夏天看到穿红色衣服的人，会让我们感觉温度上升了；穿蓝色衣服的人，则会令我们感觉到凉快。相反的，冬天看到穿蓝色衣服的人，我们会将自己的衣服捂紧一点；而看到穿红色衣服的人，则希望

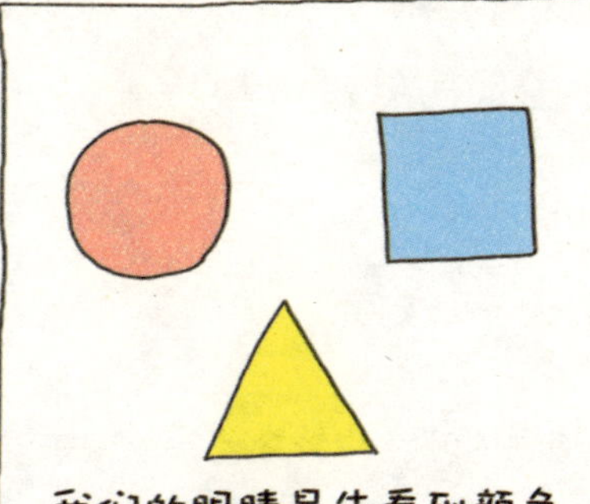
我们的眼睛是先看到颜色，
再看到形状的。

学龄前孩子大多以色彩判断
事物。

6岁以上的孩子开始学会用
形状判断事物。

颜色最能表达情绪。
冷色
暖色

杂乱的颜色很容易制造焦
躁情绪。

家居应该使用令人平和的
颜色。

能靠他近一点。当我们使用红色电风扇时，会感觉风扇吹的仿佛不是凉风，很难获得凉爽的感觉。所以人们几乎不会买红色的电风扇，商家自然也不会生产了。

生活经验影响了颜色的冷暖

色彩学家将颜色分为冷暖两色，能带来凉爽感觉的颜色称为冷色，能带来温暖感觉的颜色称为暖色。比如，蓝色、紫色等颜色能让我们感到寒冷，所以含有蓝色、紫色的颜色称为冷色；而红色、黄色等颜色则会让我们感觉温暖，所以含有红色、黄色的颜色称为暖色。

这种认识可能与人们的生活经验有关。当人体感到寒冷时，脸上就会偏绿、偏蓝，严重时会出现紫色；当身体感到温暖时，脸上就会偏红，越热红色越浓。这是温暖让血液循环良好，从而使皮肤呈现红色；寒冷则让血液流动减慢，使血液中的含氧量减少，从而使皮肤中呈现蓝色、紫色。

在生活中我们很难获得纯色，一般都是两种或多种颜色的叠加。在进行冷暖色判断时，凡是加入了蓝色的颜色都带有冷色的性质，蓝色的多少，决定了其寒冷度的高低。红色虽然是最典型的暖色，但很容易混入蓝色，即使只有很少的量，也会将红色归入冷色调的范围。

光波决定了颜色的冷暖

我们也可以从颜色的光谱波长来获得答案。颜色是光照射在物体上所反射的光线，有的物体会反射较长的光波，有的物体则会反射较短的光波，这就使物体呈现出不同的颜色来。科学家研究，人类可见的光波为400纳米到700纳米之间。当光波在400纳米时，我们会见到紫色；随着光波的增长，我们分别可以看到蓝色、青色、绿色、黄色、橙色；最后当光波在700纳米时，则是看到红色。越能带给我们温暖的颜色，其波长越长；而越能带给我们凉爽的颜色，其波长越短。

光波能量的大小也决定了冷暖度。同样颜色的光波，如果能量大，其色彩饱和度就高，颜色就鲜艳，其冷暖度就越明显；如果能量小，其颜色饱和度就低，颜色

颜色有冷暖之分。

冷色能让我们感到寒冷。

暖色能让我们感觉温暖。

冷
人的肤色也分冷暖。
暖

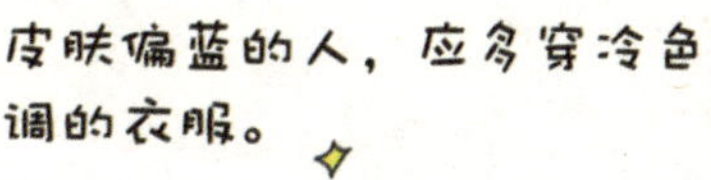
皮肤偏蓝的人，应多穿冷色调的衣服。

皮肤偏黄的人，应多穿暖色调的衣服。

也浅，其冷暖度就明显降低了。

人也有冷暖色

现代服饰的色彩搭配非常讲究冷暖色的运用，尤其强调根据个人的肤色来搭配最适宜的颜色。无论什么肤色、什么人种，皮肤的颜色都会或偏暖，或偏冷。我们根据皮肤的颜色来搭配衣服，就会更好看。

暖色皮肤的人，皮肤的基调为黄色，在皮肤中有象牙色、金黄色、褐色、金褐色，这样的人适合穿暖色调的衣服。冷色皮肤的人，皮肤基调为蓝色，在皮肤中有粉红色、蓝青色、暗紫色、灰褐色，这样的人适合穿冷色调的衣服。还有一种人，他们皮肤的颜色没有明显的倾向性，这种人可以穿更多颜色的衣服。

颜色的冷暖直接刺激我们的感官，让我们产生温度发生变化的感觉。有的商家就利用这一原理来设计商品，通常夏天使用的物品有清凉的颜色，而冬天使用的物品则为温暖的颜色。

现在也有反其道而行之的颜色运用。不过出于身体的反应，这种突破很难获得大众认同，所以商家会折中地使用一些浅淡的冷暖色调，来降低冷暖度，如浅黄色、浅粉色、浅蓝色，并且注意将冷暖色相搭配，这样才能在突破色彩冷暖原则的同时，获得消费者的认可。

红色为何比别的颜色更醒目

生活中，红色常被用作重要的警示标志。比如，在交通中红灯表示禁止通行，在作业中红叉表示错误，在足球中红牌表示被罚下场，在警报级别中红色表示最高级别……红色之所以被更多地用于警示，其主要原因在于红色比其他颜色更醒目。

决定一个物体颜色的是这个物体所反射的光波。光波越长，就意味着我们看到的这个颜色越醒目。而红色的光波，是所有颜色中光波最长的，这就使红色成为所有颜色中最为醒目的颜色。不少动物会对红色很敏感，虽然它们可能是色盲，但红色的长光波能让它们清晰地感受到刺激。

颜色有扩张和收缩的效果

红色的波长最长不仅使红色最醒目，还使红色有一种扩张感。波长较长的暖色，事实上都具有使颜色扩张的作用。这种扩张感，让物体看起来比实际的更大，也因此更醒目。相反的，波长较短的冷色，通常具有收缩的作用，都能让物体看起来比实际更小。如果我们将同样大小的冷暖色放在一起进行比较，就会发现暖色的色块要略大于冷色的色块。

红色、黄色、白色都是扩张感很强的颜色。在历届好莱坞的红地毯上，穿红色晚礼服的女星，往往多过穿其他颜色的。其中最明白不过的意思就是：我要比别人醒目。

明黄色的扩张效果也非常显著，它虽然没有红色醒目，但能在不影响视线的情况下引起人重视，还不会给视线带来太多负担。所以交通警示标志中，黄色是重要的提醒色。道路正中区分左右车道的虚线和实线是黄色的，道路边上的转弯指示是黄色的，交叉路口的禁停区也是黄色的。

白色本来没有红色的扩张性强，但由于白色是反射了所有光线形成的颜色，所以白色的能量非常强，它大大增加了白色的扩张性。有趣的是，白色的汽车是最不怕脏的，因为灰色的灰尘在白色的扩张作用下，很容易被忽视。白色汽车在可视度上，甚至比红色还要好，它更容易引起他人的注意，从而增加了安全系数。

蓝色、紫色、黑色是具有收缩效果的颜色，能让事物看起来更小。我们的视觉经验认为，更小的事物离我们更远，因此收缩色能制造后退的效果。当一个空间过小时，如果将墙壁涂成具有收缩效果的颜色，会让墙壁看起来比实际更小，这就仿佛将墙壁往后退了一截，能使房间看起来大一些。

具有收缩色的汽车危险系数较高，它很容易让人忽视，即使看到了也容易误判两车间的距离，从而导致撞车。不过黑色由于历来是官车和富车的代表色，所以黑色的车大多较大，容易使人注意。如果小车也赶时髦变得通体黑色，就会很危险了。现在有些黑色的小车甚至将车灯也蒙上黑色，其危险系数可想而知。

具有立体效果的色彩搭配

化妆师懂得如何让一个人的脸看起来更小。他们会用略带紫色的腮红涂抹脸颊，白色的颧骨和偏紫的腮红起到了扩张颧骨、缩小脸颊的作用，甚至让脸颊产生略微后退的感觉，这就让人的视觉产生了混淆，让大脸看起来变小了。

这里所利用的正是扩张色和收缩色搭配所产生的立体效果。如一张坐椅，当其靠背两边为灰色、中间为黄色时，我们会觉得坐椅的中间部分高高突起，似乎里面有更多的泡沫，让这个坐椅更柔软。当靠背两边为黄色、中间为灰色时，我们就会感觉靠背向内凹，有更好的包护感。收缩色能让扩张色有向前突出的感觉，从而制造更好的立体感。

同色系中饱和度高的颜色更醒目

上面是对不同颜色的讨论，而在同色系中，颜色越深的就越醒目。当我们将同等大小的浅蓝色和深蓝色进行对比时，深蓝色会更吸引我们。不过相对这些变化的颜色来说，饱和度最大的艳丽颜色，又更为醒目一些。宝蓝色就比其他蓝色更醒目。所以在服装中，即使是收缩色，只要能选到更艳丽更深的颜色，也能让自己变得醒目起来。

值得注意的是，深色通常是饱和的颜色中添加了黑色所致，所以深色具有收缩的作用，当颜色过深时，过于灰暗的色彩会让人感到辨识颜色困难。这种灰色，其实还不如纯正的黑色醒目。

颜色能使人错误判断大小。

暖色能让人更醒目。
我是今天的主角

冷色能产生后退的效果。
!!
嘣

同色系中深色更醒目。

饱和度高的颜色更醒目。
!

过深的颜色就变成了深灰色，
反而不如黑色醒目。

为什么夏天我们都爱穿浅色的衣服

我们常在夏天穿浅色的衣服，在冬天穿深色的衣服，我们会根据经验说："穿浅色的衣服更凉快，穿深色的衣服更热。"我们在前面讨论过颜色有冷暖之分，冷色和暖色是指不同的色系，而非指同种颜色的深浅。那为什么我们会感觉深浅不同的衣服，会带来不同的温度效应呢？

深色的物体更容易吸收温度

虽然地球本身有地下热能，但通常让我们感觉温暖的，却是天上的太阳。太阳发出的光芒是有温度的，所以我们在没有太阳的黑夜会感觉寒冷，在有太阳的白天会感觉温暖。太阳为我们提供热能的光芒，也就是让我们看到颜色的光线。

我们知道太阳光是由很多不同波长的光波组成的，物体在被光线照射后，会吸收某些波长的光，不能吸收的光则被反射出来，当这些不能吸收的光射入人眼，就成了我们看到的颜色。

在宇宙中有一种天体，它能吸收所有的物质，包括光线，这就让我们无法看见它的真实形体，只能感觉它所在的区域为一片黑色，天文学上将这种天体称为黑洞。所以我们看到的黑色，是物体吸收了大部分光波，只将少量的光反射出来而形成的颜色。而白色的物体只能吸收很少的光，它能将大部分的光波反射出来。根据这个原理，我们可知深色的物体通常能吸收更多的光波，而浅色的物体则吸收较少的光波。

光波被吸收，意味着能量也被吸收，颜色越深能聚集越多的热能。我们在夏天如果穿黑色的衣服，一定会汗如雨下，但如果我们穿上浅色的衣服，就会立即觉得凉快了许多。而冬天，如果我们还穿着浅色的衣服，则容易感觉到寒冷。

白色屋顶是最环保的

现在地球上最大的环境问题是全球变暖。这并非太阳过多照射，而是人类将地下的碳资源过度开发，并将其排放到空气中，造成了二氧化碳过多的温室效应。现在的生态环境非常脆弱，全球气温每升高1℃就会对生态环境造成严重的破坏。所以现在的环境保护，除了要减少二氧化碳的排放量，还要减少地球对太阳能量的吸收。这其中，利用颜色来应对，是最行之有效的办法。

有研究显示，浅色物体能反射80％的阳光，而深色物体只能反射20％的阳光。这就是为什么许多热带国家的建筑大多采用白色的原因，在热带国家是很难看到深色建筑的。

如果地球上更多的建筑屋顶被刷成白色，就会大大减少热能的吸收。美国的物理学家做过计算，如果全球100个大城市的建筑和道路表面被刷成白色，就能减少相当于440亿吨二氧化碳的温室气体排放量。这相当于让全球汽车停止排放尾气11年。

当然，白色的路面造成的反射，会影响司机的正常驾驶，所以只要使用混凝土的颜色，也能达到减少热能的效果。西方国家已经开始呼吁将所有平顶屋顶都刷成白色，而斜面屋顶则建议刷成浅色的冷色调。一些国家政府甚至开始将屋顶颜色列入建筑法规中。我们在露天环境多使用浅色，也是一种环保举动。

反射率高的颜色更安全

现在道路交警和清洁人员所穿的安全背心，已经由过去的红白相间，逐渐改为了黄白相间。这一改变，打破了人们对红色警示作用的惯有思维。

虽然红色是非常醒目的颜色，但它对光的反射率远远小于白色和黄色，这就让白色和黄色成为最安全的颜色。如果你在夜间出行，最好能穿一件白色外套，这更容易让夜晚驾驶车辆的司机注意到你。现在就连安全帽也开始从原来的红色改变为白色和黄色。这样的安全帽不仅更安全，还能防止烈日下安全帽内温度过高，减少高温对人判断力的影响。

太阳光芒带有很多热能。

光线
颜色是光线反射的结果。

深色反射的光线少，吸收的光能多。

浅色反射的光线多，吸收的光能少。

所以深色更热，浅色更凉快。

能反射更多光线的颜色，更安全。
停

为什么深色会让人感觉更重

我们在装修时，很少将天花板设计为深色。如果使用浅色地板和深色天花板，就会给我们带来很大的压力感。人们穿衣服也有这样的原则，如果谁上身的颜色深，下身的颜色浅。通常会给人头重脚轻的感觉。由此可知，我们看颜色，是有重量感的，越深的颜色，给人感觉越重。

之所以形成这一感觉，可能跟我们生活的环境有关。我们所处的世界是天为浅蓝色，地为深褐色，大部分地上的事物都比天的颜色更深。这就让人养成了深色在下，浅色在上的习惯思维。

在中国神话中，天地原本是一片混沌，当盘古凿开了天地后，轻的事物就飘上去成了天，重的事物则落下去成了地。可见在古代，这种轻重意识已经形成了。我们在生活中也会发现，只有轻的事物才能飞到天上去，而重的事物因为重力因素，很难飞翔。所以我们逐渐形成了深色更重、浅色更轻的观念。

同色系中深色需要更多颜色量

实验美学家曾经做过颜色重量的实验，他们将三角形按垂直高度的一半划分为两部分，一个三角形的下部为深色，另一个三角形的上部为深色。被试者通常更喜欢深色在下的三角形，认为这样更符合视觉习惯。这样的实验结果，在同色系中最为明显。

每种颜色都有不同的深浅。我们在服装设计师的色卡板中，可能看到黄色有几十种甚至一百多种深浅色。在这些排列的色卡中，我们会感觉浅色的色卡只有很少的黄色，而深色的色卡则有更多的黄色。在水彩画中，我们要涂抹的颜色为浅色时，只要将少量的颜料与水稀释就可以得到；而涂抹深色时，则需要使用更多的颜料。因此有美学家认为，颜色量的多少才是影响人们对颜色重量判断的标准。

被广泛运用的颜色重量原则

颜色能给人重量感的原则，在生活中使用得非常多，我们在这里只说说包装盒。包装盒非常能反映商家的诱导心理。当商家希望人们感觉里面装满了沉甸甸的物品时，包装盒通常会使用深色。但如果盒子里装的是夏天的衣服或者丝绸一类轻盈的物品，包装盒则多半为浅色。

我们很容易感觉黑色等深色的盒子里装满了沉重的物品，而白色等浅色的盒子里则可能装有轻的物品，甚至可能是空的。因此，在搬运公司很难看到深黑色的包装，大部分包装箱都是浅褐色的。虽然白色的包装箱能让搬运工感觉更轻松，但白色的包装箱容易弄脏，难以投入再次利用，加上浅褐色为纸浆原色，而白色包装箱的成本更高，所以只有少数的搬运公司会使用。

颜色的平衡作用

如果我们看的书，左页有彩图，当图的颜色为深色时，我们会感觉左页更重；如果图的颜色很浅，右边黑色的字会让我们感觉右页更重。颜色的重量会让我们有不平衡感，为了纠正这种视觉带来的错觉，人们常常会在过轻的一方使用一些深色来增加重量。

在平面设计中，当左边的颜色过深时，往往会在右边使用一些深色的图片或者色块。中国画中也会在留白的地方进行题字或盖章，其用意就是解决画面上一边过重、一边过轻的问题。

在实验美学家的三角形重力实验中，研究者发现，如果三角形两部分的颜色不是同一个色系时，颜色的重量原则有时会失效。利用三角形来做这个实验本身有一定的问题，按照垂直线的一半来划分三角形的两半，会使三角形上面的面积较小，下面的面积较大。人们的重量认识跟面积有关，面积越大代表物品越重。所以虽然浅色给人较轻的重量感，但当三角形下方的浅色为人们喜欢的颜色时，他们更容易喜欢这个三角形。因此面积小的深色物品位于面积大的浅色物品上时，并不会给人头重脚轻的感觉。我们也不会有白墙上的深色画会掉落下来的错觉。

盘古开天地后，轻的为天，
重的为地。

轻的天为浅色，重的地为深色。

所以人们会感觉深色比
浅色重。

深色的物品感觉很重。

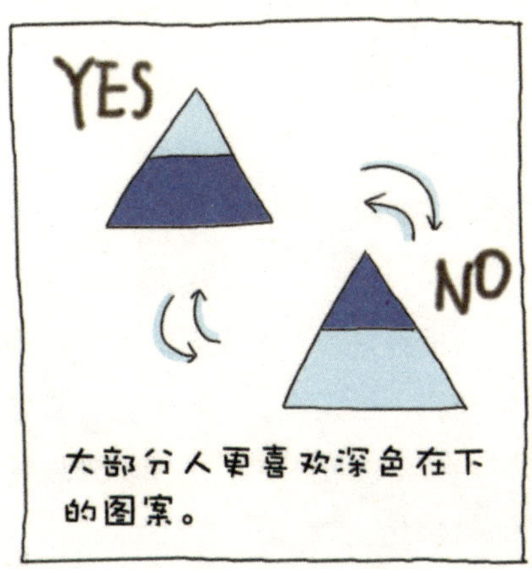
YES
NO
大部分人更喜欢深色在下
的图案。

如果深色在上，容易有头重
脚轻感。

买回家的衣服为何跟商店里的颜色不一样

人们常常有这种感觉：在商店中感觉颜色很漂亮的商品，买回家后就可能变得没那么漂亮了，因此我们会有上当受骗的感觉。其实这并非颜色本身发生了变化，而是不同的环境，对颜色产生了影响，使我们错误地判断了颜色。

光线的明暗会改变颜色的深浅

我们光顾的商店，有的光线强烈，有的光线暗淡，这些光线的明暗会直接影响到颜色的深浅。通常较亮的光线能让颜色变得更亮一些。当把红色放在光线下，并用一块板子遮住一些光线时，虽然我们仍能看出板子下的颜色是红色，但跟光线下的红色相比，板子下的红色变成了深红色。也就是光线较暗时，颜色会显得深一些；光线较亮时，颜色会显得明亮一些。这就是为什么摄影师要用强灯光的原因，这些灯光能让颜色发挥它们最大的明亮度。

大多数商店的光线都很明亮，普通家居中的光线很难达到这个程度，所以我们对商店里的商品会感觉到颜色的差异。即使在白天的户外，天色的变化也很难跟商店的光线亮度保持一致，我们或多或少会感觉颜色有变化。在挑选衣服时，如果我们能在更为明亮的光线中挑选，通常能挑到更符合自己期望的颜色。

光线的颜色会改变物体的颜色

既然颜色来自物体对光的反射，那我们就很容易理解，为什么有颜色的光会对物体的颜色有所改变。现在普遍被使用的灯为日光灯和白炽灯，这两种灯光一种被称为冷光源，一种被称为热光源。这种称呼虽然是根据灯是否发热来定的，但事实上它们都有颜色的偏向。日光灯看起来更接近自然光线，但人在日光灯下，会有脸色发青的现象，这说明日光灯的光线偏蓝。白炽灯中灯丝会发出黄色的光，光线越暗黄色越明显，即使亮度很大的白炽灯，其灯光也有偏黄的现象。

有颜色的灯光会使其照射的物体发生颜色上的改变。在舞台上，灯光师非常善于利用灯光的颜色来改变环境。有时舞台会使用白色的背景，需要表现春天时，就在背景上打上绿色的光；需要表现夏天时，就打上橘红色的光；需要表现秋天时，就打上黄色的光；需要表现冬天时，就打上蓝色的光。或者是黄色的背景，加上蓝色的光就会变成绿色，加上红色的光就会变成橘色。

生活中虽然不会出现如此极端的情况，但如果灯光颜色偏蓝，服装的颜色也会略微偏蓝；而偏黄的灯光，则会使服装颜色略微偏黄。所以要确认衣服的颜色，最好能在自然光下，如果无法做到，就要到最亮的光源下。

环境会对颜色产生影响

光线颜色对物体颜色的改变，同样适用于环境颜色。黄颜色在绿色的环境中，很容易变得偏绿；在红色的环境中，却会变得偏橘色。有些服装店为了制造别具一格的效果，可能会在店面装修上偏向某种颜色，比如，卖小女生服饰的店铺可能是粉红色，卖热辣服饰的店铺可能会有很多红色，卖男士服饰的店铺可能会有更多蓝色。这些颜色会让店铺中的货品颜色发生变化，就像颜色夹杂的条纹衫，很难让我们看出单一条纹的真正颜色，我们看到的颜色其实已经添加了旁边条纹的颜色。在有颜色偏向的店铺选东西，可以找一块白色的空间来看货品颜色，或者找白色的纸衬在货品下面，就能看出最接近真实的颜色了。

另外，如果环境的颜色比货品的颜色深，货品的颜色会显得较浅；如果环境的颜色比货品的颜色浅，货品的颜色反而会变深。这种颜色的对比，容易让人产生错觉，无形中将两者的差距拉大。所以我们在选衣服时，也应该考虑我们的衣服是在什么场合穿。如果是在灯光明亮的环境或者白天穿，可以用白色背景来确定其颜色；但如果我们的衣服是要穿到夜店去的，不妨拿到黑色的背景下观察颜色，这样才能让衣服在夜店中更为出彩。

我记得这衣服应该是桃红色的啊？

颜色会在光线下发生变化。

光线越强，颜色越亮。

灯光的颜色会改变衣服的颜色。

环境的颜色会改变衣服的颜色。

外部的颜色越深，衣服的颜色越浅；反之越深。

为什么公司Logo喜欢用红蓝两色

为了提升公司形象，大多数公司会设计标志。这些标志代表企业的形象，因此企业往往会挑选更符合企业内涵的颜色。除此之外，在颜色的选择上，设计师重点考虑的则是如何让标志更醒目。

我们在前面也讲过，红色是最醒目的颜色，因此成为不少公司的首选。蓝色虽然具有收缩的效果，但饱和度高的蓝色因为颜色纯正，没有其他颜色的掺杂，所以也有较高的醒目度。这使得红色和蓝色成为公司Logo的首选颜色。如果要在同一Logo中使用两种颜色，也常会使用红色和蓝色。红色和蓝色是冷色和暖色中最具代表性的颜色，两者放在一起，会增加其对比度，使两者变得更加醒目。

黑色也是冷色的代表色，它的深度也很醒目，这使其成为标志设计师喜欢使用的颜色。但标志为了适应更多的环境需要，通常会以白色为背景来设计。在白色背景下，黑色会过于单调，不如红蓝两色的表现力丰富，所以黑色在彩色Logo中，通常用作辅助色。

三原色是最纯净的颜色

我们都知道，颜色中有三原色：红、黄、蓝，它们是其他颜色无法调和出的颜色，而它们却能调和出除了纯黑色和纯白色以外的任何颜色。所以就彩色来说，红、黄、蓝算得上纯度最高的颜色了。由于没有别的颜色掺杂，它们的亮度明显高于其他颜色，这也是为什么它们比其他颜色更醒目的原因。

但黄色却很难成为Logo的颜色，其原因又恰恰是它的明亮度过高。在自然界中，光线是透明的，如果一定要用颜色来对应，那么白纸的颜色更接近于光线的颜色，在纸质媒体上，白色被认为是明度最高的颜色。在三原色中，黄色的明度最高，红色次之，蓝色最低。当我们用白色为底色设计Logo时，黄色与白色的明度过于接近，在白色的扩张中，黄色很容易融入白色中去。而红色和蓝色，由于明度较低，能与白色形成反差，从而成为醒目的颜色。

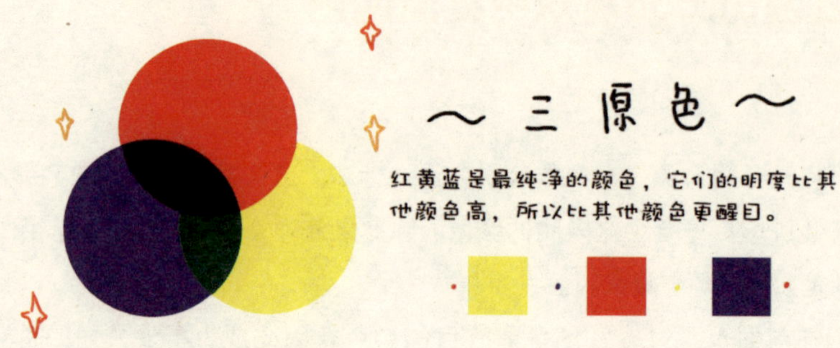

对比能增强颜色醒目度

红色和蓝色之所以成为醒目的Logo颜色，其重要的原因在于对比。明度的对比和冷暖的对比，让这两种颜色具有更强的色彩感。但如果减少对比，它们的效果会大打折扣。一个红色的Logo很难在粉色或紫色背景下被突出，因为粉色和紫色中都含有红色，虽然这些颜色本身不如红色醒目，却具有将红色融入背景的可怕力量。所以当要强调某一种颜色时，一定要找一种明度或冷暖与之相反的颜色来衬托它。如红花在绿叶的衬托下更为美丽，白云在蓝天的衬托下格外亮眼。

在服装上，我们常听人说使用“撞色”，感觉这是一种非常潮的搭配方式。其实这里的“撞色”，就是对比度大的颜色。用专业的说法就是：不属于一个色系，或者冷暖色相对的颜色。有时我们深青色的牛仔裤上，会缝有橙色的线，这条线就被称为“撞色线”；有时一件明亮的黄色卫衣上，会出现一个绿色的口袋，这种衣服就被称为“撞色装”。不过撞色的使用非常讲究量的搭配，如果使用不当，则可能让自己变成小丑。

最具对比性的颜色是补色

颜色上将最具有对比性质的颜色称为补色。色彩学家经过研究，设计了色彩环，在色彩环中，180° 相对的颜色，就是补色。补色能制造非常鲜明的色彩效果，如红色和绿色、蓝色和黄色。补色的搭配比广义的撞色搭配更难，如红色和绿色就被普遍认为是非常难看的搭配法，而蓝色和黄色却在装饰中被经常使用，是非常亮眼的搭配方式。

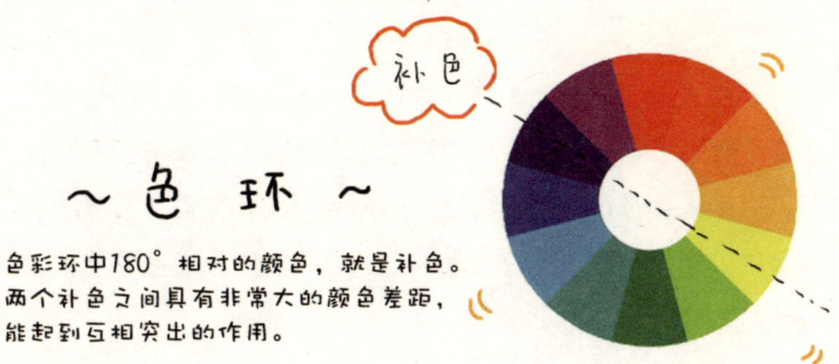

我们要知道一种颜色的对比色是什么，只用看这种颜色十几秒钟，再将眼睛转向白色或浅色的地方，就会看到刚才颜色的残影，这个残影的颜色，就是补色。白光是众多颜色组合成的，当物体吸收了部分颜色后，反射的颜色是我们看到的颜色。我们神奇的眼睛似乎知道这一点，所以残影的颜色恰恰是物体被吸收的颜色。一家肉店如果想要让肉看起来呈新鲜的红色，最好能将墙壁刷成绿色，眼睛的红色残影能使肉变得更红。但如果将墙壁刷成浅黄色，眼睛中蓝色的残影会让肉看起来不新鲜。

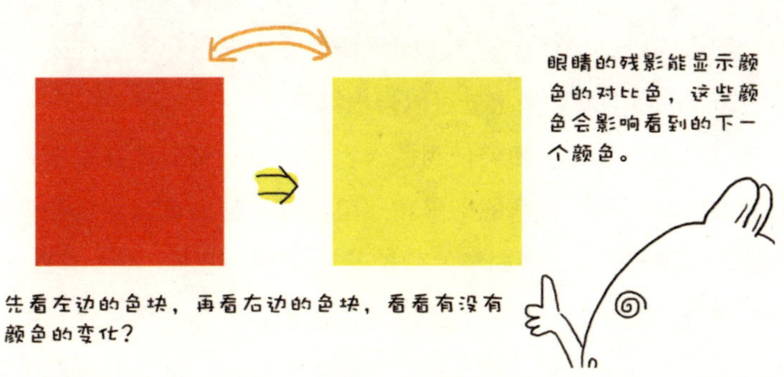

墙刷出来的颜色为何总比选定的色卡深

装修房屋时，工人都会拿着色卡请客户选刷墙的颜色。为了凸显个性，或者想利用颜色来调节心理，我们可能会根据房间的不同用途，选择不同的颜色。但当墙壁被刷出来时，有的人会惊讶地发现墙壁的颜色太深了，跟自己期望的差距很大，于是就开始与装修公司争执。但颜色变深的问题并不能责怪装修公司，这其实是我们在对颜色的辨识上犯了错。

色卡上的颜色误判

工人拿给我们的色卡，通常都是以阶梯状排列的一些硬质卡片，一种颜色按照深浅组成一个阶梯。通常我们会先选定一种基本颜色，再拿这个颜色的阶梯色卡来挑选颜色的深浅。这时就是最容易犯错的时候。

我们之前说过，一种颜色的周围如果有别的颜色，就会影响到我们对这个颜色的判断。色卡是一个纯色的渐变序列，在这个颜色的环境中，我们很容易将最浅的色卡当成基准来判断其他颜色的深浅。在这种情况下，任何颜色都可能被误判，使实际选择的颜色比心目中的颜色深。其实想弄清是我们自己犯了错，还是装修公司犯了错，只要将选定的色卡放到墙上就可以得出结果了。

有经验的装修公司，会教人如何使用色卡。通常色卡可以单独取出来，有的色卡是用透明袋装着以方便抽取，有的则是将一组色卡设计为可以旋转的模板。我们只要将选定的颜色抽取出来，放到白色的背景下，就可以知道它原本的颜色了。

除非有特殊的装饰需要，一般大片的家居用色，只需选择色卡序列中最浅的颜色。有的公司就只让工人拿着最浅的几种颜色让客户选择，这大大降低了跟客户吵架的概率。

颜色的面积越大，颜色越深

有时我们会到高档定制店去定制服装，这样的店面很少能将所有的布料摆放出来，所以大多将布料剪下一块，装订成册让顾客挑选。这样的做法，在墙纸店、窗帘店等涉及挑选颜色的店铺都有可能使用。这看似专业的服务，却很容易让顾客挑错颜色。因为很多人不了解色彩有一个特性，就是面积越大，颜色越深。

有些油漆店的店员会好心地提醒我们，色卡上的颜色刷出来会更深更亮一点。如果我们坚持眼见为实，即使使用了减小颜色影响的方法来辨别颜色，也很容易刷出我们不想要的颜色来。其实这仍然是颜色对比捣的鬼。当我们用白色为底色来判断一小块色卡时，白色作为明度最高的颜色，会让跟它对比的颜色变得浅一点。这就是为什么非常显眼的黄色，在白色的背景下，会变得很难辨识。

此时的对比，是在颜色面积有差距的情况下进行的。当白色底色面积过大时，会过于强势，这使它很容易影响到其他颜色。当我们将颜色本身的面积增大时，它的势力也随之增强，当白色在我们的视线中不再是强势颜色，它就很难影响到我们对颜色的判断了。

为了避免白色的过强势力对色卡颜色的影响，我们可以试着将一小条白纸放到色卡中间，这样使人更容易察觉真实的颜色。有些细心的店铺，会将颜色样本按大16开的大小来裁剪，这样每块颜色样本都足以占据我们视线的大部分位置，就更容易让顾客挑到满意的颜色。

语言和眼光都不如色卡编号准确

人类对颜色的感觉是非常敏锐的，我们在看某种颜色时，可能浅一分会嫌不够分量，浓一分会认为俗气。根据情绪的不同和个人的喜好，每个人对颜色的认识又会有所差距。所以当两个人用语言沟通颜色时，很容易你说的是一种颜色，我说的是另一种颜色。这样非常容易出现颜色挑选的错误，色卡就是在这样的情况下诞生的。我们在利用色卡订购货物时，会将色卡编号记录在合同中，这样能获得我们想要的颜色，并在产生纠纷时划清责任。

这种情况在专业领域也会发生。当服装设计师在图纸上设计了一件衣服时，即

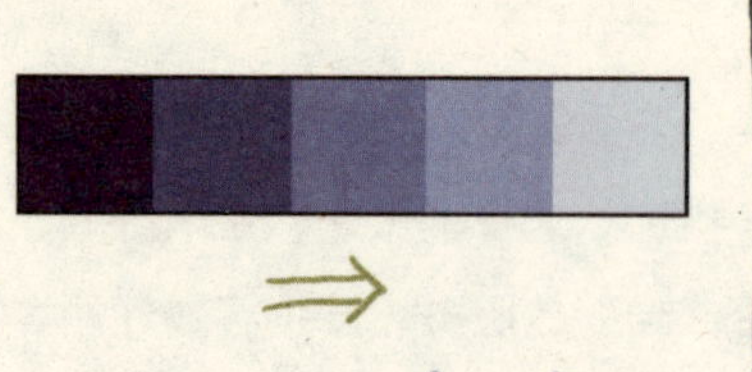

色卡的颜色

通常使用的色卡是色彩的深浅序列。

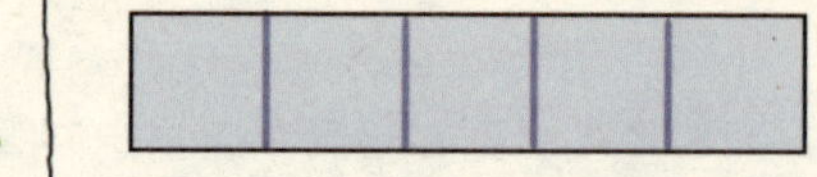

当我们把中间的颜色铺满时，会发现它的颜色比我们在序列中看到的深。

在选择颜色时，应该将色卡单独取出观看。

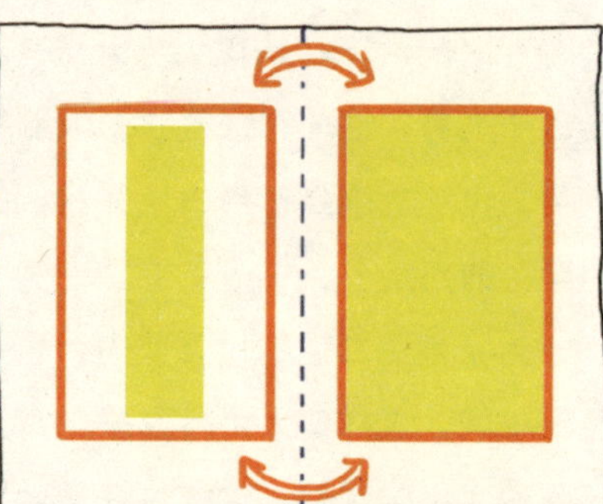

如果我们把颜色放到白色的背景下，也可能会使颜色变浅。

将一张白纸条放到色卡中，更容易得到准确的颜色。

如果颜色样本足够大，我们就不用担心这个问题。

使看着设计原图，成衣制造商也很难准确复制出服装设计师设计的颜色。所以在使用色彩的行业中，都有专业的颜色样本，根据颜色样本上的编号选择颜色，这能让制造商更准确地制造出实物颜色。

颜色最能表现个性吗

颜色能表达情绪，所以对颜色的选择是非常能够表现一个人性格的方式。每个人都有自己喜欢的颜色，或者喜欢使用的颜色，这些颜色所反映的正是我们的内心倾向。这能方便他人从颜色上了解我们。

人们对于颜色的喜好并非一成不变。实验美学家发现，婴儿最喜欢的颜色为黄色、白色、桃红色，这些明亮的颜色最能吸引他们。不过到了4岁，孩子们开始更喜欢红色；到了9岁以后，孩子们更喜欢蓝色。总的来说，在孩提时代，人们更喜欢彩色，但等到工作后，人们更容易喜欢黑、白、灰，对彩色也更偏向更浅的或更深的颜色。

不仅年龄会改变我们对颜色的喜好，个人的经历也会改变颜色喜好。当一个人工作一帆风顺的时候，他可能喜欢鲜艳的颜色，但当他遭遇失败时，可能更容易喜欢灰暗的颜色。因此性情的改变，对颜色的喜好有很大影响。毕加索的画从蓝色转向粉红色，也跟他性情的改变密不可分。

■红色

红色是象征热情的颜色，它能带动血液澎湃。喜欢红色的人大多充满活力，他们做事积极主动，是典型的行动派，就连说话也会手舞足蹈；他们还是天生的乐天派，能很快将不愉快的事抛诸脑后；他们还富于正义感，敢于站出来指出他人的错误。

红色也有性格暴躁的一面。喜欢红色的人情绪容易起伏，时常做出冲动而鲁莽的事来，有时会任性地大发脾气。他们通常非常自我，很少关注他人的感受，因此很容易树敌，但他们自己可能并不知道。

■粉色

粉色象征温柔，所以大多数人喜欢给女孩粉色的饰物，甚至将她们的房间也刷成粉色。喜欢粉色的人大多温柔而善良，他们像和平使者一样，具有让人心情平静下来的力量；他们也有活泼热情的一面，能为他人提供有效的帮助，并善于照顾他人。喜欢粉色的人的通病是敏感，很容易为小事伤感，并且很难摆脱。

■橙色

橙色是红色和黄色调配出的颜色，因此喜欢橙色的人具有红色和黄色的大部分优点。这就使他们精力十足，性格开朗，并非常乐于将快乐传递给大家，不过他们也有支配欲过强的倾向，对决定的事，一定要坚持到底。

■黄色

黄色是婴儿最喜欢的颜色，喜欢黄色的人容易像孩子一样富有好奇心。他们喜欢新鲜事物，会不断挑战自我，做事积极主动，又有计划，很容易成为一个团队的核心人物；他们也会像孩子一样，喜欢自由自在地发挥，讨厌受到约束。

富于冲劲的黄色，也会带来一些副作用。比如过于任性，容易喜新厌旧，做事缺乏定力，甚至还会过于贪婪。过多的黄色也会使人急躁，带来焦虑不安的情绪。

■绿色

绿色是大自然的颜色，对绿色的喜爱会使人们向往大自然的淳朴。所以喜欢绿色的人，大多谦和有礼，待人率真，善于与人和谐相处；他们也是富有好奇心的一群人，喜欢与他人分享；他们还具有沉着、冷静，善于分析问题的特性，但这也使他们较缺乏行动力，更善于做思想者。

■蓝色

蓝色是天空的颜色，因此喜欢蓝色的人通常拥有宽广的胸怀，他们谦虚、和蔼，善于与人合作，做事谨慎，守规矩。喜欢浅蓝色的人，偏向感性，他们较善于利用艺术化的形式与外界沟通；喜欢深蓝色的人，偏向理性，他们自信，自主性强，做事也很果断。

喜欢蓝色的人有时会显得比较软弱，他们不善于表达内心的想法，容易委曲求全，以换取生活的平静。过于忍耐会使他们的内心压抑，所以当他们强势时，也会显出固执的一面。

■紫色

紫色是由红色和蓝色调配出的颜色，喜欢紫色的人也因此拥有复杂的性格。他们感性，拥有艺术气质，但也容易过于高傲，不相信他人，甚至可能有一些阴暗的心理。他们是非常难以把握的一群人。

■黑色

喜欢黑色的人中，有部分是属于精明能干型。他们善于把握时机，做事沉稳又不乏手段，是很容易获得成功的一群人。但是黑色也具有掩盖的性质，有的人习惯利用黑色来隐藏自己，或者不惹人注意，或者制造神秘感。这种人通常缺乏自信，却又非常固执。虽然喜欢黑色的人比较极端，但只要通过他们的神色就能判断他们属于哪种类型。

■灰色

灰色很难受到欢迎，因为它介于黑色和白色之间，缺乏展示的能力。但灰色能突出其他颜色，这非常符合成熟的中层人士。所以善于平衡各种压力的成熟稳重型人士偏爱灰色，他们做事沉稳，工作卖力，还懂得突出他人，不会给人压力，具有很好的人缘。

喜欢灰色的人生活通常较为单调，容易安于现状，甚至有些失意的人也会喜欢上灰色。一旦喜欢上灰色，生活就很难获得突破。要想生活有明显的改观，就需要使用亮丽的色彩来改变自己。

□白色

白色象征纯洁，喜欢白色的人多半向往纯净的生活，所以喜欢白色的人或者是生活简单的人，或者是对理想有着执著追求的完美主义者。他们温柔善良，喜欢家庭，比其他人更忠贞。

但喜欢白色的人群大多有固执的一面，一旦认定的事，他人很难对其进行改变，因为他们要保持白色的纯洁，不愿意作妥协。即使看起来很柔弱的女性，如果她喜欢白色，也能对其认定的事物非常坚持。

红色代表热情。

粉色代表温柔。

黄色代表好奇心。

绿色代表和平。

蓝色代表忧郁。

紫色代表神秘。

可以利用颜色来减肥吗

有不少人为了减肥，想尽办法，但收效甚微。大部分人的肥胖跟饮食有关，人们在焦躁的时候，容易依赖食物的饱腹感来自我安慰；有的人因难以抵制美食的诱惑，在长期大量摄入食物后，使肠胃习惯了更多的食物，而不能对饱腹感作正确的提醒。摄入的食物过多，身体就会将其转化成能量储存在体内，日积月累，就会变胖。

消耗能量的减肥方法，并不能控制肥胖的源头，还可能加大食量；而控制食量的做法，则可能使人们在压抑后报复性地暴饮暴食。肥胖的源头既然是无法得到正确的饱腹感信息，使我们食欲过于旺盛，我们就应该寻找控制食欲的方法。

营养学家告诉我们，彩色的食物，具有促进食欲的作用，尤其是红色、黄色等暖色，具有让肠胃活动的作用，从而刺激食欲。这个提示也告诉我们，颜色不鲜艳的，或者冷色的食物，可能会降低我们的食欲。因此我们可以利用颜色的心理作用，来控制我们的食欲。

单一的颜色能破坏食欲

营养学家认为，如果一顿饭的颜色在三种以上，就能极大促进孩子的食欲。既然丰富的颜色能刺激食欲，那就表示单一的颜色很难引起人的兴趣。

很多人在看到满桌青菜时，就会眉头紧皱，这不仅仅是因为没有肉的缘故，单一的绿色很难让人有胃口。如果我们将菜肴换成番茄浓汤、红烧牛肉，再来一道炒胡萝卜，虽然有了肉菜，也采用了能促进食欲的暖色，但单一的红色，也会使人吃了几口后，就兴趣全无，而且过多的红色，还会造成已经吃饱了的错觉。如果我们用白萝卜、鱼肉、山药、白菜帮子来做一桌菜，其效果更恐怖，估计没多少人愿意再动筷子了。

最能吸引人的食物，都是明亮的，所以做颜色暗淡的菜肴，能有效降低进食者的食欲。放了酱油的菜肴，大多颜色暗淡。炒茄子、炒胡豆、炒豆干、凉拌木耳等菜的颜色也相对较暗。但需要注意的是，如果一顿饭中出现了浅色的或颜色明亮的菜肴，则会起到突出同桌深色菜肴的作用，反而不会起到抑制食欲的作用了。

几道著名的美味川菜都是深色菜肴：回锅肉、鱼香肉丝、水煮牛肉、宫保鸡丁、麻婆豆腐。如果饭桌上只有这几道菜肴，即使味道上佳，也很难打开人的胃口。

紫色能控制食量

冷色有降低食欲的作用，不过食物中缺乏蓝色，所以我们可以选用紫色的食物来控制食欲。比如在汤中加入紫菜，或者是做一道炒洋葱。

紫菜和洋葱的紫色并不明显，有着明艳紫色的茄子也会在食物加热的过程中损失紫色，所以我们可以挑选紫色甘蓝来做减肥菜。紫色甘蓝是西餐中制作沙拉的重要材料。在地中海地区，有在正餐前吃蔬菜沙拉的习惯。蔬菜沙拉可以在饭前填充大部分胃部，使人们很容易就感到饱足。其中紫色甘蓝厚实的叶片，能让人获得更充实的饱足感。所以现在西方非常提倡地中海式的饮食方式，将其作为减肥餐。我们在制作减肥沙拉时，要减少里面的红色材料，这会让沙拉看起来更冷。

现在还流行吃紫薯，虽然很好吃，但我们不易吃得过多。如果饿了，想吃点零食，可以选择吃紫薯，它能让我们容易感到饱足，自然不会摄取太多。

蓝色装饰通过平复心情来控制食欲

蓝色不是菜肴的颜色，所以我们很难从蓝色中获得食欲。但蓝色具有令人心情平静的作用，这能极大抑制心情的焦虑和受食物刺激的兴奋，从而达到控制食欲的目的。

餐厅的布置如果以蓝白色为基调，能让人在就餐时心情平静，能更好地感受身体传达的饱腹信息。如果无法进行全面装饰，只要在餐桌旁的墙上挂一幅以深蓝色为基调的画就可以了。我们也可以在感到饥饿时，先在头脑中想象蓝色的大海，这能让我们清楚地判断此时的饥饿感是真的饥饿，还是只是需要用食物来自我安慰。

在使用蓝色餐具时，青花瓷的效果不太突出。这种我们常用的瓷器蓝色色块太小，难以达到抑制食欲的效果，其白色的部分，还能起到突出菜肴的作用。

饿

不能控制的食欲，是减肥的大敌。

艳丽的暖色能促进食欲。

单一的颜色对食欲具有破坏作用。

深色的菜不容易提起食欲。

紫色的菜大多具有减肥的功效。

利用蓝色平复就餐心情，能让人吃饭更慢，吃得更少。

空间的有趣魔力

人类生活在三维空间之中，每件事物都具有立体感。所以人类再现艺术的历程，一直是在追求如何能得到一个更接近真实世界的模式。从绘画、雕塑，到舞台艺术，再到影像技术，都在设法为我们展现一个具有立体感的空间。

人类为什么长两只眼睛

我们生活在一个由高度、宽度和深度组成的空间中，这样的空间被称为三维空间。三维空间是可以通过视觉和触觉感受到的，这让我们天生就拥有良好的立体感。这种立体感，能让我们估计事物的体积，判断空间的大小，了解物体的速度。

大部分的动物都有两只眼睛，人也不例外。两只眼睛有很多的好处，比如两只眼睛可以让人看得更宽，能够在一只眼睛发生疾病或者受到伤害后，还有“备用眼”可用，但两只眼睛最大的好处是让人能通过视觉感受到立体，具有良好的深度感。这不仅增加了精细运动的协调性，还使人具有更灵巧的操作能力。

双眼能带来立体感

很多人都玩过单眼套钢笔的游戏，就是闭上一只眼睛将笔帽盖到笔上。在这个游戏中，我们发现，只用一只眼睛，很难判定物体的位置。这是因为一只眼睛只能得到长宽两个参数，不可能产生深度感。所以我们的笔帽不是放到笔的前面，就是放到了笔的后面。

两只眼睛可以看到两个有些出入的平面画面，人的头脑会将这两个画面相重叠，经过处理后，让两者的差异成为深度感，这样就将平面画面转化为立体画面，让我们能够准确判断物体的位置。

要让双眼发挥正常的功能，必须要双眼的功能正常且相同，还能够协调地进行运动，并且能让视网膜的成像落在双眼的黄斑部。否则，很容易让眼睛看见两个重影，而导致视线模糊。大于300度的近视眼或者远视眼，之所以看不清楚物体就与此有关。斜视也会造成严重的重影现象。有时候问题可能并非出在眼睛上，大脑如果无法合成立体图像，也会导致复视症的发生。

双眼的立体感也并非是万能的，在射击的时候，用双眼反而不能瞄准。射击时，我们依靠的是标尺、准星，如果它们与目标处于一条直线上，就能进行准确的射击。也就是我们透过瞄准器，看到标尺、准星、目标合而为一就可以了，这只需要平面的视觉。两只眼睛因为所处的位置不同，在瞄准时会产生差异，立体视觉反而不利于瞄准。

变化的维度空间

我们之所以认为身处的世界是个三维空间，是因为我们接受大部分信息的视觉和触觉所感受到的是长、宽、高三个维度。然而科学家认为，宇宙不能仅仅用三维空间来定义，它应该有十一个维度空间，甚至更多。当然，作为只能感受到长、宽、高的人类，我们只能理解三维空间和比其更低级的空间，对于更高级的空间，我们是很难理解的。对高级空间的理解只存在于科学家的宇宙模式里。

科幻小说喜欢拿维度空间来当话题，比如时空穿梭，就是典型的四维空间理论。科学家认为我们身处的时间为现在，我们只能感知现在，但时间是个轴线，如果能在过去或未来进行穿梭，我们就能感受到长、宽、高和时间四个维度，这就是四维空间。传说中的神灵、先知，离奇的预知梦境、感应，似乎都在显示四维空间的存在，所以才有大量的电影、小说以及艺术作品来描述这种神话般的体验。

无法理解高级维度空间是正常的。有研究人员称，蚂蚁就是典型的二维空间动

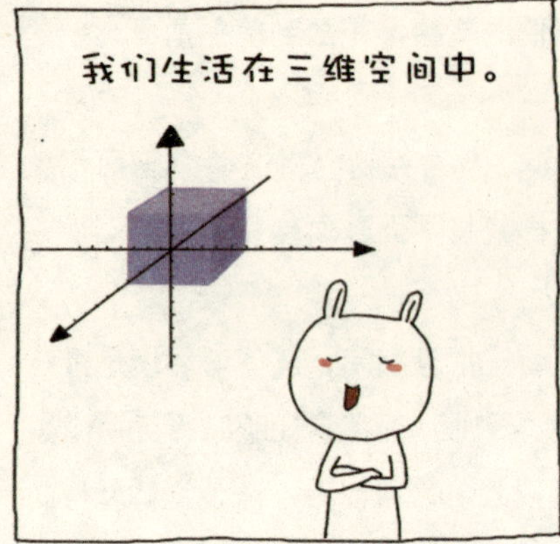
我们生活在三维空间中。

双眼能给我们立体感。

如果只有一只眼睛……
怎么抓不到呢？

科学家认为我们生存的空间
可能有更多维度。

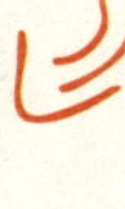

佛也说世界有众多虚空。

俺还是更爱看穿越片。

物，它们是无法理解三维空间的。虽然蚂蚁也有两只眼睛，但它们的视线仿佛是平行的，它们只看得到眼睛前方的事物，无法理解比它们高的事物。研究人员将食物放在蚂蚁的面前，蚂蚁能够马上看到，但当把食物举高，对蚂蚁来说，食物就仿佛神秘地消失了。

植物则是一维空间的生物。一维空间是只有一条线延伸的空间，植物的生长正是这样的模式。即使有众多的枝条，它们也都是按照线性延伸的原则。因此它们是生存在一维空间的。

怎样的画看起来更逼真

每一幅画是由长、宽构成的，没有深度，所以画通常都是平面的。古希腊哲学家一直强调要让“艺术模仿自然”。可二维的画面如何反映真实的三维世界，这一直是画家们探索的问题。

我们看原始人的壁画，是很难看到立体感的，它们大多线条简单，人物大小按重要程度排列。但从文艺复兴时期开始，我们越来越能在绘画中感受到真实的立体感。画家们苦心研究出的若干技法，让二维的画面变得真实起来。

重叠

观看原始人的壁画，有点像在看俯瞰画。画中无论有多少人、多少动物，画者都要将他们完整地画出。公元前4000年的苏美尔美术中，陶瓶上的人都站在了地平线上，而到了公元前1000年，古亚述王宫中的壁画则出现了重叠技法。

在众多增加立体感的技法中，重叠可能是最早的增加立体感的方法。由于人眼不具备X光的功能，因此如果我们看到一个苹果旁有一个沿苹果边缘切开的梨，根据经验，我们会认为梨是完整的，并且它位于苹果的后面。这种方法，是利用人的经验来推导出空间的深度。

透视

透视是我们今天学绘画都必须学的重要内容。它是指我们的视觉会将近的物体看得较大，而将远的物体看得较小。这样的技法在古亚述王宫中已经出现了，当时的画家在处理两个重叠的人物时，总是将前面的人画得大于后面的人。

让透视得到真正发展的，还是文艺复兴时期的建筑师布鲁内莱斯基。布鲁内莱斯基借助镜子发现，人眼看到的画面都存在一个焦点，物体距离人的远近，会根据物体与焦点的连接线，等比例地放大或缩小。这种方法则让感性的“近大远小”透视法有了理性的参照。到了16世纪，西方绘画都会利用焦点透视来增加绘画的立体感。

在现代摄影中，为了增加画面的立体感，摄影师也喜欢拍摄带来透视感的平行线条，它们可以在远方会聚成一点，或者形成较大的角度。如拍摄两根铁轨，俯拍或仰拍高楼，都能带来强烈的景深感。

光影

一个规则的物体是很容易利用焦点透视法来表现立体感的，但一个圆润的或者不规则的物体，却很难利用这一技法来表现立体。于是古希腊时期的雅典画家阿罗多斯就研究出了利用光影的方法，即用深色表现凹陷，浅色表现突出。这也成为画家表现空间感的最直接方法。

到了文艺复兴时期，画家马萨乔喜欢将一束强光以倾斜的角度照射到人体上，据此绘制出来的人物，具有非常强烈的立体感。这种手法在现代摄影中也被经常使用。达·芬奇为了追求更自然的效果，将这种强烈的明暗对比进行弱化，采用了逐渐加深的方法，这就让他笔下的《蒙娜丽莎》充满了柔和的美感。这也成为现今使用得最多的一种光影技法。

色彩

不同色彩的组合也能增加立体感。19世纪印象派在对色彩的研究中发现，当将几种同样大小的色彩放置在一起进行比较时，会产生有些色彩在前、有些色彩在后的现象。这种奇特的现象可能跟冷色收缩、暖色扩张有关，所以不少绘画者都会将画面的主体处理得鲜艳、明快，而远处则多使用浅淡的冷色。

事实上，由于空气中水蒸气的作用，远处的景物不仅颜色会偏淡，还会略微偏蓝。一座长满绿树的山，画家之所以会用蓝色去处理，其真实的原因就是空气制造的这种冷色效用。

空气透视

空气不仅能改变颜色，还能改变物体的清晰度。达·芬奇发现，空气中的雾、烟、灰尘等会使远处的物体变得淡而模糊，所以只要利用色彩饱和度就可以展现出立体感：近处的物体颜色鲜艳，而远处的物体颜色暗淡；在绘制图案时，也只用将近处的物体描绘清晰，而远处的物体只要有一个轮廓就可以了。

印象派画家塞尚就将他的画进行了团状处理，即近处的景物是由细小的团状颜色组成，而远处的景物则是由大块的团状颜色来代表。塞尚的这一理论迅速被印象派所接受，甚至开创了西方现代美学的全新时代。有趣的是，在现代摄影技术中，只要通过增加光量，就能将背景模糊成印象派的团状颜色。虽然这是缩短景深的做法，但突出主体、模糊背景的方法，让画面变得更加立体起来。

原始人的壁画是缺乏立
体感的。

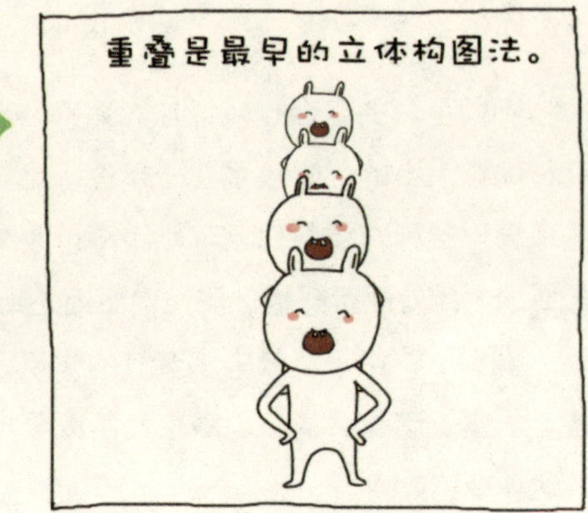
重叠是最早的立体构图法。

布鲁内莱斯基的建筑设计图
焦点透视让构图
更科学。

呜呜呜~~看看我是谁？
妈呀！
妖怪啊！
光影能突出立体感。

暖色具有前进的
效果，冷色具有
退后的效果。

空气的透视使近处物体清晰，
远处物体模糊。

孩子的画和毕加索的画有异曲同工之妙吗

成年人很难会发自内心地认为孩子的画有多好。那些稚嫩的笔法有时甚至不能让线条流畅，有时画出的图案无法辨识。如果不是对于孩子童真的喜爱，估计很多人会把孩子的画视作丑的。

如果仔细分析孩子的画，你会发现这些画大多是由各种几何图形组成。各种线条、圆形、椭圆形、方形、梯形，充斥着画面，孩子无法把握精准的形状，所以将他眼中的世界简化成了几何图形。最初，孩子只会画线条，一根线条就可能代表了一个事物。后来孩子学会了画圆，事物无论形状，都可以用大大小小的圆来表示。人可以用大小圆组成，火车也可以用一连串的圆连接。等到学会了画方形，人的身体可以被画成方的，裙子也可以被画成方的。

孩子的画是很难有立体感的，但孩子天生有表现他所看到的事物的欲望，他就会把立体的部分画出来。如果他想要告诉别人房子的侧面有什么，他就会将房子的两个侧面都画出来，造成近小远大的奇特效果。

当我们对着孩子的画无法理解的时候，很多人并不知道，毕加索也曾经遭受过同样的责难。

将世界缩减成立方体的立体画派

毕加索是立体画派最著名的人物，他所绘制的《亚威农少女》被称为立体画派的第一幅作品。在绘制这幅作品之前，毕加索已经是赫赫有名的画家了，但当这幅画摆到公众面前时，整个艺术界为之哗然。在人们的眼中，这幅画太过丑陋，与文艺复兴以来对自然、真实的追求大相径庭。画中裸体女人的身体都是由各种变形了的几何图形所组成，就连背景中的墙和布帘都是用几何图形组成。这种变形的组合方式，让西方绘画中柔美的女性形象不复存在，只剩下最最简单的、可以辨识的形体。一位画家在看过毕加索的作品后，惊讶地说：“这不过是一些立方体呀！”当这句话被传开后，毕加索所代表的这一画派就被称为“立体画派”。

立体画派其实脱胎自塞尚的团状造型理论，用色彩的团块代表物体的方式，被立体画派加以扩大。这种孩童似的绘画方式，正是毕加索的惊人之举，他一反传统之道，力求返璞归真，寻找最原始的结构，而几何图形正是最能表现这种原始性的手段。在这一简化过程中，就连女性最富于勾魂的眼睛，也被简化为橄榄形中间有一黑核的固定模式，即使侧脸的眼睛也采用同样的方式。看立体画派的画，就仿佛看到世界被缩减在了立方体中一般。画家正是在这种绘画方式中，努力摆脱形体的束缚，力图表现最为本质的生命力量。

立体画派奇特的空间表现手法

将事物简化成几何图形，是比较容易被理解和接受的，但令大多数人无法理解的是，立体画派有着独特的空间表现手法。其实立体画派的画不喜欢表现强烈的立体感，它们大多更注重平面效果。即使颜色，也大多只是通过些微的深浅变化，来表现一种浅浮雕的效果。立体画派认为，普通的绘画模式无法向人们传达正确的事物概念，看到了事物的一个面，就很难看到事物的另一个面，这是绘画非常大的弊端。

立体画派还认为，我们看人的侧面时只能看到一只眼睛，所以我们就只画一只眼睛，但其实人有两只眼睛，这就是绘画无法表现到的真实。为了获得理性中的真实效果，立体画派会将人的侧面画上两只眼睛。在正面像中，人的鼻子是扁平的，而真实的鼻子是挺立的，所以立体画派中人物的正面像上可能出现侧面的鼻子。还有牛富于性欲特征的牛角，由于无法在侧面中反映出来，画家会特别将它们在牛的头部重新布局，以保持牛角相对的形状。在《三个乐师》中，为了表现一张桌子的三个面，毕加索使得桌子前小后大。而在《亚威农少女》中，为了表现一个背对观看者的少女的脸，他在少女背部上放置了一张正对的脸！

最为真实的空间表现法

当我们无法理解立体画派的画作时，我们只要想想孩子的画，就知道这一切不过是想最简化地表现他眼中的真实世界。这样的空间布局方式，其实在西班牙、波

亚威农少女

《亚威农少女》是毕加索震惊世人的立体派画作。

立体画派喜欢表现更多方位的空间，而非眼睛看见的一个面。

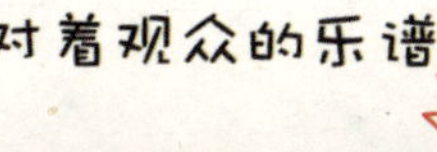

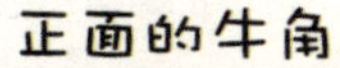

斯、中国的古代绘画作品中，都曾经出现过。

最值得一提的是，公元前1500年的古埃及人当时已经掌握了透视技巧，并将其运用到建筑上，但埃及人最钟情的画法，却是孩子常用的最大限度还原真实的方法。比如，画一个方形的池塘，埃及人不喜欢将其按透视法画成歪曲的菱形，他们会画出一个方形来表示池塘的真实形状。池塘边的树，不会像现代户型图中的植物，被画成一个有连续圆弧的圈，而是如同倒在池塘的周围，因为他们认为这样才能表现最真实的树的形状。

这样的画是缺乏立体感的，却能表现最真实的空间布局。因此不要小看孩子的画哦，他们是在用稚嫩的笔去解构和重建他们心目中的世界。

城市为什么需要雕塑

在20世纪末，中国曾经出现了大规模的雕塑潮，全国大大小小的公园、单位、市政设施里，都会见缝插针地出现各种题材的雕塑。雕塑为何突然获得重视，受到国人的追捧呢?

城市雕塑在西方的历史非常悠久，从古希腊时期开始，人们就在重要的公共场所摆放雕像。当时的雕像大多为人体，如神灵、勇士、健将，这些美而神圣的人体矗立在古希腊人的周围，仿佛能令他们时刻获得关照，使他们获得精神的支柱和熏陶。这样的雕塑方式一直从古罗马持续到中世纪，再到文艺复兴。到了20世纪，西方各国的大小城市，都将城市雕塑作为城市建设和其文化的重要组成部分。

雕塑从文化的角度上是具有精神意义的，但对于城市本身的审美来说，则更偏重于形式的变化美感。我们身处的建筑大多具有相同的结构，四四方方，缺乏变化。但雕塑富于生命力的变化性，会改善城市空间的单调感，让缺乏生命的建筑群出现生机。因此在空地摆放雕塑，是美化城市的重要方式。

雕塑最富空间感

众所周知，平面绘画很难表现事物的整体视觉概念，它只能显示出事物的一个面来。但雕塑却不同，它可以使用具有长、宽、高三个维度的材料来进行创作，所得到的艺术品可以用来表现更接近真实的事物。当我们来到洛杉矶好莱坞的蜡像馆，馆里面的明星们就像真人一般站立在我们面前。我们可以任意观看他们的正面、侧面、背面，这种欣赏方式，是其他艺术形式很难达到的。

绘画中那些很难解决的角度问题，在这里完全不是困扰。人的雕塑可以使我们看到凹凸的身材，也可以使我们看到完整的面容。牛的雕塑可以让我们看到它完整的健硕身形，也可以使我们看到它漂亮而工整的牛角。雕塑能给我们全方位的视觉享受，是最具立体感的艺术。所以有雕塑家认为，雕塑是一种健康的艺术，是一种自由的艺术，不受透视、缩短和其他人为弊病的折磨。

雕塑技法不简单

雕塑其实是一种空间艺术，它在绘画的长宽基础上，多了深度的空间感，这就让雕塑从平面变为立体。虽然雕塑制造的物品更符合真实的事物，但它并不比绘画简单。相反，要掌握雕塑的空间感，比掌握绘画的空间技法更难。

原始时期的雕塑作品，大多很幼稚。那些过于臃肿或者过于简单的形象，其实还不如原始人壁画上的简笔人体来得生动。即使到了现在，能掌握雕塑技法的人，依然远远不如掌握绘画技法的人多。

中国也算是雕塑技术非常发达的国家，但自古却缺乏类似西方的城市雕塑。中国的雕塑作品，一般仅限于对神灵的塑造，对平凡人的塑造物，则用于墓葬的陪葬。在中国的古代城市中是很难看到雕塑作品的，唯一具有象征意义的雕塑，可能就是大院门口的一对石狮。但那是属于私人或官家的震慑之物，并没有城市美化和民众教育的作用。

不过大量的陪葬人俑和大量的佛教造像运动，也使中国人的雕塑技术日益发达。无法获得大型雕塑的中国人喜欢收藏小型雕塑。各种金银玉器制造的雕塑，都能为家居环境起到调节和美化的作用。其使用的技法和人、物的形神，在全世界都

雕塑是最具有立体感的
艺术。

古希腊人利用雕塑来美化
环境。

文艺复兴时期，雕塑艺
术发展到了巅峰。

中国的大型雕塑主要是佛
像和陪葬品。

中国的小型雕塑非常有神韵。

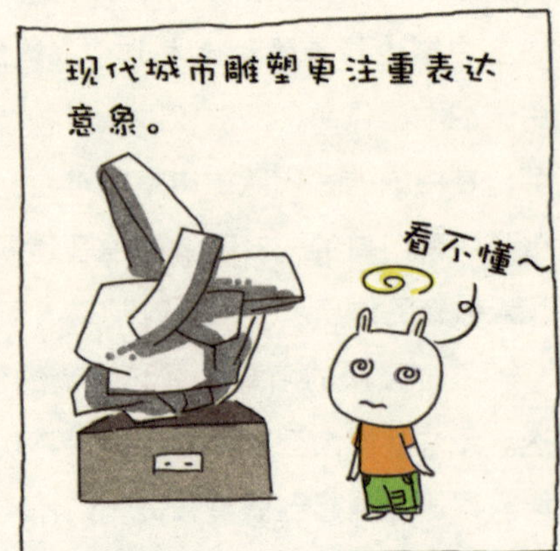
现代城市雕塑更注重表达
意象。
看不懂~

堪称一绝。

现代的“空洞”雕塑

自古雕塑都是以模仿真实、自然的物体为第一要务，但现代雕塑在解构主义的影响下，却开始破坏真实的结构模式。英国雕塑家亨利·莫尔是现代最负盛名的雕塑家。他的雕塑作品虽然大部分在表现人体，但我们只能从其形体上辨别出这是个人，或者是女人，或者是男人，完全没有文艺复兴时期米开朗琪罗、罗丹等雕塑大师对肌肉、形体的细腻表现。它更像毕加索的立体主义，只展现最简约的实体。

雕塑和其他艺术形式的不同之处就在于它拥有体积，它以对空间体积的占有来表现它的存在。莫尔的现代雕塑就是在利用体积进行表现，突出表现的是实体，膨胀表现的是积极、占有，凹进、空洞则在表现容纳、被动、接受。莫尔用实体和空洞组合雕塑，被人们戏称为“到处打洞的人”。但这种利用体积扩大和缩减的方式，却成为了现代雕塑的主流。

为何演员都在灯光下

在芭蕾舞《天鹅湖》中，当王后为王子举办挑选新娘的舞会时，魔法师引领着黑天鹅出现在舞会上，此时整个舞台的灯光都暗淡下来，唯有三束灯光打向了王子、魔法师、黑天鹅，当王子接受黑天鹅与之共舞时，魔法师也消失在了黑暗之中，整个舞台上只能看见王子与黑天鹅在舞蹈。这种灯光效果将观众所有的注意力集中在了最重要的情节当中，使人深深地融入剧情里。类似的灯光效果在舞台应用上有很多，它们一方面能突出人物和剧情，另一方面还能制造出不同的时空感。光线对制造美感效果有不可忽视的作用。

能让人感受到美的光

《圣经·创世记·第一章》写道：起初上帝创造天地，地是空虚混沌，渊面黑暗，上帝说："要有光。"就有了光。光不仅是上帝创造的第一件物品，更重要的是，没有光，人就无法看见事物，现在我们所能感受到的绝大多数美的事物都会消失在黑暗之中。光不仅能让人感受到事物的形态，还能让人感受到事物的颜色。人们看到的颜色都是物体表面对光的反射，我们眼中看到的颜色其实就是光的颜色。所以光对于美有非常重要的意义。为了重现世间最美的事物，艺术大师们往往都是运用光的高手。

现代舞台是将光线运用到极致的一个环境。特别是室内舞台，由于本身光线暗淡，就更需要用灯光来突出舞台上的演员，同时让观众置身于暗处，以利于演员专注于演出。

事实上，舞台灯光可以表现非常复杂的内容：从观众方向投向舞台的灯光能起到突出舞台的作用，侧光则能加强人物和景物的立体感，单束灯光可以起到突出的作用，背景光可以加强空间感，多层的背景加逆光可以制造出更多层次的景物，蓝色的光线可以表现寒冬，绿色的光线可以表现春天，橘红的光线可以表现夏天，黄色的光线可以表现秋天，一些流动的光还可以制造下雪、落叶、起风等效果……光线不仅可以让小小的舞台瞬间表现出时空的变换，还能起到刻画人物心理，烘托剧情的作用。

优秀的舞台剧，必然需要一流的舞台灯光来衬托。百老汇作为最经典的舞台剧场，其舞台剧都拥有一流的舞台灯光设计。尤其值得一提的是《光影马戏LUMA》，与传统的百老汇舞台剧相比，它利用了最新最前沿的电光影技术，制造了最美最震撼的光影效果，让人置身于光的颜色和运动的奇幻之中。光的舞台，本身就是一件很美的艺术品。

绘画和摄影中的光

光有处理事物远近虚实的能力，能表现事物的体积、形状，能讲述时间的变化，因此作为再现真实世界最美画面的绘画和摄影，都非常注重对光的选择和运用。

早在1世纪前后，古罗马人就已经发现了光线在人体上留下的明暗变化，此时的绘画已经可以利用明暗使人物立体而丰满。尤其在中世纪以后的西方绘画中，光线起到了非常重要的作用，光线的运用从简单的单光源明暗，到对真实光线下复杂的光影模拟，使人物和景物都更有立体感和真实感。

摄影则更注重对光线的捕捉。光线在人物和景物上的瞬间转变，让事物呈现出转瞬即逝的瑰丽多姿。例如，早晨和傍晚的光线最能制造时空感，此时倾斜照射的光线，能让阴影的面积扩大，阴影效果就成为了加大时空感的最好手段。因此，为了得到最好的照片，摄影师必须精心地挑选时间和地点，以获得最佳的光线来制造最美的光影效果。对光线的追求，使得英国最有声望的风光摄影师乔·科尼什将自己的摄影心得命名为《光线第一》。

环境中的光

光不仅能照亮空间，还有制造空间效果的作用。现代装饰的室内用光就很注重用光来美化空间。不少饭店喜欢用光线来分割座位，一张桌子使用一组灯光，让顾客在开放的环境中能感觉拥有一个相对独立的空间。为了扩大小户型的视觉面积，小户型的样板间也常用顶灯、射灯等来照亮顶部，明亮的光线能制造空间扩大的错觉。也有在悬挂着中式门窗的墙上设置暗灯的方法，可以在突出中式装饰的同时，制造门窗外还有空间的感觉，也能增加室内的空间感。

另外，开大窗，让足够的光线透进房屋的方法，也是现代空间设计的重要技法。建筑的镂空技法，也是在利用光线的多重照射来增加空间的变化感。可见，光线的运用，已经成为现代空间环境美化不可或缺的一种手段。

光线能增加我们的注意力。

太神奇了。

庞贝废墟中的《面包房夫妻像》已经利用明暗来表现立体了。
面包房夫妻像

摄影家将光线视为第一法则，
常常坐等最好的光影效果。

小户型的房子，只要充满光线，看起来就会大一点。

镜头能让我们拥有更强的空间感吗

电影电视是利用摄影机连续拍摄真实的场景所获得的艺术形式。虽然仍然是在屏幕等平面上进行播放，但它比照片多了动感，比舞台剧多了变化，还可以制造雕塑所特有的360° 视觉空间。最早的电影放映时期，当屏幕上的火车轰隆隆、轰隆隆地越变越大时，观众会认为火车会直接冲向自己，而纷纷逃窜。电影所带来的立体冲击感，是相当强烈的。

电影的空间感是通过运动得到的

电影脱胎于照相技术，所以其表现手法受到了绘画的影响，包括对空间的处理方法，都利用了透视等空间技法。但真正让电影获得最大空间感的，还是运动。

一个空旷的十字街头，是平板而呆板的，但如果有一个演员跑入镜头，画面就顿时有了空间感。如果再让镜头跟随演员的奔跑而移动，空间就开始发生了延伸。镜头在摇动或推进的过程中，产生的透视变化，更让我们感觉到整个街道在延伸，我们所能看到的仿佛并非只是画面中的部分。我们可以在表现战场、城市等场景中，看到摄影机大幅推进的强烈视觉冲击，这种普通人眼无法做得到的快速移动，正是在利用视觉的延伸错觉，给人更多的震撼。

还有一种表现屋外、屋内的空间结构手法也非常有意思。摄影师先搭设一条拍摄线路，摄影机可以先拍摄一个人正面走向房屋，在他穿过院门后，再跟随他的背影走进里屋。这一连串的镜头，把整个房屋的空间结构都展现了出来，能最大限度地贴近人的视觉体验。

超炫的空间电影手法

慢镜头是一种非常棒的摄影技术，虽然它不过是在一分钟之内进行了更多的拍摄，但它能将动作放慢，让人观看到平时无法体会的空间运动感。虽然动作变慢了，但空间感却在观者的细细品味中得以增强。

在经典日剧《东京爱情故事》的结尾，有一个非常经典的空间处理手法。当分手的男女主角在街头即将相遇，他们的动作突然变慢，而周围的人流却依旧。一慢一快的速度，似乎让时间在男女主角之间开始凝固，获得了独特的时空效果。

将空间技法运用到极致的，还是电影《黑客帝国》中的特技。其中停止旋转360° 的镜头，让跃起的女黑客在空中定格，镜头迅速地360° 旋转，将女黑客定格在空中的飞跃动态全景展现。这是只有在雕塑中出现过的运动瞬间360° 展示，而它在电影动态中出现，可以说是电影空间技法的全新发展。

电影扩大了我们的空间视角

电影给我们的空间感不仅仅是视觉所看到的，更重要的是它能给我们平时无法获得的视觉体验。如电影中大量使用的俯视镜头就跟我们平时的视觉角度不同。正是这种角度的不同，才让我们能从更多的角度去欣赏，获得更多的美感享受。

俯视感我们还可以通过登高来获得，但微镜头所能看到的微观世界，却是人眼无法获得的。电影镜头中对微观世界的细腻拍摄，使我们开始依赖影视来了解世界。细菌、丛林、火山、大海、宇宙……人眼很难看到的景观，都可以在影视中获得。花开物长的自然变化过程，也可以通过镜头的阶段拍摄来获得连续的奇妙景象。

如今电影电视已经不仅仅是给人空间感那么简单了，它们已经成为了人类的第三只眼，是人类十分依赖的一种信息接收工具。

随着DV和摄像手机的普及，几乎人人都可以手拿一部移动DV记录生活了。我们可以自转一圈，来记录生存的空间；也可以移步换景，来拍摄连续的画面。虽然拍摄的画面不可能媲美专业影视摄影师的水准，但对空间的忠实记录，也让众多人乐此不疲。

拍客的产生，正是基于人们对动态空间和真实世界的热衷。更多的生活百态被拍客放到网络上广而告之，它们或许不美，但它们或真实，或搞笑，或令人愤怒，或使人感动。拍客的行为，已经成为时下最为流行的大众艺术活动。

最早的电影是由一张张照片组成的。

运动让电影产生了震撼的空间效果。

慢镜头能产生奇妙的空间感。

《黑客帝国》中的特技是超炫的空间镜头。

对动态影像的热爱孕育了拍客。

立体影像将如何改变我们的生活

对于真实立体影像的追求，使我们早就不满足于电影电视的平面播放模式，我们希望看到一种能让人产生身临其境的梦幻般的错觉体验。就好像虽然我们坐在家中，却能瞬间被丛林、大海的景致所包围。这种更接近于真实的摄影技术，已经发展了几十年，日臻成熟，已经开始改变我们的生活。

三维电影的逼真效果

小时候我们就可以戴着涂有蓝色、红色的眼镜，看到电影中的气球仿佛真的飘到了我们面前。三维技术在1936年就被研制出来了，它采用了类似人眼的双机拍摄方法，使三维画面同时有两个影像，再通过眼镜的偏光效果，让每只眼睛只看到一种影像，大脑就会自动将两个略有不同的影像转化为立体影像。

这样的三维影像，在2009年《阿凡达》上映时，已经达到了更为逼真的效果。稳定的画面让影像更为丰富，我们能感觉自己在穿越茂密的雨林，在飘浮的群山中遨游，还能跟随主角跃入千丈瀑布，或是凌空驾驭巨龙。这种震撼的立体享受，如同梦幻一般。

今天的电脑特效技术，已经不需要采用传统的双机拍摄模式了，这使三维电影获得了更大的发展。

让虚拟变得真实的三维动画

不仅真人电影能做到立体，就连一直平板的动画也开始了三维的进程。1995年皮克斯公司出品的《玩具总动员》标志着三维动画的诞生，其中的动画形象比二维的动画形象多了立体的质感。其后皮克斯和梦工厂出品的动画片，几乎都是三维动画。

最值得一提的是1999年发行的《精灵鼠小弟》，在127名计算机工程师和电脑动画师的参与下，一只逼真到毛发可见的可爱小老鼠，以三维动画的形象与真人和动物一起参加演出。这是过去的动画特技无法想象的，它令虚拟的事物拥有了以假乱真的真实感。

如果说三维电影局限在视觉的体验上，四维电影就更注重让人感受到全方位的感官信息。其实它就是在三维电影的基础上，在观众的身边增加其他感觉元素。如让坐椅制造出坠落、振动的效果，或者喷出风、水、气味，甚至制造拍腿的触感。在一些大型的游乐园中，就有这样的四维电影，不论大小，它们都已经成为孩子们喜欢的充满刺激的娱乐项目。

三维动画的全新立体体验

三维动画的应用不仅在影视上，它已经在开始切实地改变我们的生活。城市立体化是现在正在进行的一项重大工程，它能让我们在视屏上看到一个具有立体质感的城市。玩过《模拟城市》的人都很清楚，这种立体城市能让我们看到普通地图上没有的立体景观，如建筑物的形状、大小，道路的升降，都可以得到最直观的表现。GPS导航系统开始使用立体图像来进行导航，这让立交桥一类的复杂交通环境变得更为清晰，容易理解。

此外，三维动画技术还被用来进行商品展示、现场模拟、虚拟演练，它所具有的无限可能的操作性，已经获得了广泛的推广和应用。游戏行业对三维技术的率先采用，也带动了电脑工业的新发展。自从玩家们享受了《古墓丽影》中360° 度视觉和操作体验后，三维游戏就成为了游戏界的龙头老大。

能站在我们面前的虚拟影像

我们在《星球大战》中曾经看到过这样的景象，当机器人R2—D2和莉亚公主进行远距离对话时，对方的影像就会出现在面前，仿佛这个人就在眼前，而不是在很远的地方。这种只存在于神话传说中的影像再现技术，已经日臻成熟。它被称为“全息影像”。

全息影像所播放出的影像是立体的。2006年巴黎秋冬时装周新品发布会上，名模Kate Moss在一个金字塔一样的玻璃房子中，用全息影像展示了服装。她飘逸的长发和舞动的姿态，让在场的所有人都如同看到了她本人，不同角度的观众则可以看到她的不同侧面。虽然名模Kate Moss的全息影像偏蓝白色，看起来有些鬼魅，但它的实现在当时引起了不小的轰动。

两年之后，思科公司就开发出了全息视屏会议系统，这比起过去的电话会议、电视会议、视屏会议，更增加了真实感。《星球大战》中的虚拟影像通信方式的实现就在不远的未来了。

全息影像是能记录事物三维信息的全新摄影技术，它利用激光在物体上的反射，将信息记录在全息胶片上。这种技术能最大限度地保留每个细节的信息，即使胶片受到了损毁，只要还有残留，就能将影像还原。现在各国都开始利用全息影像来保存古迹的资料，博物馆、图书馆、学校等机构也在利用该技术进行文档资料的保存。军事上也开始利用全息影像来捕捉信息，这比过去雷达探测到的平面信息更为全面。工业上也开始大量利用全息摄影，无损探伤、超声全息、全息显微镜等技术，能最大限度地采集需要的信息。

哇！
噢！
呼！
三维电影要借助眼镜来制造立体图像。
三维建模
三维动画是用电脑虚拟出来的影像。
全息影像能让虚拟图像更真实。

美，是道德上的善的象征。

——康德［德国］

第二章
美感力大测试

美感力是一个人对美的感受能力。富于美感力的人，对美有很高的鉴赏能力，也拥有更美更精致的生活。要想知道自己的美感力如何，可以通过测试找到答案。

你也拥有美感力

每个人都是有美感力的，即使完全没有学过美学，或者没有任何美学基础的人都拥有美感力。对美的鉴赏，是天生的。甚至有些美感倾向，也是天生的。

动物也有美感力吗

过去，我们常把动物看得过于低级，一厢情愿地认为很多能力只有人类才拥有。但我们很难解释，为什么自然界的物种是如此的不同，为什么它们都有自己独特的外观。当我们欣赏鸟类的羽毛和动物的皮毛时，我们也很少思考，为何它们要拥有这些独特的纹理。事实上，生物的多样性，除其创造更利于自身生存的外观外，还有对美观的追求。所以我们才能看到各种颜色和纹理的动物。我们也有理由相信，动物拥有对美的感受。

生命对外界的感应是美感力的基础

美感属于生命对外界的感应方式，正因为能对外界有所感应，生命才会富于活力，而不是像石头一样对万物无动于衷。

美学家认为，感应是一种对外界信息的吸收，它并非是对物质实体的吸收，并没有直接的能量摄入，但外界事物的光感信息、力度和节奏等，能对生命体造成影响，能激发和调节身心活动的秩序和强度。比如，跳舞草能随着音乐翩翩起舞，可声音不能给它能量，也没有对其进行实际的碰触，它是通过其力度和节奏影响了跳舞草的活动秩序，这就是一种感应。

每一种生命体都拥有感应能力，它成为生命活力的重要表现形式。声音和色彩对于动物的新陈代谢和情绪的影响非常大，如果外来的刺激能使生命活动更加活跃有序，就能使生命体获得更旺盛的生命；但如果外来的刺激压抑、扰乱了生命活动，生命体就会枯萎甚至死亡。这种感应能力奠定了动物判断美丑的基础。

动物的情感是其美感力的基础

有一本书叫做《水知道答案》，该书认为水能承载正面的或负面的信息，如果植物或者微生物接收到这些信息，就会出现生长或者死亡的相反结果。人类在感受正面信息时会喜悦、开心，在感受负面信息时会沮丧、难过，我们虽然不清楚植物或微生物在接收正负信息时的感受，但从它们的表现我们或许可以认为它们是有情感的。

事实上，达尔文早就告诉过我们，动物和人一样具有情感。它们能感到快乐、痛苦，甚至懂得什么是幸福，什么是烦恼。在一起玩耍的小猫小狗无疑是最快乐的，而当它们恐惧时则会毛发耸立。狗狗会因为能够帮主人衔着篮筐而得意，也会因为失宠而嫉妒，它们甚至能跟人开玩笑。

动物在感应的基础上有了感情，它们对于美感的体验，可能比人类所知道的更丰富。

动物的求爱美学

动物界有一种非常有意思的现象，雄性动物通常都比雌性动物更美。一般来说，雄性动物拥有更艳丽的色泽，形体变化更丰富，声音更动听，也更具有表演天赋。这一现象，其实是由动物的求爱行为所造成的。在求爱的表演中，雌性是观众，雄性是演员，自然使雄性拥有更为美丽的外表。

雄性动物为了获得雌性动物的芳心，会极尽展示之能事。雄孔雀用来开屏的巨大尾巴，是为了吸引雌孔雀的；雄松鸡要拥有厚实的胸肌来压迫气囊发出声响，还要拥有足够长的羽毛来炫耀；雄鹿的巨大的鹿角不仅仅用来决斗，更用来吸引异性；雄鱼则会将全身的鳍张开，让上面的彩色纹线充分地展示出来，还会活跃地在雌鱼身边穿梭。动物学家认为，鸟类的冠、垂肉、隆起、角、气囊、顶结、羽毛、光秃的羽干、特别长的翎羽等装饰品，大都是为了求爱而发展出来的。

这些美化的效果是非常显著的，通常雌性动物都会选择最美的雄性交配。雌雉鸡青睐羽毛和肉冠最美的雄性，母斑马会挑选条纹艳丽又对称的异性，母山魈则臣服于睾丸最为亮蓝的首领。另外，雄性的声音、舞姿、气味，也是吸引雌性的重要手段。

动物的生活美学

动物的建筑通常是以实用、安全为基础的，不过有的动物却喜欢对其进行美化。最著名的装潢专家，当属园丁鸟。它们的鸟巢中布满了鲜花、浆果、碎骨、蜗牛壳、小鹅卵石、艳丽的羽毛，如果附近有人居住，它们则会找来玻璃珠、宝石、眼镜、首饰等。如果看到装饰的鲜花和浆果枯萎了，它们还会换上新鲜的。看园丁鸟的鸟巢，就如同进入了一所五彩缤纷的艺术长廊。

乌鸦也是喜欢闪亮事物的鸟类，它们会将闪亮的首饰、镜片衔回巢中进行装饰。有些猴子也对饰物非常敏感，据说在古代，峨眉山的猴子不仅抢夺食物，如果看到漂亮的首饰，它们也会毫不留情地抢回洞中当宝物。

感应是生命的重要形式。

动物也有情感感受。

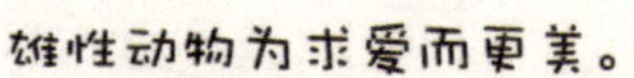

雄性动物为求爱而更美。
雄
雌

雌性更喜欢漂亮的雄性。

有些鸟类喜欢用漂亮的物品
来装饰家园。

猴子也喜欢漂亮饰物。

人的美感力是怎么来的

进化论认为，人是由动物进化而来的，因此在人类的身上，保留了不少动物的特征。身体的基本需求是动物特征，对美的感受能力也是人类动物特征的承继。不过人的美感力和动物的美感力有很大的差别，人的思维进化，使人的思考能力变得更活跃、主动。获得极大解放的大脑，对于美的感受，比动物丰富得多。

丰富的思维能力使人有更强的美感力

动物看到一件事物的反应是很简单的，它们看到食物，就知道那是可以吃的；看到大树，就知道那是可以遮阴的；看到天敌，就知道要逃跑。动物对眼前事物的反应近乎条件反射，它们本身对于美的追求，也都是千万年来一个偶然的偏好得以延续的结果，对某一种动物来说，这样做更类似于遗传的习性。

但人对于眼前的事物却有更多的想象，进化了的大脑可以在一瞬间对一件事物进行多方面的联想。如看到红苹果，我们可能会联想到孩子的脸，可能会联想到满树的果实，可能会被其色泽和形态吸引而有绘画的冲动，而牛顿却因其发现了万有引力。人类的思维能力，让美的事物有了更多的内涵。

动物的大脑是无法理解这些内涵的，所以由线条组成的图案不能引起动物的共鸣。虽然动物也能感应到乐曲的韵律，但不能体会到其中所蕴涵的情感。有些动物能对色彩进行感应，但那只是对光谱刺激的反应，而绝不会像人一样可以将其赋予相应的意义。

主动性让人拥有了创造美的能力

编织鸟、蜜蜂等拥有精致的家，但那是为了实用而创造的，与人类只为美化的创造活动完全不同。园丁鸟一类喜欢进行环境装饰的动物，它们的装饰行为只是将收集到的现有材料堆积在一起而已，这与人类自主的创造，有本质上的区别。

发达的思维，让人类不仅能进行各种联想，对各种事物进行非本质的定义，还能对其进行符号化的归纳。简单地说来，人类对美拥有一种主动性的创造活动。

人类非常善于把对美的欣赏进行转化，从而使欣赏的范围获得扩大。当人们欣赏声音之美，并为其中的韵律和节奏所打动时，歌唱和音乐就产生了；当人们对走路、跑跳、劳动、捕猎等动作行为充满了欣赏时，人们就开始模仿这些动作进行舞蹈；当人们感觉文字的形态优美时，就产生了书法；当人们感受到文字内涵之美时，就产生了文学。当人们喜爱某种物品时，装饰品就诞生了。人类的创造活动，使艺术从美感中诞生，而艺术又进一步使人类的美感得到扩展和深化。

社会对人类的美感力有很大的影响

对动物来说，大部分的美感力来自自然环境。在色彩艳丽的丛林，鸟类拥有更为艳丽的羽毛；寒冷地区的兽类，拥有更漂亮的皮毛。但人类的美感力除了自然环境的因素外，还与周围的人群有关。

不同的人组合在一起生活，就形成了一个社会。人类从原始时期就学会了以团体作战的方式去应对自然，增强自身的力量，这也使人类对社会有着很强的依赖性。对大多数人来说，获得他人的认可是证明其存在价值的重要标准。因此接受更多人所认同的审美观，是一种融入团体的必要条件。

不同的社会，不同的群体，不同的阶级，都存在自己的审美标准。中国古代的女性以被紧紧束缚的小脚为美，欧洲古代的女性以紧束的腰来突出胸部为美，非洲一些部落的女性则以被钢圈层层叠加拉长的脖子为美。对于不同群体的审美观，我们可能无法理解，但如果身处其中却不能与其取得同样的审美标准，则会成为被排挤的对象。

人类的社会性使美感变得丰富而复杂，人们甚至将社会道德纳入了审美的范畴，这在动物的身上是不可想象的。虽然有的动物也会做出忠诚、善良、慈爱等举动，但这些行为并不会被群体所褒扬，只有人类才会为道德之美而感动。

人的美感力继承自动物。

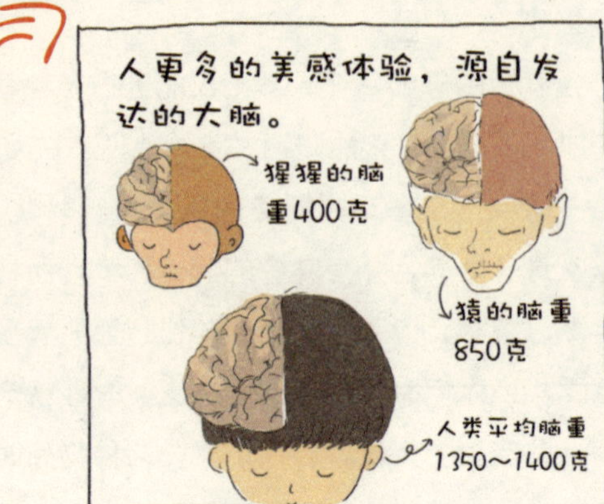
人更多的美感体验，源自发达的大脑。
猩猩的脑重400克
猿的脑重850克
人类平均脑重1350~1400克

发达的大脑更利于思考。

人类善于将美感转化为艺术。

认同。
社会对人的美感力有很大的影响。

不认同主流审美的人会遭到排斥。

有无法感受到美的榆木脑袋吗

我们确实会遇到这样的人：当我们看到一只漂亮的瓶子时，他会说这瓶子又细又长，还不如家中的粗陶水缸好用；当我们品尝一道绝美的菜肴时，他会夹起其中的菜说，这菜真是华而不实；当我们赞叹星空的壮美时，他则打着哈欠说，还不如回家打游戏。我们可能会为这样的人而生气，认为简直就是在对牛弹琴，也可能会讥笑他一点审美能力都没有。但真有那种不能感受到美的榆木脑袋吗？

自然选择决定了美感倾向

有研究人员做过这样的研究，他们将大量的女性脸部照片交给成年人评分，并从最高分和最低分中选取对比度、亮度等类似的照片给出生一到七天的婴儿看。结果研究人员发现，婴儿对漂亮的女性有明显的兴趣，他们的目光在漂亮女性的照片上停留得更久。研究人员估计，婴儿之所以更喜欢漂亮的脸，是因为这些脸的轮廓清晰、对称、均匀，易于辨识。联系动物对配偶美丑的挑剔，我们可以知道，婴儿的美丑观应该是源自一种动物本能。

动物之所以会选择更漂亮的配偶，是因为漂亮所代表的是更为健康。美国科学家曾对数百名男女大学生的体貌进行测量研究，他们发现身材匀称的男性体格强于同龄人，容貌端庄的人携带的有害基因比其他人少。

在远古时期，人类的力量是非常薄弱的，如果没有强健的体魄，或携带有害基因，就很容易在残酷的自然界中被淘汰。女性和动物中的雌性一样，为了让子孙获得更好的繁育，为了获得更为强大的庇护，她们通常会选择更具竞争力的配偶。而挑选的标准，恰恰就是最为凸显的外貌。在父系社会，男性对女性配偶的挑选，也同样遵循了这样的原则。

我们看现代人和古代人，会发现有很大的差异。相比古代人，甚至远古人，现代人明显比他们相貌端庄、牙齿整洁、肤色滋润、身材匀称、体态轻盈。人类的美感倾向，促使人类进化得更为完美。

人类的美感倾向会转化为神经记忆而得以遗传

俄国心理学家巴甫洛夫在心理研究中发现，人们对一件事物的印象会在大脑皮层中建立起暂时的神经联系，经过多次的重复后，这一事物和大脑皮层的神经联系就愈加紧密，最后形成深深的烙印。当这一事物再次出现时，就会引起条件反射，直接产生相应的情感，在这其中是不需要进行思维、判断和推理的。

我们把这种情感反应称为直觉情感，当这种直觉情感是由对美的倾向转化而来时，就会形成一个人固有的美感。当这些美感的神经信息被转化为基因信息，并通过生育遗传给后代时，就能使这些美感得到复制。新生儿所得到的，就是审美的直觉本能。

经过千万年的遗传进化，我们不仅从动物的身上遗传到了美感本能，还从祖先身上遗传到了美感直觉。它们能让我们在一瞬间无须经过理性思考就能感觉到事物的美丑，有时作出的判断连自己都觉得不可思议。莫扎特一类的音乐神童，其音乐成就之高，跟他们先天的音乐天赋是密不可分的。

对于不辨音律的耳朵，最美的音乐也毫无意义

虽然我们遗传了祖先的审美倾向，拥有了审美的直觉本能，但这不过是天赋而已。一个人美感力的强弱，对美的感知是否有深度，更多地取决于后天培养。

审美能力的高低，取决于是否具备一定的鉴赏技能，是否有必要的知识经验，个人的审美观念也会影响到审美能力。因此审美能力是需要在长期的教育和艺术学习中进行修养的。小施特劳斯之所以能获得至高的音乐成就，源于他的家庭熏陶和长期不懈的学习；苏轼的文才修养，也与家庭环境和自己的努力密不可分。

所以我们发现，有些人虽然有一定的审美天赋，却无法对较高级别的艺术形式产生美感。而有的人可能根本就缺乏这方面的天赋，加上后天修养的缺乏，从而成为美感力欠缺的一群人。

科学家认为漂亮的人更健康。

选择漂亮的配偶，更可能获得稳定的生活。

对比
美感倾向使人日趋完美。

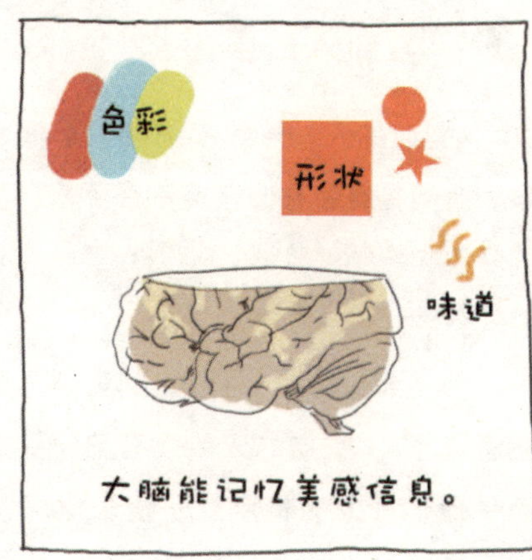
色彩
形状
味道
大脑能记忆美感信息。

美感信息能获得遗传。

但后天培养才能获得真正的审美能力。
NO!

不同的血型拥有不同的美感力吗

我们已经知道美感力与遗传有一定的关系，所以我们就能理解，为何某些人天生对某些事物特别喜欢，而对另外的一些事物感到厌烦。

在先天基因中，血型是影响一个人美感倾向的重要原因。血型是科学上的分类，不同血型的人拥有不同的性格特征和行为偏好，这其中就包括美感力。下面我们就来看看不同血型的人，都有哪些天生的美感力。

A型血人的美感力

A型血的人，一般容易给人严谨、保守的印象。他们在着装方面普遍都很保守，不喜欢艳丽的颜色和新颖的款式，家居布置也中规中矩，不喜欢突破。

A型血的人保守却有品位。

但是如果认为A型血人的美感力差，那就大错特错了。A型血的人虽没有勇于突破的性格，但是他们最大的特点就是擅长学习。在学习时期，他们就是规矩认真的学生，进入社会后更会对已经认同的事物坚定不移。所以他们通常能够积累丰富的美感知识，拥有良好的鉴赏能力。A型血的人中，成为作家和艺术家的人不在少数。

喜欢享受美感的A型血人，很容易沉浸在音乐和书本等艺术形式中，也喜欢在宁静的场所独享精神之乐。他们的穿着可能稍显普通了一点，可一旦穿上正式的、考究的服装，就能凸显他们的品位。

B型血的人是活波的潮流追捧者。

B型血人的美感力

B型血的人容易给人活跃、不拘小节的印象。在时尚方面，B型血的人通常是勇敢而积极的，即使看起来并不美的样式，只要是最时尚的，B型血人都乐于尝试一下。

至于B型血的人是否是时尚达人，就仁者见仁，智者见智了。他们喜欢流行，是流行的追捧者，不过定性不够，很容易就变换了口味。有时他们可能并不知道什么才是最适合自己的，有一味迁就时尚之嫌。所以他们在鉴赏能力上，是有一定欠缺的。好在他们是好动的一群人，喜欢交际应酬，也喜欢开动脑筋来发挥创意，见多识广的他们能获得更好的鉴赏能力，他们的开创精神甚至可能开创出新的时尚。

B型血的人中，有不少成为明星、舞蹈家、设计师。这些需要交际、运动、创造的职业，非常适合富于挑战精神的B型血的人。他们最讨厌被人压抑、强迫，一旦感受到束缚，他们就会反抗，甚至放弃当前的环境和工作。他们的任性，可能将许多事情弄得一团糟，但这也是他们通往成功的基础。

AB型血人的美感力

AB型血的人神秘而注重格调。

AB型血的人容易给人城府过深的印象，即使有热情的一面，也容易让人感觉他们与人有距离。也正是因为这个原因，AB型血的人总给人神秘的感觉，这种神秘感成为AB型血的人最具吸引力的地方。

在时尚方面，他们并非随波逐流的人。他们通常不喜欢华丽的服饰，但非常善于颜色的搭配，并注意将流行元素有选择地纳入，从而创造自己独特的风格。他们也善于与人交往，随和的性格能使他们与大多数人相处融洽，很容易成为人人称赞的谦谦君子。

由于有A型血和B型血的融合，AB型血的人不仅懂得静心研究，也喜欢交际热闹，使他们既有自己的主张，也有时尚的触觉。这让AB型血的人有极强的圆通能力，更有超强的美感力，能成为艺术家、作家一类的人物。即使不在艺术方面有所成就，在交际圈中，也是极富品位的人。

O型血人的美感力

O型血的人容易给人浪漫而勇于冒险的形象。他们是非常注重自我喜好的一群，所以显得尤其有个性。在服装方面，他们不喜欢程式化的服装，也不喜欢浮华，全凭自己的喜好来穿着。他们的个性化，与其说是流行，不如说他们真的很独特。

虽然O型血的人看起来可能有些粗枝大叶，但最有主见。和其他血型的人相比，是最不容易被外界左右的。他们一旦形成自己的审美观，就不容易被他人影响，并具有在任何环境下创造个体专属审美环境的能力，所以他们的美感力是非常独特的。

O型血的人充满了活力，对于没有尝试过的事物，有敢于尝试冒险的勇气。不过他们思想谨慎，在没对新鲜事物进行了解之前，是不会轻易透露出喜好的。这让O型血的人充满了实干精神，并且不容易掺杂感情因素，一旦下定决心就不容易被逆境所击倒。

▶O型血的人是最有个性的一群。

爱热闹也是O型血人的特点，他们喜欢在快乐的环境中与人交往，并善于制造快乐。这让他们见多识广，更多的人则会被他们浪漫的激情所感染，所以拥有很多的机会，是容易通过交际获得成功的一群人。

哪些是最具美感力的星座

其实每种星座都有自己天生的美感力，有些星座还有独特而丰富的美感神经。为了更直观地了解不同星座的美感力，我们可以按照占星学的四象来为十二星座分类，将它们分为水象星座、风象星座、土象星座、火象星座。每一象星座都拥有独特的美感力，其中也都包含了美感力超强的星座。

水象星座的美感力

水象星座包括双鱼座、巨蟹座、天蝎座，这些动物对环境的变化有着敏锐的神经，所以水象星座的人都直觉敏锐、心思缜密、感情丰富、情绪细腻。依靠感官来认知世界的水象星座，有敏锐的美感力，他们能从细微的事物上发现美，也善于发现被他人忽略的美。他们崇尚自然，喜欢家的温暖感，生活细腻而精致，给人的感觉是温柔而知性。

▶ 水象星座依靠感官来感受美。

在他们之中，最富美感力的是天蝎座。天蝎天生就有善于隐藏自己的特性，他们善于观察，细致入微，比起双鱼座和巨蟹座，他们有更多的理性，所以非常懂得如何表现自我。他们喜欢塑造与人若即若离的神秘感，在低调的装束中却有时尚的元素在闪亮，是非常善于勾起人好奇心的星座。

风象星座的美感力

风象星座包括水瓶座、双子座、天秤座，他们在所有星座中最懂得变通。他们聪明伶俐，富于好奇心，这让他们的生活大都多姿多彩。这也让风象星座成为最爱漂亮的族群，他们喜欢追求时尚，喜欢挑战极限，担心自己不能感受到最新

▶ 风象星座是最爱美的一群。

最美的事物。他们的生活围绕着美感、梦想，需要时时有新鲜的事物来满足他们对新奇事物的追求。他们的身边充斥着各种具有艺术气质的物件，生活的物品也大多奇特，甚至古怪。聪慧的头脑，使他们具有懂得如何调配各种不同风格的事物并使其协调的超级美感能力。

其中，水瓶座因为具备特立独行的风格，从而拥有卓越的美感力。他们喜欢用很个性的方式来表现自我，通常不遵循常理，又不在乎大众的眼光。他们的特立独行反而能引起他人的膜拜，将其尊为时尚。更具美感力的是天秤座，他们对美有非常敏锐的神经，有天生的美感本能。他们在辨识美丑方面有很高的水准，具有化腐朽为神奇的力量，因此有美学鉴赏大师的美誉。

土象星座的美感力

土象星座包括金牛座、处女座、摩羯座，他们是所有星座中最踏实的一群人。他们凭借生存理性生活，对美的需求更多的是注重其实用性。不过这并不等于他们的美感力就差，他们其实是非常懂得享受生活的人群，虽然穿着低调，却是完美主义者，讲究品质、品牌，要求使用的物品符合他们的身份，尤其喜欢价值不菲的事物。他们通常能给人高贵而矜持的感觉。

▶ 土象星座以实用为美。

在他们之中最具美感力的当属金牛座。金牛座是最为固执的星座，他们崇尚务实，工作极为努力，所以大多以简约、实用而又富于品质为审美标准。不过他们十分偏爱感官美，即使简约实用，也一定要有其独到的美感才能被接受，因此他们很容易散发出贵族般低调的高雅来。

火象星座的美感力

火象星座包括白羊座、狮子座、射手座，他们热力四射，对身边的所有事物都充满了热情。他们积极乐观，善于营造热闹愉快的氛围，大多喜欢富于热情的事物，亮丽的色彩能让他们感觉到不尽的活力，乐于通过富于张力的事物来表达自身。火象星座的美感力更近乎一种动物本能，几乎不用思考就能进行准确的判断。但如果他们无法获得自信时，这种直觉能力就会被怀疑而遭遇失败。

▶火象星座有最本能的美感直觉。

狮子座是其中最具美感力的星座，他们就如百兽之王的雄狮一般，拥有绝对耀眼的明星气质。为了获得他人的崇拜，他们对自己有非常严苛的要求，力求最为完美的演出。他们讲究细节，重视品质，要华丽登场，要集中所有人的目光，即使选择一身黑色或者灰色，也能够耀眼出场，成为众人的焦点。

你的美感力有多少

通常来说，在生活中谁最懂得装扮自己和环境，谁最能鉴赏事物，谁的美感力就强。不过鉴于每个人的美感力都有天生的偏向，所以我们设计了一些简单的测试题，可以让大家了解自己在哪方面的美感力更强一些。这样就可以有针对性地来发挥自己的长处，弥补自己的短处。

美感力测试：图形

图形是事物形体的最简单概括，所以对图形的辨识能力和组合能力是很重要的美感力。下面的测试可以让你知道自己对图形含义和运动的理解，也可以知道自己在日常生活中是否懂得图形构图和搭配。

对图形美感力的基础测试

1 下面哪两个图中两点间距离相等？

A　B　C　D

2 在图中我们可以看到一个什么图形？

A.圆形　B.菱形　C.正方形　D.梯形

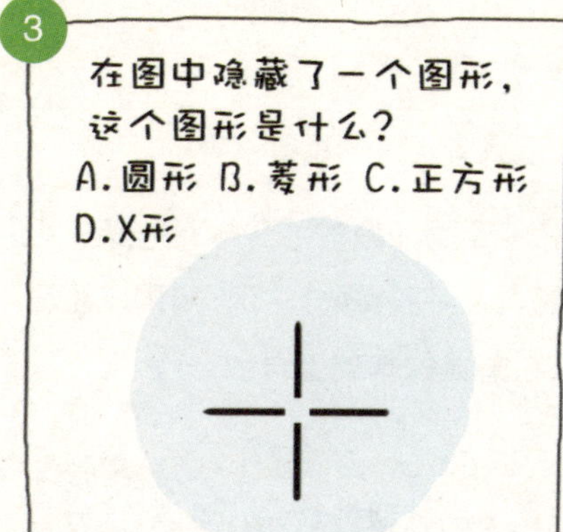
3
在图中隐藏了一个图形，
这个图形是什么？
A.圆形 B.菱形 C.正方形
D.X形

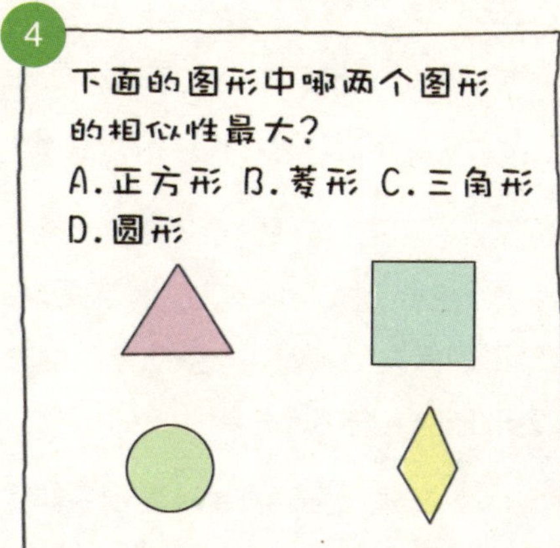
4
下面的图形中哪两个图形
的相似性最大？
A.正方形 B.菱形 C.三角形
D.圆形

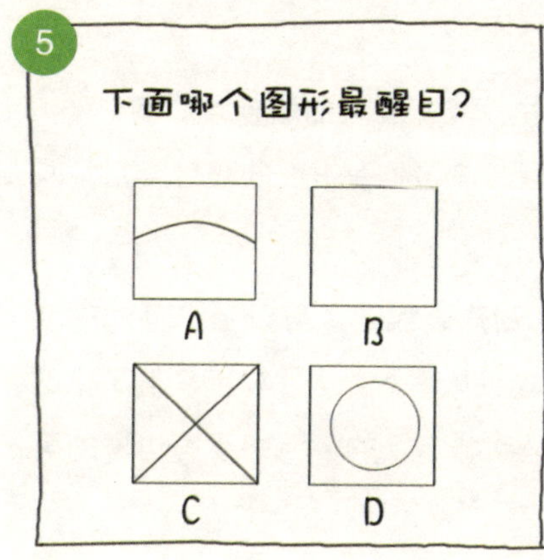
5
下面哪个图形最醒目？
A
B
C
D

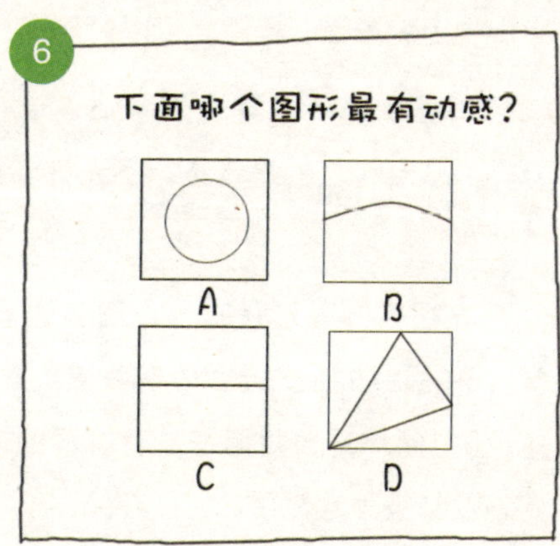
6
下面哪个图形最有动感？
A
B
C
D

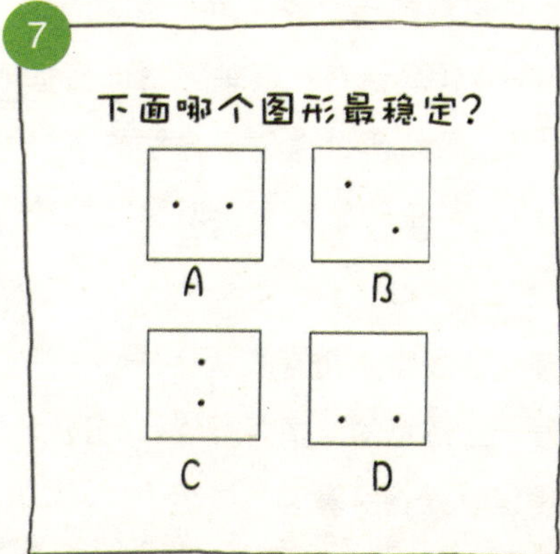
7
下面哪个图形最稳定？
A
B
C
D

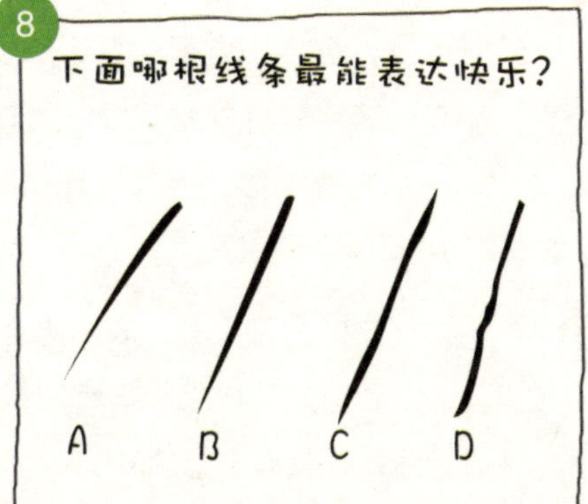
8
下面哪根线条最能表达快乐？
A
B
C
D

答案 每题正确计5分，错误不计分。

1 A和C、B和D，框的大小会误导我们对点距的正确判断。

2 C，虽然也可以在其他形状中获得这四个点，但只有正方形是最直观的。

3 C，该十字的中心是由一个正方形切出来的，能正确还原的可获得3分；A，能将十字中心看成圆形的人，具有更好的联想能力，可获得4分；D，如果还能看出X形的人，更有超越一般想象的能力，可以在前面的基础上再加1分，不过只看出X形的人则不计分。

4 B、C，三角形可以直接从菱形中获得，所以两者的相似性最大，可以计5分；A、B，正方形可以变化出菱形，虽然形状一样，但特质发生了很大的变化，由中规中矩变得锋芒毕露，可以计3分。

5 B，根据最简单最醒目的原则，单一的正方形具有最高的醒目度，可以计5分；C，X形代表的是禁止，不允许，用于提醒，应该具有很高的醒目度，可以计3分。

6 A，方框中的圆形是唯一没有与边界相靠的图形，能给人可以上下移动的感觉。B中弧线的上方虽然没有靠着边界，但它能使人联想到大山，而获得了稳定感；D中倾斜的三角形在没有方框的情况下是动感十足的，但由于有边框的固定，使其被固定住了。

7 D，我们可以将方框的底线看做地平线，事物只有靠近地平线才更为稳固，可以计5分；C，垂直于方框的两个点，可以让我们联想到有一根轴线与地面垂直，从而能获得较好的稳定性，可以计3分；B，虽然两个点位于方框的中线上，有一定的稳定性，但其位置过高，容易给人悬空的感觉，所以稳定性较差，可以计1分。

8 A，均匀而流畅的细线条，表示思虑中没有杂物，通常是用来表达轻快心情的工具，可以计5分；B中上粗下细的线条，更有一些得意的心情，可以计4分。C中两段粗线条，是有思虑的表现；D中颤抖的笔迹，是情绪激动的表现。

得分情况

0~11分：	啊哦，你的图形美感力有点糟糕，你可能常常无法体会一幅画究竟想要表达什么，对于现代艺术更觉得莫名其妙。没关系，这些都是可以靠后天培养的。你可以多了解各种图形的性质，如何用图形来表达运动、情感的方法。
12~29分：	不错，你有基本的图形美感力，不过你对图形含义的理解力还有所欠缺，多了解一下各种图形及其放置方式所表达的内涵，就能增加你的图形美感力。
30~40分：	恭喜你，你具有较高的图形美感力，能辨别图形的细微区别，还能体会其表达的含义。

对图形美感力的生活测试

1.你和朋友来到一处景点，当朋友想要与高大的雕塑合影时，你会为朋友选择什么位置?

A.雕塑身上　B.雕塑前　C.雕塑侧面　D.雕塑前的石阶上

2.当朋友想坐在水边拍摄时，你会将其放置在照片中的什么位置?

A.照片正中　B.照片侧面　C.照片上方　D.照片侧下方

3.朋友们想要合影时，你喜欢怎样安排他们的位置?

A.排排站　B.围坐在饭桌边　C.随意站立　D.在高低错落的环境中或坐或站

4.拍摄纯景物的照片时，你喜欢如何选择拍摄主题?

A.当然是将眼睛看见的全都拍下来　B.觉得有意思的小景也要拍摄

C.喜欢拍摄景物的细节部分　D.会注意将主要拍摄的景物与环境协调

5.如果你佩戴了一条珍珠项链，会如何考虑与之相协调的搭配?

A.戴珍珠耳环　B.穿有圆点的裙子　C.穿有珠形饰物的鞋　D.拎线条圆润的手包

6.如果你穿了一条有竖条纹的裤子，会如何选择上身的衣服?

A.穿没有花纹的　B.穿有竖条花纹的　C.穿有横条花纹的　D.穿有圆弧花纹的

7.如果上身穿了一件大摆的上衣，你会如何选择下装?

A.穿大摆裙　B.穿热裤　C.穿紧身裤　D.穿萝卜裤

8.有朋友来家中就餐，你在餐厅摆盘时，会选择怎样的餐具组合？

A.圆形和椭圆形　B.圆形和方形　C.正方形和长方形　D.只有圆形

答案

1 A，虽然这种方法能让朋友和雕塑紧密结合，但是可能会破坏雕塑，是非常不文明的做法，因此不能计分；B、C，由于雕塑高大，无论让朋友站在雕塑的前方还是侧面，都会让朋友显得过小，不过这也能表现出雕塑的高大，可以计1分；D，让朋友坐在雕塑前的石阶上，可以通过镜头的远近来调节朋友与雕塑的关系，是最好的位置，可以计5分。

2 A，将朋友放置在照片正中是最中规中矩的构图，可以计1分；B，将朋友放置在照片侧面，能符合黄金分割率，是较好的构图方式，可以计3分；C，将朋友放置在照片上方，能展示更多的水面，尤其在利用竖式构图时，能取得非常突出的效果，可以计5分；D，将朋友放置在照片侧下方，突出的是背部的景物，虽然能更好地将人物融入景中，但忽略了水景，可以计2分。

3 A，排排站是最简单、最基本的合影方式，可以计1分；B，围坐在饭桌边能让人物形成方形或圆形，增加人物的聚合感，可以计4分；C，随意站立可以制造随意自然的效果，但是人物之间容易有所疏离，如果把握不好，很难拍出好看的画面，可以计2分；D，在高低错落的环境中或坐或站，既能制造聚合感，又让人物随意而自然，能拍出最好看的合影，可以计5分。

4 A，不加区别地拍摄眼前景物，能获得景点的基本记录，但不容易获得美感，可以计1分；B，喜欢拍有意思的小景，就能记录下让自己感兴趣的场景，可以再加1分；C，喜欢拍摄细节，说明有细腻的观察能力，可以再加1分；D，懂得拍摄景物与环境的协调，说明有整体构图的能力，可以再加2分。

5 A，用珍珠耳环配珍珠项链，当然是很经典的搭配法，可以计2分；B，用圆点裙子来配珍珠项链，能让上下有所照应，是很不错的搭配法，可以计3分；C，虽然从道理上可以用戴有珠形饰物的鞋来搭配珍珠项链，但珍珠素有雅致的感觉，不适合过于复杂的搭配，所以这样搭配是不适宜的，不计分；D，有时候搭配不一定非要用同样的形状，线条圆润的手包同样能表现珍珠圆润的主题，这是更为高明的搭配法，可以计5分。

6 A，在流行简约的今天，服饰最好能体现简约之美，所以竖条纹的裤子如果搭配没有花纹的上衣，就能将上衣的单纯和下装的线条都突显出来，是最出彩的搭配法，可以计5分；B，用竖条纹搭配竖条纹，是最中规中矩的搭配法，能使人纤长有精神，不过可能会略显刻板，可以计2分；C，横条纹加竖条纹，是件很恐怖的事，除非上装的横条纹很少，否则就会制造小丑的效果，只能计1分；D，圆弧花纹有让线条变得活跃的作用，也打破了竖条纹的呆板气，是有创意的搭配法，可以计3分。

7 A，大摆裙配大摆上衣，让两个大摆重叠，使整个人变成了一棵圣诞树，其形象臃肿，不精神，缺乏韵味，不能计分；B、C，下身紧凑，能突出上装的形状，是非常好的搭配，都可以计5分；D，萝卜裤是宽大的下装，配大摆衣服，很容易形成胖灯台的形状，不过一些身材纤长的女性，也可以将其穿出风格，可以计3分。

8 A，圆形配椭圆形餐具，是传统的搭配方式，虽然能让餐桌有所变化，但形状过于相近，很难从中感受出特别来，可以计2分；B，圆形和方形的餐具在形状上有很大的差异，能给人惊艳的感觉，可以计5分；C，正方形和长方形的餐具过于方正，形状也过于近似，缺乏应有的变化，但由于很少使用这样的形状，也能给人耳目一新的效果，可以计3分；D，只有圆形的餐具是最呆板的摆盘方式，只能计1分。

得分情况

4~10分：抱歉，看起来你的构图能力和搭配能力有些差劲哦，需要设法加强才行。

11~28分：恭喜你，你有基础的图形美感力，追求中规中矩，不过有时为了追求突破，反而做出了弄巧成拙的效果，这得多加小心哦！

29~40分：看来你是图形美感大师，在生活中注重品位，是懂得装扮生活的人。

美感力测试：色彩

色彩具有很强的醒目性，容易利用它来表达感情，所以是否拥有足够的色彩美感力，在生活中会很容易显现出来。如果你想清楚地了解自己的色彩美感力达到了什么程度，不妨看看下面的测试题。

对色彩美感力的基础测试

1 下面哪个颜色不是三原色？

2 下面哪些颜色不能由三原色调配得到？

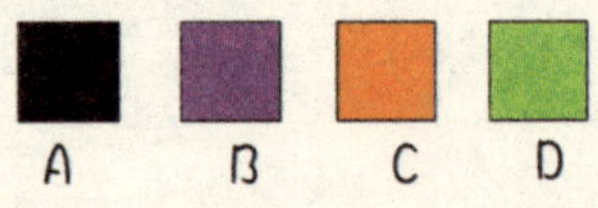

3 下面哪种颜色最耀眼？

4 下面哪种颜色最醒目？

5 下面哪种颜色是绿色 的补色？

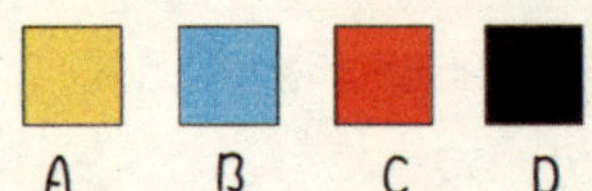

6 下面哪个颜色容易令人烦躁？

7 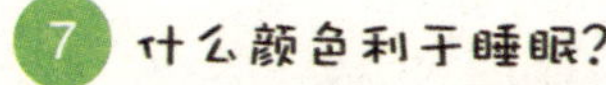

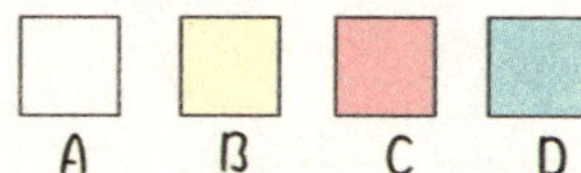

8 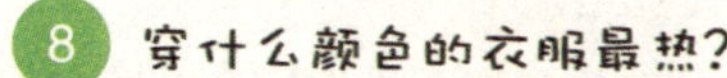

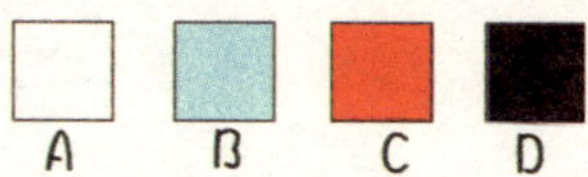

9 放在书架上层的纸箱最好用什么颜色?

10 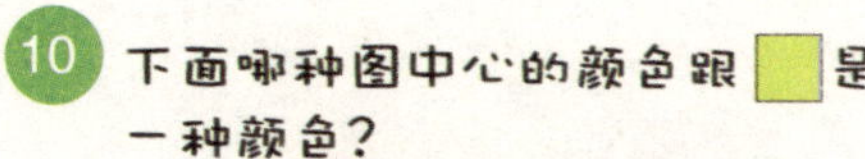

答案 每题正确计5分，错误不计分。

1 C，三原色是红、黄、蓝。

2 A，虽然原则上三原色可以调配出黑色，可实际上只能得到灰褐色，不可能得到纯粹的黑色。

3 A，白色是所有颜色中反射率最高的颜色，所以会给人耀眼的感觉。

4 C，红色的波长最长，所以最醒目。

5 B，补色是在色彩环中相对的颜色。

6 C，红色刺激性强，容易引起人烦躁的心情。

7 D，蓝色有镇定的作用，能利于睡眠。

8 D，黑色能最大限度地吸收光能，所以最热。

9 B，颜色能给人重量感，如果将深色的纸箱放在书架上层，会使书架有头重脚轻感，所以最好在书架上层放置浅色纸箱。

10 C，颜色会根据环境而发生变化，只有明白这一衍色原理，才可能对颜色作出正确的判断。

得分情况

0~10分：	看来你不是没认真上过美术课，就是没有看过本书的色彩章节。多学一点色彩知识，就不会让你在下次挑选颜色的时候手忙脚乱啦！
15~35分：	你拥有基本的色彩知识，懂得简单地运用色彩，但还缺乏对颜色的准确辨识能力。
40~50分：	你拥有较好的色彩知识，有不错的色彩美感力哦！

对色彩美感力的生活测试

1.哪种颜色搭配的帽子最引人注目?

A.红帽白边　B.蓝帽黄边　C.紫帽黄边　D.黄帽红边

2.穿了一件红色的连衣裙，可以配什么颜色的鞋?

A.红色　B.黑色　C.金色　D.绿色

3.心情沮丧的时候，最好穿什么颜色的衣服?

A.红色　B.橘色　C.蓝色　D.黑色

4.想在宴会中成为焦点，可以如何搭配服装的颜色?

A.穿单一颜色的衣服　B.搭配撞色的衣服

C.穿花纹明显的衣服　D.穿色彩明亮的衣服

5.当穿着冷色系衣服时，口红可以选用哪种颜色?

A.圣诞红　B.桃红　C.橘红　D.紫红

6.什么颜色的手提包利用率最高?

A.黑色　B.褐色　C.白色　D.红色

7.什么颜色的餐厅适合全家人一同就餐?

A.暖色系　B.冷色系　C.以白色为主　D.以灰色为主

8.卧室装修可以选用什么颜色?

A.黄色系　B.红色系　C.蓝色系　D.白色系

9.菜肴如何搭配颜色才更受欢迎?

A.红色配绿色　B.绿色配黄色　C.黄色配白色　D.红色配黄色

10.什么颜色利于减肥?

A.红色　B.黑色　C.紫色　D.蓝色

答案

1 A，红色是醒目的颜色，白色是反射率最高的颜色，它们在一起能够制造非常好的吸引效果，可以计5分；B，蓝色和黄色是补色，它们能通过对比突出对方，加上很少有这样的搭配法，所以也很惹眼，可以计4分；C，紫色和黄色分别属于冷色系和暖色系，有很强的对比效果，加上紫色的神秘和黄色的活跃，也能吸引不少眼球，可以计2分；D，黄色和红色都属于暖色系，色彩协调又活跃，可以计1分。

2 A，红色配红色，当然是最经典的搭配法，可以计4分；B，黑色的鞋可以与头发的颜色相协调，又能起到稳定重心的作用，是较好的搭配法，可以计2分；C，金色有贵气，又耀眼，与红色非常搭配，是突破固定成规的搭配法，亮眼度非常高，可以计5分；D，绿色是红色的补色，古语有“红配绿，丑得哭”的说法，它们很难形成美观的搭配，因此不能计分。

3 A，红色是积极的颜色，有调整沮丧心情的力量，不过红色的刺激过于强烈，有时也可能引发反效果，可以计3分；B，橘色是活跃的颜色，它温暖而不刺激，能慢慢地将人带离不佳的心境，可以计5分；C，蓝色是忧郁的颜色，会加重阴郁的心情，不能计分；D，黑色是沉闷的颜色，会给心境带来极大的负面作用，不能计分。

4 A，穿单一颜色的衣服有非常亮眼的效果，是最佳的宴会打扮，可以计3分；B，将两种补色进行搭配，具有吸引眼球的效果，但一旦搭配的量不协调，就会变成小丑，宴会是正式的场合，不适合过于活跃的装扮，因此不能计分；C，花纹具有使人活跃的作用，不适合宴会这样的正式场合，不能计分；D，明亮的色彩能引人注目，是成为焦点人物最简单的选择，可以加2分。

5 A，圣诞红是非常纯正的红色，在妆容色彩中，它既可以与暖色系协调，也能与深色的冷色系协调，可以计2分；B、D，桃红和紫红分别属于浅色和深色的冷色系化妆色，是冷色系衣服的最佳搭配，可以计5分；C，橘红是典型的暖色系，无法与冷色系服装调和，不能计分。

6 A，黑色具有很大的适应性，但它在面对较浅的活跃色彩时，会显得刻板而无法与之搭配，能发出亮光的黑包能满足这一条件，却无法适应正式场合，只能计2分；B，褐色的适应力非常强，它能与更多的色彩搭配，但它仍然过于深沉，很难出席活跃的场所，可以计3分；C，白色除了在葬礼一类特定的场合不适合外，几乎可以在任何场合下使用，它还具有调节服装沉闷气氛的作用，又不会太过招摇，是最具利用率的手提包颜色，可以计5分；D，红色也具有活跃气氛的作用，不过它太过招摇，不能与浅色衣服搭配，在非常严肃、正式的场合也不适合，所以只能计1分。

7 A，全家人就餐一定要在温暖的环境中进行，暖色系就是最佳的选择，可以计5分；B，冷色系会让家人的关系冷淡，减少食欲，不适合作为餐厅的主色，不能计分；C，白色能突出食物的洁净和色彩，可以计3分；D，灰色虽然不容易脏，但会导致餐厅光线昏暗，不利于食欲，不能计分。

8 A，卧室是睡觉的地方，应该给人温暖而安全的感觉，黄色系是最佳的选择，可以计5分；B，红色虽然属于暖色，但对于需要安心睡眠的场所来说，红色系刺激过强，容易导致失眠、噩梦，不能计分；C，蓝色具有安定神经的作用，是非常利于睡眠的，不过蓝色对于体质弱的人来说，过于寒冷，不一定适合，可以计3分；D，白色是最少表达情绪的颜色，可以使用在卧室中，不过白色过于亮眼，不太适合需要睡眠的环境，所以只能计1分。

9 A，红色配补色绿色，能将对方的色彩加深，更能刺激食欲，是最佳的菜肴搭配，可以计5分；B，黄色是暖色，绿色中有冷色蓝色的成分，冷暖色的对比也能让菜肴亮眼，可以计3分；C，黄色和白色在一起，不能将其色彩进行充分的表达，会使菜肴的颜色寡淡，只能计1分；D，红色和黄色都是暖色，能引起人的食欲，不过颜色过于相近，容易给人太过之感，可以计2分。

10 A，红色是扩张色，又能刺激食欲，是最不利于减肥的颜色，不能计分；B，黑色是收缩色，能使人看上去更瘦，但并不能起到减肥的作用，可以计1分；C、D，紫色和蓝色都是冷色，具有降低食欲的作用，是非常好的减肥色，可以计5分。

得分情况

3~15分：	看来你对色彩很不了解，在生活中将颜色使用得一塌糊涂。你要多看看色彩部分，加强自己的色彩知识，才能改变现状。
16~30分：	你拥有一定的色彩知识，也懂得基本的色彩搭配，但有时想要突破创新反而会出现弄巧成拙的情况。你应该沉下心来深入了解色彩的各种特性，还应该了解色彩使用的习俗，才能对色彩灵活把握。
31~50分：	你有很好的色彩美感力，能灵活使用色彩。如果想要精益求精，可以进一步研究色彩学，掌握相近色彩的不同特性和各种色彩搭配法。

美感力测试：空间

空间美感力是对空间的认知能力。如果你在中学时立体几何学得好，一般空间感就好。如果你在生活中是个路盲，就很可能缺乏空间辨识能力。在美学中，能否感受到空间的能力，关系到是否能欣赏和创造空间美。下面的测试题就能测试出一个人的空间美感力的强弱。

对空间美感力的基础测试

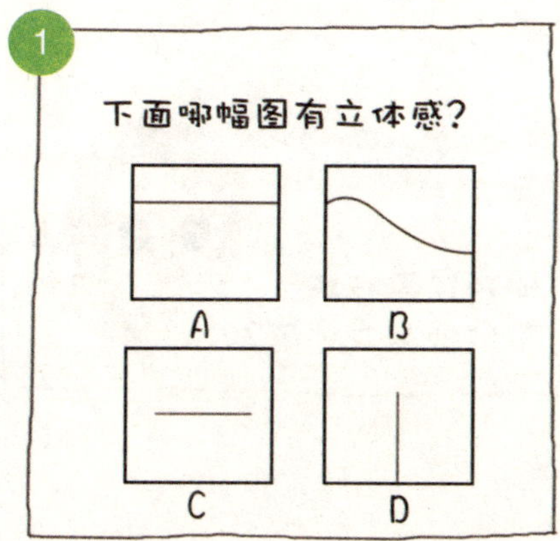

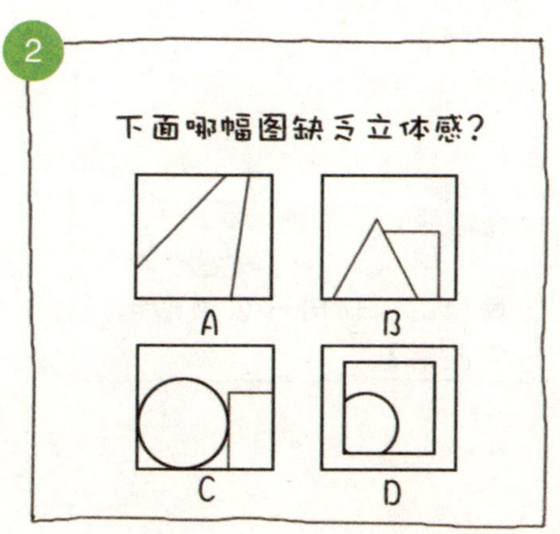

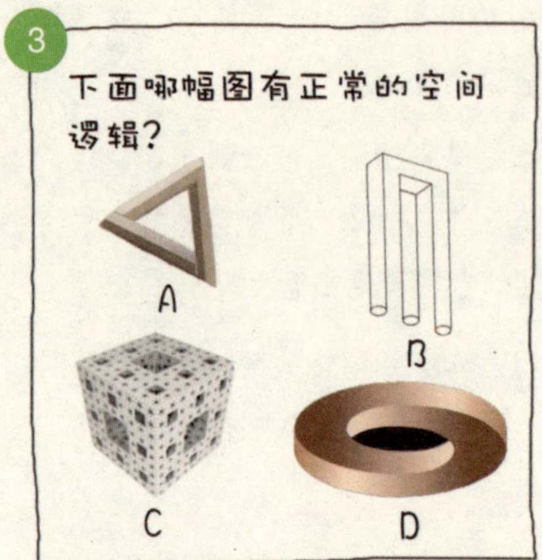
3
下面哪幅图有正常的空间逻辑？
A
B
C
D

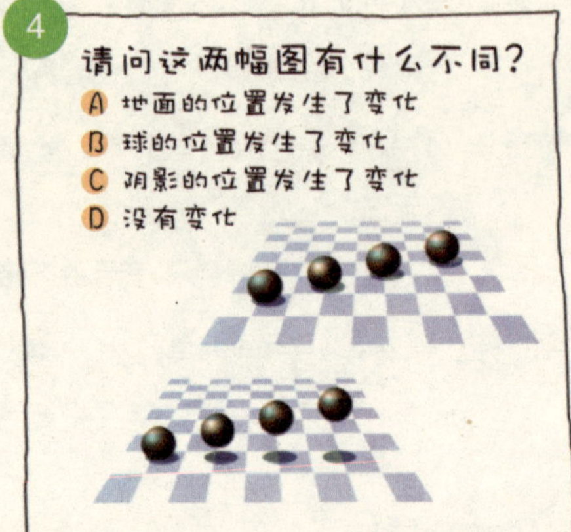
4
请问这两幅图有什么不同？
A 地面的位置发生了变化
B 球的位置发生了变化
C 阴影的位置发生了变化
D 没有变化

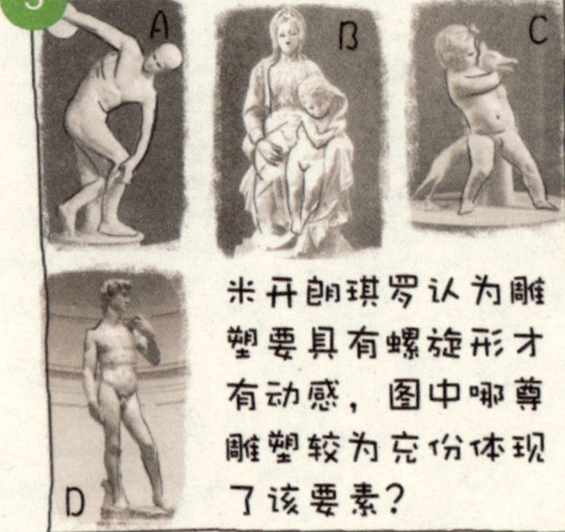
5
A
B
C
D
米开朗琪罗认为雕塑要具有螺旋形才有动感，图中哪尊雕塑较为充份体现了该要素？

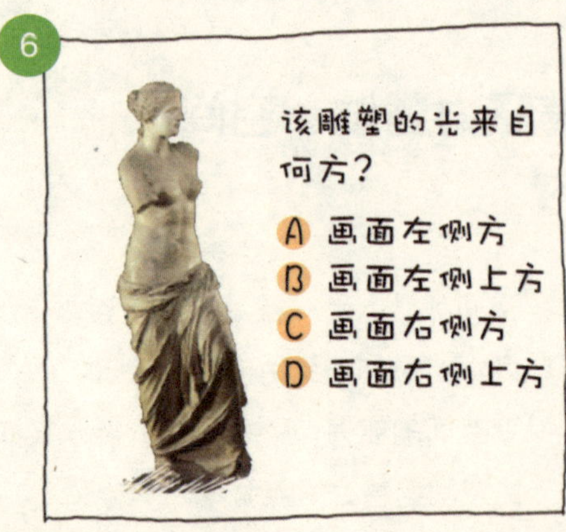
6
该雕塑的光来自何方？
A 画面左侧方
B 画面左侧上方
C 画面右侧方
D 画面右侧上方

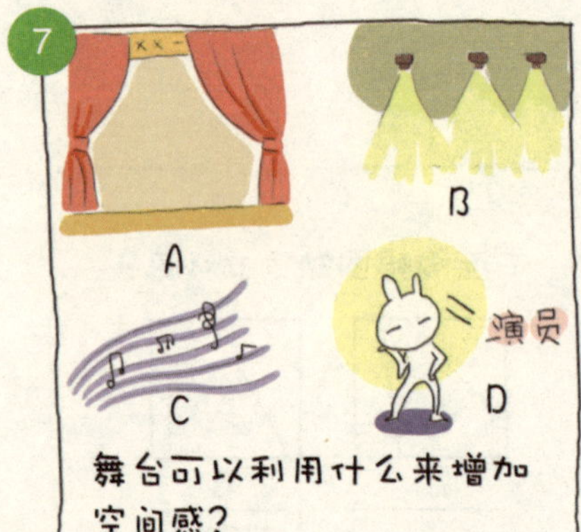
7
A
B
演员
C
D
舞台可以利用什么来增加空间感？

8
A
B
C
D
哪种绘画技巧不能增加立体感？

1 A、B，方框中线条的两段都与边框相连，无法形成立体感，不能计分；C，方框中的线条没有与边框相连，能产生线条飘浮在空中的感觉，立体感很强烈，可以计5分；D，方框中的线条与边框有一边相连，容易给人直线立在地面的感觉，可以计3分。

2 A，虽然两根线条都连接了边框，但这两根有角度的直线，很容易使人理解为透视的水平线，从而具备了立体感，计3分；B，该图使用了重叠手法来制造立体感；C，该图是两个图形并列在一起，无法形成前后的立体感，计5分；D，该图中间的框和边框组合成一个窗户模型，不完整的圆仿佛藏在窗户后，形成了立体感，计5分。

3 A、B、D三个图形都是不可能在现实生活中出现的，这些图像的诞生是利用了平面的立体错觉；C，该图像中没有不符合空间逻辑的地方，是被镂空的立方体，可以计5分。

4 A，看地面的格子可以知道，四个球对应地面的格子是没有发生变化的，所以地面位置没有变化；B，第二张图中的球看起来仿佛飘浮了起来，并从原来的斜排变为了横排，可以计5分；C，之所以第二张图中的球看起来发生了空间位置的变化，其根本原因就在于阴影的位置发生了变化，但如果能察觉这一点，而不能察觉球的位置变化，只能说明具备图形辨识的能力，但缺乏空间辨识的能力，可以计2分。

5 螺旋形是所有单线条的平面形状中，最具立体感的形状，雕塑对其的使用并非简单的复制，而是指雕塑造型要给人旋转的感觉。A，《掷铁饼者》中，人物以自身为轴线，有向右方旋转的动感，计3分；B，《圣母》中，人物正襟端坐，就连头部也没有向任何一方倾斜，拥有静穆之美，不过她前面的孩子仍然采用了螺旋形的动态造型，来表现孩子的活泼，可以计5分；C，《抱鹅的少年》是以鹅与少年之间的中心点为轴线，有向左方旋转的动感，计3分；D，《大卫》看上去是静止的站立姿势，但他向右侧的头部，显示其有向右旋转的趋势，他的左脚也非承重脚，向前方轻点的姿态也在预示旋转的动态，可以计2分。

6 A，在画面的左侧方有一盏灯照亮了雕塑的侧面线条，这盏灯能够从基石的侧面观察到，可以计1分；B，在画面的左侧上方有一盏主灯照亮了整个雕塑，突出了衣服皱褶的阴影，可以加3分；C，在画面的右侧方有一盏辅灯照亮了雕塑的腹部，使雕塑的正面细节得以展示，可以加1分；D，在画面的右侧上方没有灯光，雕塑左侧肩膀的阴影可以说明问题。

7 A，利用布景使舞台层次丰富是制造空间感最直接的方法，可以计1分；B，在舞台上光线可以从很多方面来增加空间感，是最有利的空间制造手法，可以加2分；C，声音的远近，也能让舞台空间感得到加强，可以加1分；D，演员的运动和数量也是空间感的表现手法之一，可以加1分。

8 A，现实中越远的景物，细节越模糊，此方法能增强立体感；B，现实中颜色会随着距离变得浅淡，此法能增加立体感；C，现实中空气会使远处的颜色偏蓝，灰蓝色通常是远处景物的颜色；D，对人物进行特写，会减弱环境对立体感的影响，并不能增强立体感，计5分。

得分情况

1~10分：	看来你对空间感的基本知识缺乏认识，很难理解艺术作品的空间之美，需要通过学习来加强。
11~26分：	你拥有基本的空间知识，不过在感受和运用方面较弱。
27~40分：	恭喜你，你有很不错的空间感受能力，并懂得如何进行空间布局。

对空间美感力的生活测试

1.房间中有一堵墙可以用来摆放柜子，你会如何布局？

A.全部做成柜子　　B.使用一排矮柜

C.摆放高低错落的柜子　D.利用柜子和隔板的组合

2.下面不能让小房间看起来更大的方法是什么？

A.用冷色系刷墙　B.使用浅色家具　C.开大窗户　D.用深色地板

3.一个过长的房间可以如何布局？

A.买更大的家具　B.多摆放家具　C.将其隔成两个房间　D.布置成两个空间

4.怎样的光线布局不利于增加狭窄空间的空间感?

A.使用一盏灯　B.使用多盏灯　C.使用壁灯　D.使用射灯

5. 如何做能让照片更有立体感?

A.利用前景　B.利用光线　C.增加景深　D.增大光圈

6.以下哪些镜头可以增加镜头的空间感?

A.广角　B.长焦　C.微距镜头　D.大光圈人像头

7.用DV拍摄一间房屋时，可以怎样表现房屋的空间感?

A.将镜头从房间的左侧晃到右侧　B.站在房屋中间旋转拍摄

C.带着摄影机从门口进入逐一拍摄　D.站在某一边让人在屋里前后左右移动

8.怎样的DV拍摄机位可以增加空间感?

A.与眼平行的机位　B.仰拍机位　C.俯拍机位　D.慢摇机位

答案

1 A，将整堵墙做成柜子，是非常实用的空间利用法，但将空间全部占据，大大缩减了房间的空间感，只能计1分；B，矮柜虽然能增加空间感，但浪费了空间，只能计2分；C，高低错落的柜子让空间感富于变化，是不错的选择，可以计4分；D，柜子和隔板的组合，使空间得到有效利用的同时，又减少了空间的拥挤感，是最佳的选择，可以计5分。

2 A，冷色系有后退的作用，能增加空间感；B，浅色的家具能削弱其体积的实在感，从而增加空间感；C，开大窗户让阳光透进来，也能增加空间感；D，深色地板会加重地面的厚实感，反而会令小房间拥挤，计5分。

3 A、B，买大家具和多摆放家具都能让空间充实，是解决房间过于空旷的办法，可以计1分；C，将其隔成两个房间能有效利用空间，但很可能造成里间房屋光线摄入不足，可以计3分；D，利用隔断、矮柜、博古架、植物、窗帘等物品将房间隔为两个空间，进行功能的分区，既能有效利用空间，又让房间富于变化，还不会过多影响光线，是非常好的空间布局法，可以计5分。

4 A，空间狭小的环境，如果只有一盏灯照明，会使空间更加缺乏变化，不利于增加空间感，可以计5分；B，使用多盏灯，可以从多角度、多侧面去照亮空间，制造复杂的光影变化，让空间层次变得丰富；C，使用壁灯能利用侧光源照亮事物的轮廓，增加空间感；D，使用射灯能照亮局部墙面，增加墙面空间的立体感。

5 A，前景能给照片加个框，制造画中有画，景后有景的效果，能增加立体感，可以计2分；B，利用侧光、逆光都能增加物体的阴影，从而得到丰富的立体效果，可以加2分；C，增加景深其实是让更大范围的景物变得清晰，缺乏对比的画面，也缺乏立体感；D，增大光圈能缩小景深，使远处的景物模糊，从而突出主要拍摄对象的立体感，可以加1分。

6 A，广角可以拍摄到更宽视角的照片，令空间感得以增强，可以计2分；B，长焦镜头能拍摄远距离事物的特写，但它也降低了空间对比；C，微距镜头能将细微的事物拍得更清晰，并获得更大的照片，能增强空间感，可以加2分；D，大光圈人像头是专门利用大光圈缩短景深来拍摄人像的，模糊背景正好能增加画面的立体感，可以加1分。

7 A、B，无论从左晃到右，还是原地旋转，都能表现空间感，但手法过于单一，只能计1分；C，带着摄影机移步换景地拍摄，能获得很好的动感，对空间的展示也非常清晰，可以计3分；D，机位不动，但利用人的运动，更能制造身临其境的空间感，可以计5分。

8 A，与眼平行的机位过于平板，容易导致画面缺乏立体感；B、C，俯拍和仰拍都能获得很好的立体空间效果，可以各计2分；D，慢摇机位其实类似于移步换景的变换机位，不过它可能会有上升、下降的变化，也可能包含了俯拍、仰拍，能有效增加空间感，可以加1分。

得分情况

2~8分：	抱歉了，空间布置肯定是你的弱项，要想提升你的空间美感力，还得从基本的空间认知开始。
9~26分：	不错，你有基本的空间美感力，希望拥有空间驾驭的能力，不过那还需要增加空间布局的能力才行。

27~40分：你有很好的空间美感力，懂得如何利用空间和调配空间，有成为空间大师的潜质。

美的事物是永恒的喜悦。

——济慈［英国］

第三章
美感力大作战

你可能希望拥有化腐朽为神奇的美感力，你可能希望将生活装扮得更美一些，你也可能想让自己拥有更多对美的谈资……无论你是否有天赋，也不论你是否经过后天的美感力培育，要想提升美感力，都是有法可循的。

学会欣赏

美感力，就是对美的感受能力，自然是从欣赏开始的。提升美感力的第一步，就是欣赏，学会欣赏公认的美，就能大幅提升自我的美感力。

为何有人拥有甜美的嗓音

我们听歌，可能觉得有些歌手的嗓音很好，会被其吸引，成为他们的歌迷。但是我们也会发现：歌手们的嗓音各不相同，邓丽君的声音偏甜，赵传的声音沧桑，王杰的忧郁，阿桑的凄美，蔡琴的富有磁性，王菲的充满灵性，帕瓦罗蒂的高昂，玛利亚·凯莉的嘶哑，迈克尔·杰克逊的有金属味道……这些嗓音千差万别，但为什么都会有人对其如痴如狂呢？好的嗓音究竟有什么标准呢？

好听的嗓音一靠先天，二靠后育

西方声乐认为嗓音的好坏跟音色和共鸣有关。音色是一个人天生的嗓音，即声带自然发出的声音。通常女性的声带较窄，所发出的声音比较高亢；而男性的声带较宽，所发出的声音比较低沉。由于每个人的声带天生有所不同，就使每个人的音色都有所区别，有的低沉，有的高亢，基本上先天就划分了一个人声音的高中低来。无论我们喜欢的声音类型有多少种，有一点不会变，就是我们更喜欢清晰的嗓音。清晰的嗓音所发的音能很容易辨识，简单来说，就是这样的嗓音所说的话非常清楚，这是好嗓音的基本条件。

天生拥有好嗓子，不等于发出的声音一定很美。能不能让声音在体内产生共鸣，是能否发出好声音的关键。共鸣能让声音变得更丰富，听起来更有弹性，使声音有明显的由强转弱的过程。有共鸣效果的声音比自然声音传得更远，持续时间更长，也能更吸引人。没有共鸣的声音，声音短促，缺乏过渡，硬邦邦的很单调，人们形容这种声音为“干”。所以唱歌的人如果没有学过如何发声，很容易让歌声显得单调，缺乏韵味。这就是为什么很多人K歌总是不够动听的原因。

中国戏剧将好的嗓音称为“水、亮、响、膛、宽、净、脆”。水，是要传得远，柔美的嗓音大多有此特质；亮，就是要响亮，金属质感的嗓音是一种特别亮的嗓音；响，是洪亮，能如洪钟一般震人耳朵；膛，是低音的共鸣，磁性的嗓音是其最大的特质；宽，是浑厚有力度，男性的声音尤其如此；净，是没有杂音，这不仅要先天的嗓音条件，更要有高超的发声技巧；脆，是亮的一种，比起响亮的声音，它更为短促。这些都是对好嗓音的归纳，其要点为一要先天的嗓音好，二要后天会用嗓。中国戏曲界认为，好的嗓音是练出来的。现代声乐也发现，后天的练习还可以对声带进行改变，将原本不佳的音色变得更为悦耳。

了解美的原因能增加美感的深度

我们为什么一定要知道好的嗓音有标准？最初在感受美的时候，我们都是凭借感性。但是这种感性的美感，有时会很模糊。我们对自己的喜好不明就里，当听到别人的评论时，很可能会对自己的这种感性美感发生怀疑，从而发生动摇。我们也可能无法理解别人对美的评价，无法感受到他人认为美的事物美在何处。所以我们喜欢一个人的嗓音，不能只是停留在喜欢的层面上，我们要学会将感性的美感提升为理性，说出为什么喜欢，才算理解了这种美，才能进一步确认我们对美的感觉，将美与不美相区别。

要知道为什么会以某件事物为美，就要学会研究，寻找其美在何处的原因。人对事物的喜好都是有缘由的，我们喜欢红色，源自对鲜血所代表的生命的热爱；我们喜欢鲜花，源自鲜花为了繁衍生命而展露出极尽吸引的短暂美丽；我们喜欢运

我们容易喜欢一件事物。

却不知道我们为什么喜欢。

了解为什么，能增加我们的
美感深度。

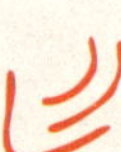

维生素
矿物质
蛋白质
纤维素
胡萝卜很有营养。

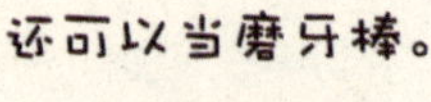
还可以当磨牙棒。

兔兔的牙齿长得太快。

Bingo！收到，
果然最美是胡萝卜！

动，源自生命对运动的追求……如果我们能找到最本质的美的原因，就更能理解美的动力所在。这种美的动力，能激发我们对事物的美感。这种对美的认识过程，则能加深我们对事物美的认识。认识越深，美感的深度也随之增加，所能感受到的美也是更深层次的。

对于缺乏美感力的人来说，寻找美的原因更为重要。既然我们无法从感性上去感知，就必须要从理性上去弥补。通过理性对美的原因的寻找，能让我们进一步了解一个领域，学会如何辨识美与丑，从而提升美感力，拥有评判美丑的能力。

人们更喜欢怎样的女孩

“一千个读者就有一千个哈姆雷特”，人的喜好各不相同，但对于美，人们总有一些大致相同的认识。比如，人们更喜欢苗条又凹凸有致的身材，纤长的身高，端正清晰的五官，大而明亮的眼睛，粉而饱满的双唇，白而整齐的牙齿，柔和的脸部轮廓，柔亮飘逸的头发……能符合以上条件的女性，一般都可以被称为“美女”，虽然她们的风格和作风可能有很大差距，但她们的形体和容貌符合了人们对美的基本要求。

大多数人喜欢谈论美女，如果我们掌握了人们对美女的基本要求，就能更好地掌握这一话题。虽然有些人认为这样以貌取人非常肤浅，但这种大众对人的基本判断，来自人爱美的本性。

美学家将这种大部分人的审美称为“大众审美”。大众审美的形成并非一天两天的事，它必须经过很长的时间来让大部分人对美达成共识。所以大众审美是大众对美的一种筛选过程，能了解大部分人对美的需求，就能便捷地获得基本美感力，让审美的水平至少与大部分人相一致。而对于原本就有不错审美水平的人，则可以帮助他们跳出大众审美的框框，追求更高的审美境界。

大众审美是提升美感力的捷径

了解大众审美，是提升美感力的捷径。所以平时只要多问多看，就能让自己的审美与其他人趋同。比如，看看别人的穿着打扮，问问他们的心仪之物，或者多接触电视、报纸、网络，很容易发现大众的喜好。不过在了解大众审美的时候，要注意区分哪些是人们喜欢的实用审美，哪些是人们的欣赏审美，才不会作出错误的美感判断。

虽然大部分人喜欢看衣着时尚的麻辣美女，但在现实生活中挑选女友或者妻子时，大部分男性更喜欢温婉贤淑的普通女孩。很多网络红热的内容，不过是人们图新奇图热闹的消遣，你可以把它们当做谈资，但绝对不可以将其生活化。就像那些被热捧的以丑作态的网络红人，即使点击率过万，也不是大众心目中真正的美。

实用是最重要的大众审美观

对于绝大多数人来说，美对于他们的意义就是实用。与纯粹的艺术相比，一般民众更喜欢那些对实用物品的美化加工。比如一只盘子，他们更喜欢能用来盛菜的漂亮盘子。一只有精细雕工的摆设盘，他们虽然也会觉得美，但比起可以盛菜的盘子来说，这个有雕工的盘子就是无法使用的多余物品。这只盘子对大众的审美价值来说，就大打折扣了。所以我们很难在普通家庭中看到真正的艺术品，这不仅仅是钱的因素，更重要的是那些艺术品可能并不适合普通家庭的需要。

中国的大众审美中，有一项是非常有意思的，那就是“纳吉”。对于摆设等物品，大众更喜欢的是具有纳吉效果的实用艺术。也就是说那些看起来没有实用价值的摆设，如果它们具有能够为家中带来吉祥祝福的寓意，也就拥有了一定的实用价值。比如多子佛象征家中多子多福，牡丹代表富贵，鱼代表年年有余……所以在古代，是否纳吉是中国人很重要的审美原则。虽然现代人已经开始弱化这一传统，但在实用基础上的吉利仍然是重要的大众审美观。

~哇

唱得真好。
真漂亮。
我喜欢她。

大众审美是大众对美的筛选过程。
选美大赛

大众审美最注重实用。
又不能吃有什么用？

快来买呀，最新的胡萝卜品种！
人们都喜欢新奇。

画的是什么？
人们更喜欢看得懂的艺术。

大众审美的新奇直观与攀比

人们喜新厌旧的心理，使大部分人都对新奇事物存有好奇心，所以现在的大众艺术很喜欢制造一些新奇甚至怪的事物来。其实人们对这些事物的审美并不忠诚，对新奇事物的喜爱方式，有点像吃口香糖，有甜味时就津津乐道，没有了甜味就一吐了之。这也使大众审美具有一个明显的特点——直接。大众喜欢的艺术，是要能直接看出其中的好来，浅显易懂，获得容易，又可以随手扔弃。当然，这也并非意味着大众艺术一定就是廉价艺术，相互的攀比也是大众审美的特点之一。人们喜欢比新奇，比贵重，比多寡，这也制造了一大批昂贵、繁复的艺术品。

看看名画就能提升美感力吗

经常有人批判大众审美过于俗气，缺乏真正的美感。这确实是大众审美较为低级的原因。但再高档的艺术也是在大众艺术的基础上提升得到的，所以我们并不能将大众审美完全抛开，而应该学会如何在大众审美的基础上有所提升。

要想获得在大众审美之上的审美能力，最好的方法就是去了解纯粹的优秀艺术。尤其是其中经过时间的检验，被审美大师们一致认同的艺术作品。对它们进行一定程度的了解，能大大提升自己的美感力。

看名画，看门道

在所有的艺术门类中，看名画是最能提升美感力的。从古代开始，绘画的主要功能就是用来再现最美的场景。人物、穿着、花鸟、景物等，都在告诉人们最美的场景应该是怎样的。我们看仕女画中仕女娴静的姿态，就可以知道怎样的女性姿态最美；我们从名画场景的陈设中，可以了解如何布置环境更具美感；我们看到花鸟图，就知道人们喜欢什么种类品名的花鸟虫鱼；我们欣赏景物图，就懂得什么样的美景值得我们去欣赏。绘画可以较为全面地为我们提供艺术之美，这是其他艺术形式所无法做到的。

能训练眼光的名画

人们评判一个人有没有好的判断能力，就会说这个人有没有眼光。要拥有富于美感力的眼光，就要进行有意识的训练，看名画就是一种非常好的训练方法。

虽然名画的创作时代可能与我们相去甚远，但它们能提供一种艺术的感知。当我们熟悉了名画所提倡的那种美感后，也能慢慢从生活中筛选出最符合这美感的物品。这是一种潜移默化的影响，就和学语言的语感是一个道理，只要见得多，就能轻松地从一堆事物中发现最符合美感的物品来。

更重要的是，名画能给我们提供一种观察模式。名画所绘制的内容大部分都是眼见景物的局部，甚至是一个细节。对于名画的欣赏，可以让我们更懂得从细处去观察生活。我们会比照名画，去欣赏一朵鲜花；我们也可以比照名画，去欣赏窗户的角落。细腻的观察角度，能让我们发现更多的美，不仅了解了名画所给予的美是什么样的，还能将其运用到生活中，使其成为自己的美感力。

从专业评论了解名画

由于名画是经过时间检验并被无数艺术家所推崇的精品，每幅画都有很多的美术评论，看这些评论，可以帮助我们去理解名画。从评论中我们可以知道画家为什么画这幅画，为什么要这样布局，为什么要这样使用光线，其中运用了什么独特的手法。

有些名画太过知名，评论多不胜数，而有些评论又过于专业，让人看不懂。最好的方法还是购买一些介绍名画的书，不过购买时不要贪图其中名画数量的多少，而应该看其中介绍的文字是否能够看懂，包含的内容是否丰富。其内容最好能包括画家的介绍、画作的背景、画作的表现手法、画作的优秀之处。那种名画旁配简短

《蒙娜丽莎》
作者：达·芬奇
看名画是提升美感力的捷径。

《抱貂的女人》
作者：达·芬奇
如果看不懂，效果会打折扣。

《上帝赐予亚当智慧》
作者：米开朗琪罗
人体美是人们对形体
之美的推崇。

肌肉
线条
色彩
要更多地了解名画
为何美的原因。

多看多了解，就能
学会辨别美丑。

多看名画还能学
会观察细节。

介绍文字的书籍，就最好不要买，对自我的提升作用不大。

给大家介绍一本经典的西方名画入门书：傅雷的《世界美术名作二十讲》，它介绍了文艺复兴时期到现代近20位重要画家的画作。后来出版的“重编彩图本”，收录了300余幅大师名画，也是非常实用的名画入门级书。

学插花能提升美感力吗

利用名画来提升美感力的方法也并非人人都适用，有的人不喜欢这些东西，再加上还要读书，那就更觉得乏味了。如果把提升美感力当成了一项痛苦的任务，就会使美感力提升的过程艰难而缓慢。所以我们应该寻找一些让自己感兴趣的提升方法，让自己快乐地获得美感力。生活中有很多制造美的技艺，选择一样自己感兴趣的生活美艺，也同样能起到提升美感力的作用。

插花能增加空间美感力

很多人喜欢在家中摆放花，不过通常都是将买回来的花根据花瓶大小，稍微处理一下就插了起来，殊不知插花可是一项能提升空间美感力的生活美艺。

花草是具有空间感的物品，插花前就需要我们进行布局的思考：是将所有的花都插在花瓶里漂亮，还是将不同的花草组合起来漂亮，或者单插一枝花才是最美的……插花时还需要考虑：什么花作为主花，什么花作为辅花；什么花在前，什么花在后；整个插花应该有多高、多大；插花的颜色应该如何搭配……插花的过程，其实就是在进行空间布局的训练。

插花不仅要自身看起来美，还要讲究怎样将它们与家中环境相协调。家中的环境并不像酒店一类的大型公共区域，没有足够大的地方来摆放大型的插花，所以就应该根据环境的不同，选择适合的插花的形态。通常门厅和客厅可以插一些大型的插花，而在饭厅、卧室、书房，则应该选择小一些的插花。这样的搭配训练，能让我们渐渐懂得空间取舍的道理。另外根据时节来制作有主题的插花，则更是有创意的训练了。

对于一户喜欢花的人家，插花几乎每周都可以进行。这样就有足够的时间来进行相关的插花练习。不过只是自己练习并不能使插花技艺得到有效提高，最好能参加相关的课程，才能获得更大的进步。

刺绣能提高平面构图能力

刺绣是一种平面的艺术，能提升我们的平面构图美感力。这在古代是每个女儿家必须学习的技艺，现在虽然不是人人必会刺绣，但十字绣却已经成为一种流行的生活美艺。

十字绣的流行源自它的简单，只要根据图纸中的点阵图，就可以绣出漂亮的图案来。十字绣存在良莠不齐的问题，有的十字绣图案非常精美，有的却不尽如人意。要想获得美感力的提升，只有通过优美的图案，才能在一针一线中获得美感力。要想获得好的十字绣作品，应该首先从十字绣的图案挑选上下工夫。如果没有自己喜欢的十字绣图案，还可以利用电脑将心仪的图案转化为十字绣图案，这样，在消遣时间的过程中会获得更多的收益。

一些十字绣爱好者都是将买回的十字绣图案绣成一幅画，并裱在家中彰显成绩。其实要获得美感力的提升，不必如此大费周章。大可选择一些小的十字绣图案，将它们绣在衣服上、包上、床上用品上。最好不要选商家已经设计好的十字绣枕套，而是根据需要为自己已有的物品添置绣品，这样才能让自己多动脑，获得更好的平面构图能力。如果有实力，试试传统的刺绣技法，对提升美感力更有助益。

提升传统美感力的茶艺

现在不少城市都有茶艺培训班，虽然是教人怎样泡出好茶，但这个过程也能让人感受到很多传统的美感。虽然我们在茶艺中学的是茶的烹煮手法和茶的品评技小时候，学校利用各种手工来提升我们的美感力。

生活中制造美的技艺也能提升我们的美感力。

插花能增加空间美感力。

刺绣能增加平面美感力。

茶艺能提升传统美感力。

不过要获得提升，还应该持之以恒才行。

巧，但我们能从中感受到的，更多的是精神上的“静”。

喝茶在中国历来是一个凝神静气的过程，茶的芳香有助于放松紧张的神经。现代人通常都有压力过大的问题，喝茶能让人在品味茶中滋味的同时，使人的压力获得缓慢释放。平时人们喝茶大多是为解渴，很少能细细体味其中的美妙之处，茶艺所要强调的就是在细细感受中排除压力，在茶的帮助下体会置身于物外的轻松与自在。这种自在的精神之美，正是中国人文精神中非常重要的组成部分。

在学习茶艺的过程中，我们有更多机会接触到中国传统文化。无论是传统的装修格局，还是传统的泡茶仪式，或者是对茶中精神的解说，都是在传扬中国传统文化的美感力。这样的机缘也可以使人增加对传统文化的兴趣，从而使传统美感力获得提升。

发现美的眼睛

罗丹曾说过：世界上并不缺少美，只缺少发现美的眼睛。要想拥有一双能在任何环境下都能辨别美丑的慧眼，就要尝试不断地从现实生活中发掘美。每一次的发掘都是一次小小的寻美之旅，并感受到发现美的喜悦，你很快就会获得美感力的提升。

每件事物中都能找到美吗

要培养发现美的眼睛，可以尝试去发现身边的美。可身边的物品对我们来说都是习以为常的，很少有能为我们带来惊艳美感的。如果要牵强地说这个事物的某处为美，而我们并没有从中感受到美，这对我们美感力的提升没有任何益处。我们身边是不是真的有美？

事实上，每件事物身上都可能蕴涵着美，只不过它们或隐或显，有时可能要在某些机缘之下才能表现出来。一个玻璃杯可能十分脏，当我们将其洗干净时，水杯在水滴的映衬下，显现出洁净之美来；一只喝光了酒的啤酒瓶可能并不美，可当夕阳的光正好透过它，在地上映现出亮眼光斑时，我们就可能发现啤酒瓶的材质之美。

美随时可能出现在身边最平凡的事物上，只要我们能时刻带着发现美的眼睛去观察世界，就能有所收获。

一花一世界之美

生活中的美常常来自一些细小的事物，如红色的瓢虫趴在绿色的叶片上，一颗水珠发出晶莹的光，一朵小花正在绽放，一团油渍却有蝴蝶一样的花纹。很多人都能看到这些美，只是有些人在意，而有些人不在意。在意的人会欣赏瓢虫在万绿丛中一点红的惊艳，也会为水珠的光芒而欣喜异常，还会驻足观赏小花的绽放姿态，并会对油渍奇迹般的花纹赞叹不已。

这种欣赏的过程，是对细节的仔细揣摩。对细节之美的在意，能让我们发现妙趣横生的美，并让我们养成从细微之处看世界的习惯。

有趣的是，佛陀也曾告诉过我们细节出真知的道理。《华严经》说："一花一世界，一叶一如来。"虽然是说佛土中的花，但从佛陀的拈花微笑中，我们可以知道，这里的一花、一叶更指大千世界的任何细微事物。我们可以走过名山大川来感悟世间变化，也可以通过一花一叶的变化感悟得到。细微之处所包含的是更广阔的美。

在看细微事物的时候，我们不能只是看，而应该更多地思考。瓢虫在绿叶上的美，是因为一团红色在绿色的补色下变得尤为突出；水珠光的美，是在于如此细小的水滴也能折射出太阳的辉煌；一朵小花的盛开，是柔弱的生命绽放绚烂的瞬间；蝴蝶样的油渍，是巧合中的奇迹。这样的思考，不仅能让我们获得更多的感悟，还能让我们养成为细节而思考的习惯。

内涵之美

大多数时候，我们都更喜欢欣赏形式美，因为它直接，容易理解。但想让自己这种大众的审美情趣有所提升，就应该去关注事物的内涵之美，了解其外貌之下的内容。

有些艺术形式之所以让普通人感到难于理解，其重点就在于它所想表现的，并非形式的美感，而是思想的。如一些泼颜料的画作，并非是随意的泼洒，它想表现的是色彩的组合之美和形式的自由之美。一旦我们了解了其内容的实质，我们就具有了评判这些画作的能力：哪幅画的颜色组合不够好，哪幅画的泼洒对自由的表现

佛说一花一世界。

我们可以从一花一草的细节中
去寻找美。

美常常就藏在细节之中。

有时藏在其内涵中。

有时藏在行为中。

观察细节，能改变我们的
生活态度。

力不够，等等。

了解事物的内涵，能让我们发现美的眼睛有更广的视角，令万物之美得到升华。

行为之美

发现美的眼睛，不能被局限在物品之上，人的行为中也有很多表现可以称之为美。曾有一位日本的美学家说，我们去探望一位生病的穷朋友，当他谈到贫穷的女友为他送来了一小盒巧克力表示爱心时，我们应该怎么做？是将我们准备好的高档巧克力给他，还是应该另去医院门口购买廉价的花篮？这位美学家指出，人的行为之美，在于能体谅他人的心情。雪中送炭、锦上添花固然是美的，不越人之美也是一种美的行为。如果我们送高档巧克力，就会将病人女友的巧克力比下去，即使病人仍然觉得女友的情意珍贵，但难免会感觉尴尬。懂得选择让他人获得更多快乐的行为，才是美的行为。懂得对其进行赞誉，就能让我们从中感受到他人心底的善美，从而激发我们自身的善美之心。

发现美需要想象力吗

一件事物有它固有的形态，如果我们不经过思维去看它，就只能看到它的形象。我们在上面提到过，形象之美是美的一个部分，如果只看到它就过于狭隘了。如果我们能进行思考，通过一定的逻辑关系，将眼前的事物与其他事物联系在一起，美感就会大大增加。这种发现美的方法，就叫做想象。

联想能扩大我们发现美的范围

每个人都有想象的能力，能将一件事物与其他的事物相联系。如看到一朵小花，我们可能从它绚烂的颜色中联想到愉快的心情，也可能从它柔弱的外表中看到生命的伟大，也可能勾起对往昔的回忆。一件生活中我们习以为常的事物，在经过强大的想象力处理后，它就可能被赋予美的含义。这让我们不仅能欣赏美的事物的形式，也能欣赏其内涵。

有美学家认为，一个人对一件事物的联想越多，他的想象力就越强，他也越有发现美的能力。为了开发想象力，人们甚至发明出回形针有多少种用法的智力训练题。虽然回形针的用法看起来跟发现美没有多大的关系，但拥有想象力的人具有比常人更强大的发现力。当人们宣布发现了回形针上千万种的使用方法时，我们会关注到这一小小的平凡物品，这种关注可能让回形针的形状本身也成为一种美的象征。

联想能赋予事物美的意义

如果人们只欣赏单一的形象美，就存在过于直接的问题。虽然容易理解，但也过于单薄，当我们感觉无法从中再次获得美感时，很快就会对其失去兴趣。这容易使人将审美沦为嚼口香糖，吃过就吐，结果就可能导致美感缺乏症的出现。

联想的重要作用就是丰富一件美物的内涵，让它拥有更多更深层次的美感意义。这让我们可以在每一次对美物的品味之中，感到有新意，或者能从中感受到与思想相契合的美来。联想能极大增加一件美物的价值，使其获得更长久的美感生命，我们也可以在这种稳定的审美关系中，获得安稳的审美满足感。

联想制造美

联想的神奇之处在于它具有推导的能力，从一件事物可以推导出另一件事物。托尔斯泰曾经谈到过他写《安娜·卡列尼娜》的一次联想过程。一天，他坐在书房

联想能使我们的美感力变得
更丰富。

联想能让一件美物的生命
力更长久。

联想还能制造出美的艺术。

我们可以通过增加想象力来
提升美感力。

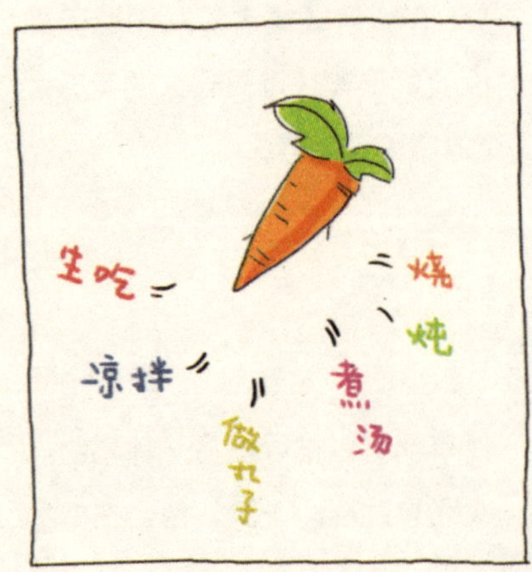
生吃
烧
炖
凉拌
煮
汤
做丸子

除了吃，我就想不出
你还有什么用途～
吃

里看着睡衣上的白丝线花纹，觉得非常漂亮。于是他开始惊叹，人们居然可以想出那么多的花纹、装饰、刺绣。进而他想到女人们是多么喜欢这些事物，如果有一个充满了女红、时装、见解的世界，该让女人们多兴奋。最后他想到如果一个女人失去能接触这些的世界，又该是什么样子。在这样的联想下，托尔斯泰写了一章关于所有女性都离开了安娜后的情景。

其实大部分的艺术都是在这样的联想中获得新生，很多的艺术形式也需要借助联想才能获得理解，如音乐、文学就是需要经过联想将所听所见的事物转化为实在的形象才能获得更大美感的艺术。我们虽然不一定进行艺术的创造活动，但能通过联想，在头脑中构建更美的场景，帮助自己更深入地理解艺术家们的创作。

联想的模式

有时当我们觉得脑袋很僵化的时候，可以做做联想类游戏，让头脑活动一下。我们可以先设定下联想的几种基本逻辑，看看自己能联想到多少种事物。

在联想中逻辑的基本方式有相似、对比、接近、因果等，这些逻辑方式让我们拥有了广阔的联想基础。一朵小花在形式上是盘形的花朵，我们就可以从相似逻辑上联想到向日葵；这朵小花与周围的绿叶形成了对比，我们就可以从对比逻辑上联想到绿叶对花的衬托作用；我们还可以从接近逻辑上联想到与小花形状相似的圆盘形艺术品；还可以从因果逻辑上联想到他人对小花的欣赏，或者花开后结果成实的生命延续。

美的事物有没有规律可循

如果觉得盲目而感性地寻找美是一件很困难的事，你也可以试着去寻找一些规律。万物皆有规律可循，美也不例外。美学家们经过不懈的努力，已经总结出了能构成美的一些基本规律。

美的规律总的来说有两点。一是整体性。整体性是指事物自身应该是一个完整的整体，其整体形式是否单纯、和谐则意味着这个事物是否有美感的基础。二是秩序性。秩序性是整体的内部各要素之间是否能通过一定的秩序组合在一起，比如匀称、比例、对称、均衡、反复、节奏等，它们都是令事物获得美感的重要元素。

我们在判断一件事物是否美时，可以根据这两点去比较，从而得出结论。有时我们看到一位女性，她的五官分开看还算标致，但组合在一起却并不美。我们之前会说不出原因，现在我们就可以知道，这一定是秩序性出了问题。

单纯与和谐

单纯的事物容易吸引人。我们在这里把单纯再细分出来，可以分为结构的单纯和材质的单纯。圆之所以能成为最受欢迎的形状，就在于它结构的单纯性。圆是一条封闭的曲线，在这条曲线上，每一点的曲率都是相同的。

材质的单纯则犹如纯净的天空，因为没有杂质，大气对太阳光的折射均匀能形成鲜明的蓝天。但如果天空中云层分布不均匀，有太多的杂质，就会造成不均匀的光折射，让天空变成难看的灰色。所以浑然一体的单纯才是最能吸引我们的。

虽然人们喜欢单纯的事物，但并非所有的事物都具备单纯的性质，更多的事物中夹杂着各种各样的形式，那么它们之间的差异是否能够并存、统一，就成为这件事物是否和谐的因素。其中很重要的一个因素就是调和，也就是各种形式之中是否有相近的元素能将它们调和成一个整体。就像一首好听的曲子，一定是多种乐器互相调和成功的结果。

对比也能制造整体的和谐。当对立的形式取得力量的平等时，它们之间就能形成一种静止的统一感。就像红色和绿色，它们虽然有着鲜明的反差，但它们却在对比中相互突出对方，使整体变得完美。

匀称与均衡

匀称是事物的比例关系，拥有比例的事物更容易具备美感。我们常提到的黄金比例，最早在希腊的神庙中显示出美的形式来，而人体也处处体现着黄金比例的魅力。按照等比、根号比等比例形成的形式，也同样可以具有美的形式。

匀称还指事物的对称关系。人体就几乎是一个完全对称的左右结构。对称所形成的稳定感，能带来心理的平衡，所以受到人们的喜爱。

均衡是指视觉重量的相等。和对称相比，对称强调的是尺寸位置的一致，而均衡不需要事物的两个部分拥有相同的形式，只要在重量上看起来具有平衡性就可以了。比如工地上的吊车，虽然它的手臂过长，但它的另外一边较大的体积和结实的车体能使重力均衡，从而为我们获得一种不匀称的平衡美。

在绘画中也经常使用这种手法，利用颜色能带来重量感的原理，画家会在看起来过轻的地方增加色块，以平衡整个画面。

反复与节奏

反复是各形式按照相同的方式排列。比如书柜中相同大小的书都并排在一起，就能形成美感。不少酒廊也喜欢将相同的酒瓶排列起来，以获得美感效果。

反复所制造的秩序是非常规律的，加之它形式单一，很容易获得注目。因此一个整体的事物中，如果出现两组相同的排列，就能形成一种呼应的关系，使整体的无序变得有序。这是在空间布局中获得整体效果的重要手法。

节奏其实就是有规律的反复，它能制造活跃的气氛。比如梯形柜子，就是方形框的规律变矮，它能让呆板的居室变得活跃起来。

最能显现节奏的，当然还是音乐。音乐通常都有固定的节奏式样，每首曲子都有一定的节拍和速度。有些虽然中间会出现变调，但最终也会重回之前的节奏，以恢复乐曲的整体感。

诗歌也是富于节奏美的艺术形式，其中相同句式的反复出现，能形成回环的节奏之美，这让诗歌的朗读也有了一种乐感。

单纯的事物大多具备
美的潜质。

如果复杂的事物能调和一
致，也能显示出美来。

匀称的事物更容易获得美。

不过均衡同样能获得平衡
的稳定感。

反复能将单一的元素聚合
成美。
耶……

当反复变得有
规律，就成为
了节奏。

美感力晋级

要让美感力获得持续的升级，不能只是学，只是看，还要将自己的美感力运用到现实生活中。对美感的表达和运用，能让学到的美感力不断加强，使其不再是僵硬的知识，而是变成自己神经中的条件反射。久而久之，得到强化的美感神经能通过直觉来获得美感，此时我们就获得了完美的美感力提升。

为什么要把美的感受表达出来

美的感受常常是瞬间发生的事，美的事物能在瞬间吸引你，也可能在瞬间消失。很多人不是不能发现美，而是缺乏抓住瞬间之美的能力。

艺术的产生，与要记录下容易消失的美是有关系的。夕阳西下时的满天红霞，不是在每个傍晚都能看到的；雨后的彩虹，也是难得一见的瑰丽景象；女子静穆时的婉约和她眼神中的落寞，也是转瞬即逝。记忆可能会衰退，但记录在画布上的场景，却可以得到流传。只要我们拥有抓住瞬间美的能力，我们就能更长久地欣赏这一动人的美态。

对于不是艺术家的普通人，要抓住瞬间的美，就应该做一些强化的练习，这种练习可以让美感更多地停留在头脑中。科学家认为加强大脑记忆和感觉的方法就是多利用其他的感官来共同协作，如果我们能用其他感官来表达所感受到的美，就能在大脑中将美感强化。比如，看到了美景，我们可以转述他人，也可以用笔画下来，还可以用歌唱出来。这一强化过程，能对我们的美感神经起到极大的刺激作用。

美感表述能力

“说”是最简单的美感表达方式。看到雨后青翠的草地，我们可以呼朋唤友地去踏青，并告诉他们自己的感受。我们在感叹的时候，会不断地从头脑中搜索最符合眼前景致的词语。草地应该是碧色的还是翠色的？其上的露珠应该是晶莹的还是透明的？这样的语言搜索过程虽然有些像小学生作文，但每一次的搜索，都是对美感表达力的加强。

如果不好意思用说出来的方式，或是在感受到美时只有自己一人，就可以把美感记录下来。文字比语言更书面化，它有更多的变化和形容方式，能让美感得到更准确的表达。表达美感的文字最好也能与大家分享，不妨将它们放到自己的微博上，让更多的人看到你的美感心情。这是一种良性的促进方式，一方面可以让他人感受到你的细腻，一方面也可以获得自我成就感。

美感转化能力

具有一些美术基础的人，可以将自己看到的美画出来。虽然对于普通的人来说，这些画可能不如实景美，但能留下一种记录的符号，以帮助我们再次回忆起这一场景。记录的过程也是美感力提升的过程，如何将美景的美绘制出来，是需要长久的训练才能获得的。坚持不懈地绘制美景，不仅是一遍遍将美刻入自己的头脑，更是在提升自己的绘画技巧。

使用相机或者DV也是一种记录美的简单办法。不过这个过程也存在着通过怎样的镜头来完美呈现美景的问题。构图的选择、光影的选择、运动模式的选择，都能让我们获得多方面的美感力提升。

将美景与自己熟知的音乐相联系，是乐感强的人才能做到的。这种练习有一个好处，就是能让我们的思维变得更加灵活，能从中学会将更多的事物联系在一起的方法，这正是美感力提升所需要的联想力。

彩虹耶！

很多时候，美感只是一瞬间的体验。
在哪里呀？

不过表述可以令我们重新获得美感。

我们也可以将它画下来。

或者将美的体验记录成文字。
七彩虹

美感表达的过程能提升我们的美感力。
彩虹

获得美感表达的回馈

当我们将自己的美感表达出来之后，必定会收到一些回馈。有的是褒扬，有的可能是贬斥。他人口中的评价，代表了他人的审美观，我们可以以此来检视自己的美感力水平的层次。贬斥的评论尤其应该加以重视，它代表着我们的美感力或者美感表达能力有欠缺，我们可以据此获得弥补能力的方向。

将美的感受表达出来，并非就完成了一次美感体验，还应该学会聆听他人的美感表达。每个人都有自己的思维模式，长久地使用很可能形成某种定式。任何僵化的模式都是不美的，故而了解他人的表达方式，能给我们带来不小的启发。他人可能会使用与自己不同的词汇，不同的绘画手法，不同的影像构图，不同的音乐旋律。虽然有些人的美感表达可能在我们的能力之下，但我们同样可以通过对他人缺陷的认识，来强化自己的美感经验。

可以喜欢大家都不喜欢的事物吗

你可能有这样的经历，周围人大加称赞的事物你并不觉得美，反而一些他们觉得不美的事物却让你感到饶有兴趣。你也可能会对那些称为经典的事物感到兴味索然，却对那些被斥为另类的事物兴致高昂。有这种感受的人，时常会感觉自己不合群，有时可能会感到受到了排斥。

人通常都有很强的排他意识，如果在一个群体中出现了一个与群体不同声音的人，他就会成为被排斥的对象。因为群体的一致性，是保证群体存在的重要原则。正是因为意识到这种强大的群体性，与群体有不同喜好的人不是自我压抑，就是自我放逐成为群体的边缘人物。

难道就真的不能喜欢大家都不喜欢的事物吗?

阴暗的黑色幽默也有其市场

在好莱坞有一个被称为“鬼才”的导演，叫做蒂姆·伯顿，他不喜欢明丽的风格，对于哥特式的阴暗风格却尤为喜欢。蒂姆·伯顿的这种喜好，跟他小时候过于封闭的生活环境有很大的关系，他喜欢幻想，整日沉浸在绘画的世界中。虽然他的绘画技艺获得了认同，但他在与迪斯尼合作的时期创作的两部动画片，都因为被认为不适合给孩子看而没有被公映。没有获得认同的蒂姆·伯顿并没有就此放弃，他仍然走着自己独特的哥特式阴暗路线。直到《哔鬼家族》人们才看到了蒂姆·伯顿的黑色幽默才华，发现了他阴暗故事中的温馨。其后蒂姆·伯顿先后拍摄了《蝙蝠侠》、《剪刀手爱德华》、《怪诞城之夜》、《无头骑士》、《查理和巧克力工厂》、《僵尸新娘》等，如今他又在筹拍《黑暗阴影》，这将是一部长达1000多集的哥特式恐怖片集锦。

虽然蒂姆·伯顿从小对阴暗的喜爱并没有受到周围人的支持，但他自我的坚持使其获得了巨大的成就，拥有了一大批拥趸。喜欢上周围人不喜欢的事物，并不是什么错事，只要能合理地将这种喜欢转化出来，可能反而获得一番不小的成就。

每个人都应该有自己的兴趣圈

一个人的喜好，跟天生的禀赋、经历，以及身份、地位、学识、心境都有很大关系，每个人都可能表现出自己特有的喜好来。有的人喜欢绘画，有的人喜欢雕塑，有的人喜欢跳舞，有的人则喜欢唱歌，有的人喜欢富丽的色彩，有的人却喜欢低沉的色调。

父母在为孩子们挑选兴趣班时，同样是选择跳舞，一个孩子喜欢街舞，另一个孩子则选择了芭蕾。那个喜欢街舞的孩子，如果和一群都喜欢安静画画的孩子在一起，就很容易受到排斥。

这样的排斥是兴趣差异过大的必然反应。如果在一个群体中无法获得相同的兴趣偏向，也不用过于为迁就群体而放弃自我的喜好，只要能寻找到与自己有共同爱好的群体就能获得精神上的支持。所以我们不应该在意身边群体的兴趣差异，而应该去寻找能发挥自己兴趣偏好的场所。成年人通常懂得寻找自己的兴趣圈，他们能

好莱坞的蒂
姆·伯顿是
善于运用黑
色幽默的
“鬼才”导演。

不受欢迎的阴暗，在他手下却
独具韵味。

每个人都有自己的喜爱偏好。
切

这跟自己的禀赋和个人经
历有关。

只要与有共同兴趣的人在一
起，就能获得支持和提升。

不要过于勉强自己和别人一
样，能享受美感才是最重要
的。
HIP HOP

在共同的兴趣中收获更丰富的美感体验。在共同的兴趣圈中不仅能获得认同，还能在相互的协助下获得美感力的提升。

美感力的高低也会造成喜好的偏差

虽然我们说兴趣的不同跟天生禀赋和个人经历有关，但审美能力的高低也会造成不同的兴趣偏向。对于整天喜欢看悲情连续剧的主妇来说，她们可能对高雅的音乐和绘画艺术毫无兴趣。一个具有较高审美能力的人，在一群只有较低审美能力的人之中，如果没有很好的调节能力，也很容易遭到排斥。而一个审美能力较低的人，在审美能力较高的群体中，更可能遭到排斥。

在审美能力高低的差异下，应该如何去调节？能力高的人自然不用降低自己的审美品位，但也可以借鉴其他层次的表达形式。能力低的人当然可以向能力高的人学习，以获得美感力的提升，但如果对他们的喜好感到味同嚼蜡，也不用勉强，否则就连自己喜欢的事物也失去了味道，就得不偿失了。

获得多项艾美奖的美国情景喜剧《生活大爆炸》，讲述的是一群高智商科学精英与一位低学历的漂亮女招待共同生活的故事，审美兴趣的差异让他们的生活笑料百出。介意自己与他人审美距离的人，不妨看看此剧，在轻松一笑中，或许可以学会一些圆通的生活法则。

不美的事物可以组合成美吗

我们生活中的大部分事物都是很平凡的，可能也只有实用的价值。但人天生有追求美的本能，所以人们会尝试将平凡的事物变得更美，生活中的美化大多由此而来。人们喜欢对平常使用的物品进行局部的美化，比如，我们可能会为手机贴上漂亮的贴纸，会挑选颜色亮丽的笔记本来给我们一个好心情。我们所做的，都是要在平凡中追求一份美感。

所以美感力提升的另一个关键，就是学会如何让自己的生活环境得到美化，将平凡的事物变成美感的来源。

整洁

美的事物是有规律可循的，拥有秩序性的事物更容易具备美感。四处散放的书本一定没有规律地放在书柜中的好看，脏兮兮丢在桌上的水杯也不如洁净地摆放在橱柜中来得漂亮。因此要想拥有美感的生活环境，就一定要做到整洁。每样东西都能按一定的秩序归放在属于它们的地方，避免让杂物摆得到处都是。在风水理论中，最坏的风水就是杂物，它们的杂气会影响人的运势。从美学的观点来看，四处摆放的杂物，则是最缺乏美感的场景。

保持环境的整洁，不仅是一个人有没有卫生习惯的问题，还关系到一个人的美感力。当然也有艺术大师喜欢身处凌乱的环境之中，但那是因为他将所有的精力都灌注在作品中，无暇顾他的原因。对于追求在生活中获得更多美感的我们，却不能不注重这个问题。

组合

平凡的事物也可以通过一定的组合变得很美。家居环境其实就是各种事物的组合，如何让各种事物之间能融洽相处，就一定要找到它们的共同点。

最佳的共同点就是风格，事物的风格具有将它们有机整合在一起的力量。比如喜欢简洁之风的人，家中的门窗可能都是白色的，并且拥有简洁的线条；喜欢工业设计的人，家中的管线都暴露在外，灯具和家具都喜欢采用金属本色的裸露效果；喜欢温馨感的人，墙壁可能被涂成温暖的色彩，家具中也有很多柔和的元素。其实我们都懂得对居家装饰装修进行风格的挑选，但是如果不明白这种风格的一致性原则，就很有可能在组合的时候感到迷惑。如果在工业设计的家居中出现过于柔和的装饰，就会让整个居室设计顿时失去韵味。

生活中充满了太过平凡的事物。

平凡的事物也有美感吗？

整洁是拥有美感的第一步。

将相同风格的事物放在一起能提升整体性。

画龙点睛是化平凡为美的重要一步。

旧物改造也能令平凡大变身。

在进行组合之前，就应该先确定下风格。通常一种风格的形成，是经过了很多人的实践，也经过了时间的见证的。我们要模仿这种风格，就一定要对它非常了解，才不会闹出搭配不当的笑话。当然不是人人都能对风格有确实的把握，为了获得更好的组合效果，就一定要去查资料，多了解这种风格所需要的是一些什么元素，千万不要想当然地贸然挑选。

添加

你可以浪漫地想象一下，当你在工作的时候，有一朵花或者一片树叶随风飘落在身旁，能否让人在瞬间将烦恼抛诸脑后？或者一个可心的人为我们递上一杯热咖啡，能否让疲累的心底涌起一份温馨？当我们在书桌旁摆上一盆插花或者一杯清茶，一张乏味的书桌可能就平添了一份轻松与温馨，这就是添加的力量。

添加是一种画龙点睛的手法。整洁和组合是制造美的基础，但它们可能并没有什么令人惊艳的效果。此时就应该将一些本来就是美的事物放到环境中，给人以视觉的重心。摇曳的鲜花、精选的台灯、影影绰绰的窗帘、舒适的地毯，都能为平凡的环境增添情趣，让整个居室环境变得拥有生气之美。

添加也应该与风格相配。简约风格的家居中就不适合拥有太过繁复的饰物，工业设计的家居中出现一大盆插花也会很怪异。

除了布置家居，将家中一些废旧物品进行改造也是提升美感力的一种方法。比如，挑选出大小相同的鞋盒，用新买的包装纸将其美化后做成杂物盒；利用旧报纸、废旧瓶子等制造一个梦想乐园的沙盘；将坏掉的首饰拆开后重新组合成一条新的项链。废物改造是非常有趣的DIY过程，它不仅仅是绿色环保行为，也能提升自己对于美的感受转化为创造的能力。

为何我们要让自己的形象更美

大部分普通人并不属于帅男靓女的范畴，但也没有在丑陋的行列。我们都很平凡，平凡得很容易被他人忽略。虽然以貌取人是一种被否定的行为，却是社会的现实。一个才华横溢的人，如果仅从外表让我们无法感觉到他的才华，单凭一面之缘，很难让人有兴趣对他作进一步的了解。

所以形象就是我们的名片，它能告诉他人我们大概是哪种类型的人。这是一种推销方式，也是与人沟通的方式，更是展示自我美感力的方式。我们有理由让自己的形象向更完美进化，为自己获得最充分的展示机会。

不过有人可能认为我们不需要为他人的眼光而生活，这种想法没有错，但衣着装扮得体不仅是在摆姿态，也是交际的基本礼仪礼节，是对他人的尊重。所以下面就跟大家分享一下与形象有关的几个方面。

皮肤

皮肤是人体的一部分，它是人最直接的形象，关系到一个人是否拥有健康的形象。

无论男女，对皮肤形象的第一要求都是清洁。除了要洗干净之外，还应该将黑头、粉刺等清理干净。过于油腻的皮肤，应该通过粉底、吸油纸等手段使其保持干洁。毛孔过于粗大的皮肤，可以利用粉底来改善。过于发黄或者发红的肤色，也可以利用调色粉底来获得改善。不要以为化妆只是女性的专利，对于需要站在聚光灯下，或者出现在镜头中的男性，适当的化妆能让形象看起来更加合宜。

平日对皮肤的保养很重要。脸部保养不用多说，我们还应注意手部的保养。与人交际时，我们可能会通过握手等方式与他人接触，过于粗糙的手部皮肤，很容易给人留下坏印象。对于经常劳动的手，尤其应该多使用护手霜，才可以保养出滋润的手部皮肤。

如果皮肤出现了皮屑、皮疹等皮肤问题，应该设法对其进行遮盖，才不会将不美的一面暴露于人前而有失礼仪。

头发

头发是一个人非常重要的外部特征。在古代，美女必须具备的一项标准就是拥有一头浓密的黑发。所以头发形象的第一条，就是要学会保养头发。定期的清洗、护养，是获得健康头发的关键。在参加聚会之前，无论如何繁忙也应该洗一洗头发，顶着油腻腻的头发出席各种场合，很容易让他人感觉你不讲究卫生而对你敬而远之。

对发型的选择能展示出一个人的性格和身份，所以如果你不是随性自由没有负担的年轻人，最好能谨慎选择符合自己身份的发型。好的理发师可以根据一个人的身份或者内心希望，打造出理想中的发型，发型可以影响到一个人的气质，令自身获得信心。

身材

理想的身材并非越瘦越好，也并非丰满就美。身材的关键在于匀称、健康，不能过于瘦弱，也不能过于肥胖。无论多忙，我们都不应该偷懒，时常锻炼身体，能帮助我们获得更美的身材。

在社交中，身材之美还在于身体在或站或坐中所表现出的姿态。古人说："站如松，坐如钟。"就是说仪态一定要大方得体，才能显示出健康、自信的一面来。

衣着

衣着就好像糖果的糖纸。我们在挑选糖果时，会先被漂亮的糖纸所吸引，并自然地根据对糖纸的喜好来挑选糖果。好的衣着打扮能让我们拥有更得体的形象，更能吸引他人的目光。

关于衣着打扮对人形象的塑造，是一个非常复杂的话题，很难用三言两语说清楚。不过无论怎么穿着，都应该符合自己的身份，表达自己的内在，并且能够根据不同的场合来选择不同的服饰。能打扮入时自然是好事，但如果能拿捏时尚的分寸，保持稳重的作风也未尝不是一件好事。

 内在

一个缺乏内在的人，很容易被人一眼看穿。美貌会随着时间的流逝，而逐渐消失。人们在被一个人的外貌吸引之后，更想了解的是他的内在。所以真正值得人回味的形象，应该是完美形象下包裹着思想的心灵，它能散发出独具魅力的光芒。拥有较高美感力的人，越老越有味道。所以坚持不懈地自我修养，才是获得最佳形象的关键。

有人愤世嫉俗地批判以貌取人。
以貌取人，肤浅！

好脏哦~
可邋遢的形象却有失礼仪。

形象不仅是对他人的尊重，也是自我的名片。
名片

形象可以突显一个人的身份、学识、能力。

形象要根据不同的场合设计才能适宜。

最佳的形象还是拥有丰富的内在。

让生活充满美感

获得超强的美感力，并非只是为了炫耀。与口若悬河地探讨艺术美感相比，真正享受到充满美感的生活才最为关键。我们在美化生活的过程中，不仅能让自我的美感力获得提升，更能让我们拥有充满美感的生活。

餐厅里的菜为何比家中的菜更好看

我们越来越喜欢到餐厅里吃饭，尤其是在值得庆祝的日子，当招待朋友、重要人物时，我们还会选择去一些环境高雅、味道可口的餐厅。这并不是单纯讲究排场，其中还有餐厅的菜比家中的做得更为精致的缘故。

家中做菜讲究的是实际，怎样让菜的味道更好，怎样能有效利用材料。可餐厅的菜除了讲究吃的口感之外，还要讲究观感。一道菜是否好看，是吸引客人的直接要素。我们在餐厅中可以吃到切得像头发丝的土豆丝，看到被雕成一朵花的萝卜，而且每道菜的盛具都各具特色。如果我们能学到餐厅菜式设计的一些方法，也能使我们的家宴在轻松随意中，充满美感。

色彩

餐厅的菜肴最大的特点就是色彩的搭配。餐厅的菜肴很少只有一种颜色，即使是土豆泥，我们也能在其中发现一些红红绿绿的泡菜；绿叶蔬菜中也可能夹杂着红色的辣椒、白色的蒜泥、黑色的酱汁。即使只有一种颜色的菜肴，餐厅也会在摆盘时，通过在盘边摆放黄瓜片、胡萝卜片，或在盘子一侧摆放鲜花、西兰花等色彩艳丽的装饰物，来突出菜肴的色彩。有意思的是，餐厅喜欢将一些调料放置在菜肴的顶端，吃之前还需我们自己动手和一和才能吃。这并非是餐厅在偷懒，而是调料中白的蒜泥、黄的姜丝、绿的葱和香菜，单独摆放时更能突显菜肴的色泽美。餐厅不仅注重菜肴的颜色搭配，也注重保留菜肴原有的鲜亮色泽。绿色的菜，绝对不能将其过度烹饪成黄绿色。容易掉色、染色的甘蓝等，则尽量单独烹制后再与其他菜肴摆放在一起。容易脱皮的花生，就干脆为其脱皮，只用其纯白的色泽来吸引人。

虽然我们不用像餐厅那样对摆盘费尽心机，但至少可以在菜肴搭配上多用一些心思。我们可以尝试将不同色彩的菜肴一起烹制，这不仅能改变一道菜的颜色，还能丰富口感。即使仍是以一种菜为主要原料，也可以通过添加材料来达到色彩的丰富。比较常用的添加材料有各色辣椒、胡萝卜、番茄、黄瓜、木耳、香菇、土豆、蒜、姜、香菜、葱等，这些材料在调色方面的作用不可小看哦！

形态

我们常听到人强调厨师的刀工，这其实并不一定要让片切得多薄，让丝切得多细，最重要的还是粗细均匀的原则。如果材料看起来大小均匀，即使较粗较厚，也可以被理解为故意为之。但如果不均匀，就会立刻被指责为刀工欠佳。一般餐厅都有专门的案头来负责材料处理，我们在家做菜，只要把握刀工均匀的原则，就能让菜肴看上去更精美。

保持材料独立性的原则，也是餐厅菜肴的秘诀。每道菜中的材料都应该尽量呈现出它们原有的形态。这不仅能利于分辨，还能将它们原有的美态展露出来。比如香菇，它原本的圆形形态就非常诱人，过去由于其珍贵多切丝切丁使用，但现在餐厅最多是将其一分为二，保留其半圆的形态，更多的则是保留它整体的圆形。火候也是保持材料形态的重要因素，如果土豆、胡萝卜等炖煮过火，就会失去材料处理后的菱形块状，使外形变得不清晰。

保持材料的形态还有一个好处，就是能让菜肴更容易具备秩序性。家中炒菜大多是囫囵炒在一起，而讲究的餐厅会将蔬菜整齐地摆放后才上桌。如果将材料切得太过细碎，很难达到这种要求，所以餐厅对需要制造秩序感的菜肴，都不会切得过小。在家中，我们也可以通过较大块的菜肴来制造秩序的美感。

餐厅不喜欢形态不清晰的菜肴，所以他们会用模具对土豆泥、米饭等进行造型后再上盘。土豆泥可以做成三角形、圆柱形，米饭则可以做成从碗中倒扣出来的形状。我们在家中通常不必如此夸张，但如果有挑食的小孩，或想表达特别的心意，则可以在这些形态上多费点心思。

为何模特喜欢穿深色的衣服

虽然T型台上的模特们都身着各色光鲜衣物，但在实际生活中，她们大多钟爱深色衣服，尤其是黑色。这是由于模特界推崇以瘦为美的风潮，深色衣服可以让她们看起来更瘦。

并非人人都拥有天生丽质的身材，衣服乃是身材之外的包裹，我们可以通过它来调节身材的比例。既然模特们都得利用衣服来进行形象的调整，作为普通人的我们，更应该利用衣服来增加形体美。

根据身材选款式

人类理想的身材是上下匀称，细腰丰胸，即使男性也应该符合这一要求。不过大多数人都会存在这样那样的身材缺陷，所以我们必须多求助于对身材修饰能力最强的服装款式。

有些人的身体肩部小，胸部小，但腹部或者臀部还有大腿却很大，这样的人看起来像一个梨。为了掩盖这一不匀称的身材，就应该减小身体的上部与下部的差距。梨形身材的人可以选择较为坚挺的上衣，如能遮住臀部的上衣或连衣裙，有梯形线条的瘦长直筒裙，要避免选用紧身上衣、宽皮带、大圆裙、宽腿裤。

有一种人身材直板，他们可能身材瘦高，但由于胸部不突出导致缺乏曲线美感。直板人适合在上身穿横条纹、浅色调、有花纹类的服装，胸部处设计了口袋、领结、胸花等装饰的就更为适宜。除此之外，也可以利用轻飘有动感的服装来增加线条的美感。身材平板的人中也有属于腰部过粗导致身材凹凸不明显的情况，这种骨架造成的腰部过粗是很难瘦腰的，与其去想方设法地瘦腰，还不如用宽大的衣服将粗腰隐藏起来。

较矮的人穿衣服一定要注重整体性，尽量选择具有整体效果的服装。如连衣裙、套装，都能让矮小的人看起来高一点。小马甲，高胸线、高腰的服装，以及能亮出腿部的短裤、短裙都有将上身变短使下身拉长的效果。配合靴子穿着的时候，一定要选与靴子搭配的裤袜才能混淆视觉。如果用牛仔裤搭配靴子，则应该选择较宽松的牛仔裤，并将其塞到靴子中，使人不容易察觉膝盖在何处。

手臂过于粗壮的人，应该穿有袖子的衣服。即使在夏天，也可以利用背心加短袖T恤的混搭法来遮盖缺点。有O形腿的人，一定不能选过于紧身的裤子，宽松的裤子和有褶皱的靴子能遮盖这一缺点。

即使你有傲人的身材，也不是任何衣服都能穿。具有倒三角身材的人，就不适合穿过于挺立的上装，尤其不能穿加了垫肩的衣服。胸部丰满的人，也不能穿有过多胸部修饰的衣服，否则只会画蛇添足。

巧用颜色的收缩性

颜色是有收缩和扩张感的。深色大多具有收缩性，浅色大多具有扩张性；冷色通常具有收缩性，暖色通常具有扩张性。红色是最具扩张性的颜色，而黑色是最具收缩性的颜色。服装颜色对身材的修饰作用，就在于该突出的地方用扩张色，该隐藏的地方用收缩色。

服装设计师利用颜色的收缩性来制造更显苗条的服装。其中一款经典服饰是上身为白色，胸线以下为黑色的裙装。这款服装利用白色的扩张性来突出胸部，又用黑色的收缩性使腰部看起来更苗条。根据这个原则，胖的人可以多穿深色、冷色的衣服，瘦的人则应多穿浅色、暖色的衣服。这个道理很多人都懂，特别是对胖人来说，深黑色已经成为了他们的主打色调。其实胖人也可以有更多的色彩选择，较深的蓝色、紫色都具有收敛的效果，就算是红色，也有偏冷的紫红色可作备选。即使是含有暖色的衣服，只要其中有大量偏冷的色彩，仍然是不错的选择。对于瘦人来说，冷色也并非不能选择，色彩饱和度高的冷色，收缩的效果不太明显，可以将其作为调剂的色彩。

为了调整过于呆板的固定服装色彩组合，我们可以通过局部色彩的相反调整，来获得使人眼前一亮的效果。如胖人可以通过局部使用亮色的或偏暖的装饰来让整个人焕发神采，而瘦人则可以通过下装或服饰底部的深色处理，来增加稳重感。

衣服具有调节身材的作用。

胖的人应该多穿深色，瘦的人应该多穿浅色。

即使为了身材，也应让色彩搭配漂亮才行。

宽大坚挺的衣服具有掩饰过小、过粗身材的作用。

短款的衣服则具有缩短和拉长的作用。

服饰上的装饰则具有突出的作用。

生活中怎样搭配颜色才最好看

生活越丰富，我们越希望能用色彩装扮生活，毕竟缺乏色彩的世界乏味而缺乏美感。我们居室的装饰、家居、摆设，所穿的衣服、搭配的饰品以及妆容，都涉及色彩的搭配。色彩搭配是一门非常高深的学问，一旦拿捏不好，就可能造成非常丑陋的效果。所以让我们来分享一些简单又容易掌握的生活色彩搭配法吧！

最为简单的明度搭配法

明度是颜色的亮度，同一种颜色从浅色向深色过渡。我们将不同亮度的颜色搭配在一起，就能在变化中获得强烈的统一感。比如，白色与白色或者浅米色的搭配，黄色与米黄色的搭配，浅蓝色与深蓝色的搭配，粉红色与红色的搭配。我们能在每一种颜色的明度搭配中，感受到鲜明的色彩主题。明度的变化又能避免同一种色彩搭配的僵化、呆板，是亮眼又稳妥的搭配方法。

两种颜色的搭配法

如果我们要将两种颜色搭配在一起，一定要注意无论这两种颜色的位置如何，都切忌一半对一半的比例。两种颜色最好能保持比较大的比例，如2:8或者3:7，让颜色有主次之分，才能让颜色相处协调。

最保守的搭配法是选择色彩环中60° 以内的色彩，如橙、黄、黄绿，它们在颜色上有很强的相似性，能够轻易融合在一起。超过这个范围选择的两种颜色，对比会越来越强烈，虽然它们能制造活泼的效果，但不容易调和。这时除了在颜色比例上进行调整外，还应该采取一种颜色明亮，另一种颜色暗淡的方法，才能降低它们过于强烈的对比效果，让它们融洽相处。

当我们选择了180° 相对的两种补色时，两种颜色能形成强烈的相互增强效果。有时它们可以取得相当突出的绚丽效果，但有时却会显得过于突兀，因此我们需要对它们的比例非常用心才行。在大比例的搭配中，我们可以采用黄:紫＝1:3、橙:蓝＝1:2、红:绿＝1:1的比例。但最好我们能保守地使用绲边、压线、穿插等技巧，以大量减少其中一种颜色来达到协调的效果。

三种颜色的搭配法

在颜色搭配中有一个非常重要的定律，就是搭配的色彩不能超过三种。颜色过多，会使色彩没有重点，杂乱无章。这里的三种颜色，并不是指只有三种单色，而是指三种主色。这三种颜色在整体环境中的比例是最大的，当然其中也可以出现一些其他的颜色，不过它们的比例必须很小，不能抢三种主色的风头。三种主色也可以是指三种色系，比如黑、白、灰的搭配中，灰色就可以有很多变化；红、蓝、白三色的搭配中，红色与蓝色也可以有颜色深浅的变化。

三种颜色可以按照1:1:1的比例进行搭配，能达到活泼而均衡的效果。不过这样的搭配要少用，一个环境中只能使用一次，才能起到亮眼的效果。所以三种颜色的搭配最好能有比例的差别，在颜色的亮度上，应该突出其中一种或者两种颜色，减弱另外一种或两种颜色的突出程度。或者可以让两种颜色作为主色，另外一种颜色作为镶嵌在两种颜色之中的衔接色，为两种颜色制造联系感。

杂色的搭配法

我们的色彩世界并非都是纯色，很多时候会因为各种花纹而有多种颜色，这些颜色我们姑且将其称为杂色。杂色与其他颜色搭配时，一定是与素色相搭配才好看，如果杂色与杂色混搭在一起，就会有过于花哨之嫌。

杂色与素色的搭配，应该是素色的颜色能在杂色中找到。也就是说如果一块花布中的颜色有红、黄、蓝、绿、白、黑、灰，用其中任何一种颜色来作为素色搭配，都是可以的。

纯度搭配法

有时候我们感觉颜色的搭配有些过火，或者过于朴素，或者过于华丽，或者过于年轻，或者过于热烈，此时我们应该考虑是不是在纯度的搭配上出了问题。

纯度是色彩的单纯度，纯度高的颜色亮丽、华贵、活跃，如黄、红、绿、紫、蓝。但加入了不等量的灰色后，颜色的纯度就会逐渐降低，让颜色趋于柔和，如土黄、橄榄绿、紫罗兰、橙红等。当灰色过多时，就会出现不同颜色的深灰色，这些低纯度的颜色则会显出低调、沉稳、朴素的个性。

如果搭配的颜色都是高纯度的颜色，会过于鲜亮；都使用中纯度的颜色，会过于年轻；都使用低纯度的颜色，会过于朴素。这样的搭配不是不可以，但容易呆板。所以应该尝试将不同纯度的颜色进行搭配，才能使整体色彩活跃起来。过于亮眼的颜色可以利用反差较大的中纯度颜色来转移其过于抢眼的效果，也可以利用低纯度的颜色来增添庄重；过于年轻的搭配，可以通过高纯度的颜色来增加华贵之气，或者利用低纯度的颜色来增加稳重感；过于朴素的搭配，则可以利用高纯度的颜色来活跃气氛，或者利用中纯度的颜色来增加温和感。

如何选到最合适的装饰品

我们的生活中充满了各种装饰品，有画框、花瓶、小型雕塑、玩偶、模型、窗帘、地毯等装饰居室环境的装饰品，有经过醒目美化加工的钟、灯、水杯、水壶、盒子等实用物品，当然还有我们身上的各类饰品。装饰品是我们用来进一步美化生活之物，它们看起来没有什么实用价值，却能让我们身处更丰富的美感之中。

装饰品的制作通常精美细致，我们很容易在它们漂亮外表的吸引下将它们买回家。可回家后我们才发现它们可能并不适合我们。所以大概每个人的家中都难免有几样留之不对味、弃之又可惜的鸡肋装饰品，它们不是被随意放置，就是被扔进杂物柜。总之既浪费了美感，又浪费了环境，还浪费了钱。

我们应该改一改见到漂亮的装饰品就买的坏习惯，在掏钱之前，先想一想是否可以利用它来装饰我们的生活，避免买下不必要的装饰品。

风格

在考虑一件装饰品是否适合我们的时候，应该首先考虑的是风格。既然我们的家居环境是已确定了风格的，那这件装饰品就应该尽量与家中的风格相一致才好。比如，在绝对西式的家居环境中，突然出现笔墨纸砚，就会显得很怪异；在充满中国古韵的家居中，出现后工业时代的现代雕塑，也会不伦不类。当然，也并非杂糅的风格就不能存在，但其前提是环境中有与之相映衬的相似物品才能协调。即使将多种民族风糅合在一起的风格，也较为忌讳过于现代的工业艺术。

由于我们服饰风格的变化多样，所以首饰的风格可以较为宽泛一些。但如果要尝试一种自己从未有过的风格饰品，就应该考虑它是否能与现有的衣饰相配，或者盘算一下需要再增加些什么衣饰才能获得完美的搭配效果。

改造

装饰品还具有改造的力量，它的存在可能会打破之前的布局结构，使其或者活跃，或者充实，或者突出，或者减弱。

当我们觉得整体局部过于呆板时，就可以利用装饰品的颜色、形状来进行调剂。黑白配色的单调居室，可以通过增加彩色靠垫、窗帘、地毯，或者鲜艳的花朵来活跃气氛；过于方正的家居，可以利用波浪形的隔板、柔和的玩偶、圆形的灯具等来柔化环境；深色的服装，则应搭配亮丽的首饰，让人重新亮起来。

当布局中出现了空缺，就应该用装饰品来弥补。家具与家具间的空处，可以利用灯饰或者盆栽来填补；空荡荡的墙壁，可以让画框来充实；胸部的衣领过低，则应该搭配一条项链。

当布局的形式不完美时，也可以利用装饰品来修改。如果一面墙的家具过于细碎，为了使整面墙达到统一的效果，可以利用一幅长的，或者具有连续性的装饰画；相反，如果这面墙下的家具整体性很强，且略显呆板时，则可以通过在其上摆放多件装饰品，或悬挂不同大小尺寸的画框来改善。脖子短的人，可以利用长款的项链来将其拉长；反之，则一定要搭配一条短款的项链。

表达

装饰品的选择应该贵精不贵多，尤其是摆件和首饰，一定要是最能表达自我的。装饰品所要表达的，可能是我们的风格和思想，也可能是我们对美感的追求。不能达到这个要求的装饰品，或者缺乏性格，或者就与我们不协调，即使再美，也是多余之物。

就好像喜欢运动的人家中，很少看到过于静态的绘画艺术品；喜欢绘画的家庭中，也很少出现以足球为原型的装饰物。我们要去参加葬礼表达哀思，就不会选择过于繁复、绚烂的首饰；我们要去夜店疯狂一把，也绝不会选择过于沉稳的饰品。学会利用装饰品来表达自我，就能发挥它们最大的能量。

亮眼

装饰品的作用是为平凡的整体增加亮点，它应该具有画龙点睛的作用。所以装饰品一点要有吸引眼球的地方。

装饰品本身应该具有美的形态，这个不用多说。它还应该在色彩、纹饰上具有醒目的效果。尤其是首饰，其醒目的程度通常取决于颜色的搭配是否亮眼。所以金色和银色是很受欢迎的饰品颜色，它们的材质注定它们比其他颜色更加抢眼。

值得一提的是装饰品的体积问题。家居的装饰品不能贪便宜而购买太多小的饰物，过小的装饰品很难吸引人，装饰品要具有一定的体积才能引起人们的重视。

我们喜欢各种装饰品。

可我们常常觉得它们不好用。

挑选装饰品要先
考虑是否搭配。

装饰的关键是要让整体看起
来更美。

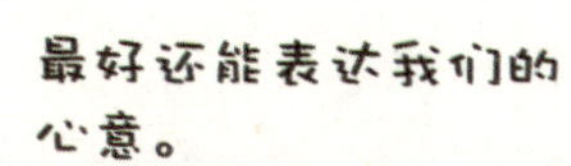
最好还能表达我们的
心意。

还应该具有吸引眼球的效果。

物品的摆放应该注重平衡吗

我们的环境是由众多的物品堆砌而成的，让物品有序地组合在一起，而且还能显示出美感，需要很强的空间组合能力才能做到。在布局的过程中，最常被问到的就是关于平衡的问题。具有平衡感的摆放能制造稳定的完全感，却较为死板；不平衡的摆放虽然能活跃环境，却可能带来心理上的不安定因素。

怎样把握平衡与不平衡的度，是空间布局的难点。让我们在不同的物品组合方式中，来探讨一下平衡度的把握方法。

同一水平线的物品摆放

房屋、桌子、架子、柜子、台面等为了方便摆放物品，都设计了水平的面，所以大部分物品都会在同一水平线上与其他物品进行组合。这种组合方式中，最好看的模式莫过于同类物品排列摆放，以制造整齐划一的美感。如果出现了高度的差异，则可以根据其高矮顺序来排列，制造梯形的节奏感。物品本身的重量和水平线的稳定性，能使梯形的不均衡感获得稳定的效果。如果是形态差异过大的物品，应该在其中间增加另一种稳定性强的物品来做连接，这种物品必须在长度上超过另两件物品，或者是由多个相同的连续物品组成。

如果一个水平面无法摆满物品，就要尤其注意平衡的问题。将物品摆放在水平面的正中，虽然平衡，但很难看。将其摆放在略微偏左或偏右的位置，就能兼顾平衡和美感的问题。如果要在水平面的一头摆放物品，最好能在其另一头也摆放一件物品。但另一头的物品如果是相同物品，或者体积、高矮相同，就会沦为呆板的平衡模式，只有摆放形态差异较大的物品才能获得活跃的美感。

前后的物品摆放

为了有效利用空间，人们会在同一水平面上进行物品前后的摆放。从美感的观点来看，摆放在后面的物品应该更具有整体性，拥有更大或更宽的体积。比如书桌上的一排书，就比一盏台灯所占的面积大，应该摆放在书桌的最后方。如果有一排文件盒的体积大于书本的体积，文件盒就理应放在书本的后面。

我们通常习惯将较高的物品摆放在后面，将较矮的物品摆放在前面，这是为了物品拿取的方便。如果根据美感原理将较高的物品摆放在前面时，只要这件物品具有一定的美感，并对后面物品的使用没有造成过大的妨碍，反而可能是一种出彩的组合法。

上下的物品摆放

在具有上下结构的柜子等家具中摆放物品，一定要照顾视觉的重量原则。将看起来重的物品放在下部，尽量让下部的空间填满物品。如果下部看起来过空，会给人造成头重脚轻的不平衡感，此时应该为下部制造整体性。利用相同的收纳箱，可以填满下部的空间，制造整齐划一的感觉。或者干脆为柜子加上柜门，让人误以为里面装满了物品。

对于较空的架子，为了避免空洞的缺失感，应该在其中或多或少地摆放物品。不要图方便把这些物品摆放在一个方位，应该上下错落地左右排列，物品的高矮、体积也应该有所变化。

墙面物品的摆放

墙面物品的摆放更像是在画布上作画，应该从整个墙面的布局来考虑。该墙面的下方是否有家具，是墙面物品摆放的关键。如果墙面下方有一排家具，从墙面整体来看，已经具备很好的平衡感，此时的墙面挂件摆放在除了中间以外的任何位置，都能起到令墙面生动的作用。但如果摆放的挂件是非常重要的物品，且具有一如何把握平衡的度，是物品摆放的难点。

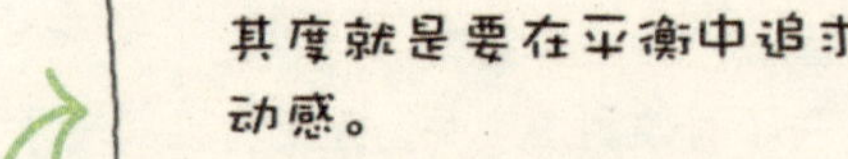

整齐划一是最简单美观的物品摆放。

出现不平衡时要用有差异的物品来平衡重量。

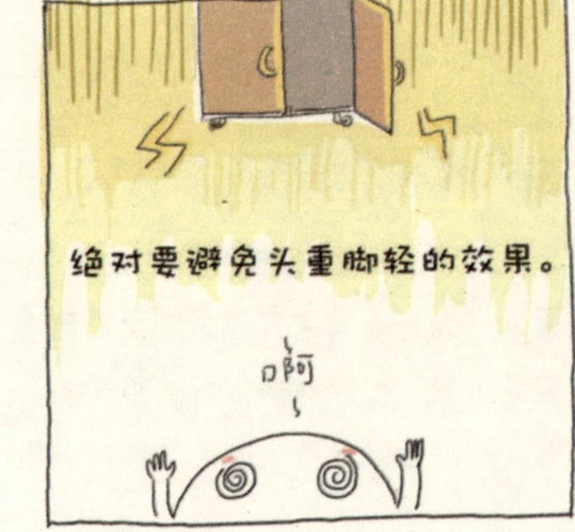

定的体积，就可以摆放在正中。当墙面下方只有某一边有家具时，整个墙面的重心就会向有家具的一方倾斜，此时应该在墙面另一边的上方设置一个挂件，来错落地平衡墙面的重心。当墙面下方没有家具时，只要挂件不过于靠边，都能制造较好的装饰效果。不过最好不要在这样的墙面挂过重的物品，容易造成危险的感觉。

如果要在墙面设置搁架，除了考虑上述因素外，还应该考虑搁架间的搭配。上下一致的搁架固然整齐实用，但也容易流于呆板，可以考虑在长搁架上设置短搁架，或者将相同的搁架参差不齐地排列。在参差排列时，要避免让搁架组合出来的形状如同梯子一般歪向一方，而应该制造曲线般的错落美。

个人风格是怎样制造出来的

美感生活的最高境界是什么？就是拥有自己的风格。对于大部分人来说，生活的方式就是遵循大众的模式，虽然没有什么特色，但也能流年运转，日子过得轻松自在。但是这种过于大众化的生活模式，却总让我们觉得有所欠缺。欠缺的是什么？欠缺的就是自我的风格。

过有风格的生活

我们都希望生活得有美感，可美感是什么，就是自我对美的感受。在这里，自我是一个非常重要的因素，美感是自我对外界的感受，自我的喜好确定了我们将获得怎样的美感。如果我们不明白自己究竟喜欢什么，我们如何去寻找美？如何去发现美？如何去感受美？

大部分人对自己的喜好认识是很模糊的，虽然他们有喜欢看的电视，有心仪的帅哥靓女，有固定的着装打扮，但对于为什么要这样做，他们并不清楚。他们的这些喜好，很可能来自一个随机的偶然，也可能是友人的怂恿，还有可能是对大众或者流行的跟从。他们对于喜好没有强烈的意识，大多数时候觉得“还好”就OK。我们很难从他们的身上看到清晰的自我意识。

性格温和不是什么坏事，但如果是人云亦云，缺乏主见，就会使自我意识难以得到发挥和体现。一个人缺乏自我意识，就会随波逐流，很难感受到美所带来的乐趣。美所带来的乐趣，在于对它的追寻和发现美与内心的契合点。缺乏自我意识的人，很难发现自己内心的需要，自然对美的体会欠缺深意。缺乏美感的生活乏善可陈，甚至可能连生活的意义也模糊不清。

相反，拥有强烈自我意识的人，都有很强的主见，他们明确自己的需要，因而也更能寻找到令他们满意的美。由于有明确的判断，他们有强烈的喜好特征，生活中的事物都围绕着他们的喜好而存在。我们会觉得他们的个性鲜明而突出，他们的生活充实而有滋味。大部分时候，他们能过得有目标，有动力，并且极为乐观。

我们常常羡慕这些人的生活，那为什么我们不能也拥有这样的生活模式呢？

风格是对原则的坚持

与大众化相比，风格其实可以说是一种性格，它绝对不是不偏不倚的中庸之道，它要的就是对某一原则的坚持。风格可以是狂放而热烈的，也可以是沉稳而宁静的；可以是全盘西化的，也可以是中西合璧的；可以是温婉中的追求自由，也可以是叛逆中的理性回归。

所以，要拥有风格生活的第一步，就是先要明白自己现在的行事作风是什么，了解自己想要追求什么，什么是自己坚持而不会动摇的信念。

一旦明白自己所想所要，我们的美感神经就能建立起清晰的美感意识，引导我们去寻找符合我们所想所要的美感来。如果我们确定要走自由洒脱的风格，即使我们曾经对“卡哇伊”的事物非常着迷，也会逐渐偏向于喜欢笔意潇洒的画风。只要能将所想所要变成一项坚持的原则，就能逐渐拥有自己的风格。

风格是模仿出来的

人们通常都有一定的喜好，只是在为自己确定风格前，我们并不知道自己为何要作这样的挑选。就像有些人习惯运动风格的服饰，可能是因为喜欢它的自在，也可能是受到周围人群的影响，还可能是不知道该如何挑选衣物才作了这种最简单的选择。

对于摸不清楚自己喜好的人，或者是不知道该如何布局打扮的人，不妨去模仿已有的风格。可以去找些时尚杂志，看看里面哪些造型或者装饰是最让你喜欢的。接着再根据自身的条件去比较一下，这种风格是否与自己的气质、身份相匹配，要达到这种风格的难度有多高。虽然我们可能喜欢与自己差异很大的风格，但如果没有足够坚定的意志，最好还是挑选与自己气质、身份相匹配的风格。这不仅更能达成目标，也可能更符合我们的需要。

确定下自己要模仿的风格后，应多收集这种风格的资料。不仅要收集具有该风格的物品，还应该了解该风格的内涵，甚至学习该风格的文化。这样不仅能更好地理解这一风格，还能让自己的气质与这一风格物品之间能有机地融合起来。

对于从来都没有尝试过的风格，不要心急地去进行一次性彻头彻尾的改变。要捺着性子去逐一添加，在这种添加的过程中，不断体味这一风格的精髓。如果在添加的过程中，发现这种风格确实不是自己的菜，掉头换辙也会容易很多。

打造属于自己的风格

模仿其实是风格塑造的第一步，我们可以从中学习到已有风格的固定模式，能获得较为完美的形象包装。可无论模仿得怎样好，模仿出来的风格，都绝对不是自己的。在已有的风格中，加入自我的元素，才是个人风格形成的关键一步。

在风格模仿的过程中，我们可能会发现这其中有些内容是自己不喜欢的，可以逐渐将其剔除，重点加强我们喜好的部分。我们也可能发现在这风格之外的一些事物，自己仍然喜欢，这时可以小心地将其纳入，看如何组合才能与现有风格的物品相融合。自我的风格，通常就是在这种加加减减的过程中逐渐形成的。当自我的意识在风格的创造中得到充分体现时，你就会发现自己已经拥有了完全属于自我的风格生活。

蜘蛛侠
蝙蝠侠
超人
举世无双兔兔侠

第四章
鉴赏最美的经典

经典之所以能够成为经典，是在漫长的时间中受到了最多的考验。它们是人类美感的集大成者，在对它们的欣赏之中，我们能体验到最美的境界。懂得欣赏最美的经典，就能获得一把美的尺子，我们可以利用它去丈量身边的美，从而提升我们的美感力。

鉴赏西方绘画

现代美学发源自西方，美学的理论大多来自西方的观点。我们现今的美感观念，受到西方美学的影响很深，所以我们理应去了解一下西方艺术的集大成者——西方绘画。无论是古典主义风格的细腻写实，还是其后的解构与反叛，都能让我们进一步理解美的含义。

西方绘画主要是油画吗

从前，有一位少女趁恋人入睡时把他的影子轮廓画了下来，于是就诞生了绘画。西方这个描述绘画起源的传说充分传递了绘画“美”的语言。绘画如同一面镜子，映射着人类在不同时期对世界和自身的认识与探索。

西方的思维模式倾向于理性的思考，着力追求精确地解读世界，所以西方绘画也力求能反映这种思维倾向。油画的直观性和逼真的效果最能充分反映这一思维模式，因而在西方受到了上至达官贵人，下至平民百姓的广泛拥戴，从而成为西方文明的重要组成部分。

油画是西方绘画之“魂”

油画，顾名思义，是以油性物质，比如亚麻籽油、核桃油等溶解颜料，在亚麻布、纸板或木板上作的画。油画是在欧洲起源发展而成为世界性的重要画种的，它已成为西方绘画史中的主体绘画方式，现在存世的西方绘画作品大多是油画作品。

当然，油画并非西方绘画的全部，西方绘画还包括水彩画、水粉画、版画、铅笔画等许多画种。传统的西方绘画注重写实，以透视和明暗的方法表现物体的体积、质感、空间感和在一定光源下所呈现的色彩效果。油画凭借颜料的遮盖力和透明性，能充分表现描绘对象，色彩丰富，真实感和立体质感强，这最终使得油画在西方绘画中占据了举足重轻的地位。没有油画，世间就少了达·芬奇的精妙、梵高的浓郁，也就没有毕加索的粗犷刚劲和达利的扑朔迷离。

史前壁画为油画的雏形

玛利亚是个西班牙小女孩，她的父亲萨图奥拉是一位考古学家。萨图奥拉在西班牙北部的阿尔塔米拉洞窟中勘察和搜集化石，整整4年都没有重大发现。1879年夏天，他再一次勘探这些山洞时，把女儿玛利亚也带到阿尔塔米拉洞窟。独自玩耍的玛利亚抬头间突然看到墙上布满了野牛的图像，于是大叫："野牛、野牛！"这样才发现了沉睡万年的史前壁画。

无独有偶，和阿尔塔米拉洞窟的发现极其相似，法国拉斯科洞穴壁画也是被一群少年偶然发现的，也许正是孩子童真的眼睛才能发现人类童年的绘画之美。西班牙的阿尔塔米拉洞窟壁画和法国的拉斯科洞穴壁画是迄今为止人类艺术活动的最早见证，也是西方油画的雏形。当时人类已经懂得运用岩洞附近的天然材料，他们从铁矿石中得到了红、黄、棕三色，从锰矿石中获取了黑、棕、紫罗兰三色，再将其研磨成粉，调和动物的油脂或血涂在洞顶上。这就是最原始的绘画颜料。

木板上绽放的颜色

西方绘画最初的载体是棺材面，棺材是木制的，用水性物质溶解颜料，附着力很差。为了寻求附着力更好的媒介，人们就用蜂蜡和蛋黄做媒介，因此被后人称为蛋彩画或坦培拉。这种材料是西方人摸索多年才找到的比较稳定、保存时间长、

孩子们在洞穴中发现了原始人的壁画。

原始人就已经懂得将矿物磨成粉来做颜料。

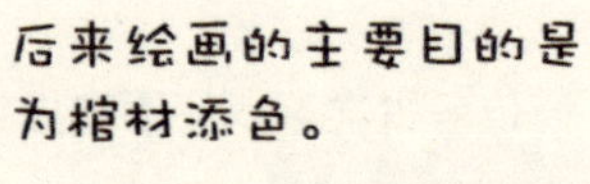

后来绘画的主要目的是为棺材添色。

为了让颜色得到持久保持，人们发明了蛋彩画。

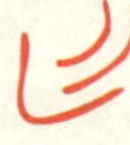

经蛋彩画改造成的油画色彩丰富，遮盖力强，具有立体效果。

油画因其具有丰富的再现力而成为西方绘画的主体。

固色牢固的媒介，这种技术一直延续到中世纪和文艺复兴早期，在西方使用了上千年，也成为了西方绘画的传统根源，形成了西方人对绘画的审美趣味。

到了15世纪初期，尼德兰画家凡·爱克兄弟改进了蛋彩画的技术性能，解决了颜料干燥太快等问题，把油画这种艺术形式发展得更加完美，最终呈现了真正意义上的油画。

西方文化是由古希腊和希伯来（基督教）文明作为强大的精神源泉发展而来的。西方油画流派众多、创作主张各异，但是美学价值具有共同的倾向。画面形式上注重秩序、和谐、光色明暗的表现；精神理念上追求真理、神圣感。这些美学倾向都受到了古希腊文化观念和基督教文化观念的深刻渗透。

西方人物绘画有什么特别之美

《蒙娜丽莎》的人物像足足占据了整个画面的五分之四，千百年来，那神秘的微笑给人们带来无限的争议、遐想和猜测，这或许就是西方人物绘画的魅力所在。事实上，人物画在西方美术中的地位很高，是艺术创作的主要对象，是西方艺术成就的集中代表。

从早期大量的宗教画对神灵和宗教人物的刻画，到后期肖像画、风俗画、纪念画的流行，人物始终占据着画布的中心。在西方名画中，我们看到的主要还是以人物为中心的画作，并且这些画中的人物常常会占据画面的大半江山。

所以欣赏西方绘画，是以欣赏人物绘画为主。

神话之纯真美

最早的古代绘画，多数以动物为主角。动物是原始人最感兴趣的题材，这是由狩猎经济决定的。绘画发展到古埃及、古希腊罗马时代，美丽而富有幻想色彩的神话故事成了主要题材。

古希腊的陶瓶闻名遐迩，这些瓶画大都选取了古希腊神话或戏剧做人物背景。《双耳陶瓶》是其中的经典之作，陶土色背景烘托出的两个黑色剪影人物，正是古希腊英雄阿喀琉斯和埃阿斯。他们在率领战船前往特洛伊的途中遭遇了风暴，只能靠岸停留，在等待的空闲时，两个英雄专注地玩掷骰子的游戏。他们身披织锦战袍，身体健美均匀，姿态优雅有力。通过这幅瓶画，我们看到了古希腊人对人体美的注重和对优美与生动的追求。古希腊人将他们自由坦荡的民风和朝气蓬勃的精神倾注给了他们的作品，这些珍贵的艺术品最大的成就，就在于透露出的那份坦荡无邪的纯真和健康纯洁的动人。

写实之精确美

13世纪末到14世纪初，充满人文关怀的文艺复兴开始萌芽。虽然当时的绘画题材依旧围绕宗教开展，但对外观造型的精确性追求，使人物绘画与客观世界的真实性和科学性联系得更加紧密。画家越来越重视对人体本身的关注，力求体现人体的形象美，探索比例、解剖等形体美的规范，高度重视人物与真实的相似性。

西方人物绘画的鲜明特点，就是运用科学的透视原理、人体解剖学等，科学成果成为绘画的基石。比例、结构、透视、解剖、光学、数学等科学成果在画面中得到了充分的运用，使艺术情感、现实生活和科学原理在艺术创作中得到了有机的结合。这使西方人物绘画的造型日渐精确逼真，三维立体的体积概念渐渐被发现，并在绘画中为造型的需要服务，形成了西方绘画的写实之美。

西方绘画的这一特点，使画家能够更准确、更生动地表现人物皮肤和服饰的特质，以及光线和环境气氛的细微差别。在科学与美学的结合下，贝利尼、达·芬奇、拉斐尔、提香等绘画大师的人物画作品，真实感达到如见其人的程度。

现实之神韵美

达·芬奇认为人是最神圣之物，于是他冲破了神权与禁欲的束缚，勇敢地画了古希腊文明对人体美的关注是西方人物画的基础。

科学让人物画更为真实。

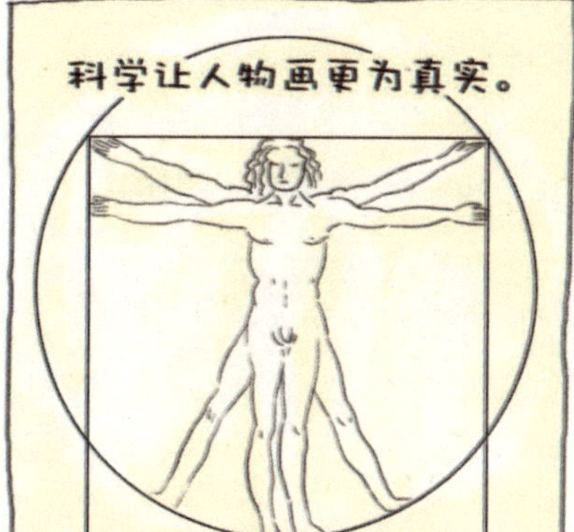

对真实人物的模拟，使人物画更具神韵。

自画像是画家力求形神兼备之感的方法。

一名现实生活中的女性——蒙娜丽莎。蒙娜丽莎有从任何角度都能让观看者感受到的微笑，这一神秘的微笑不仅成就了一幅名画，更让西方人物画开始注重对神韵的表达。油画对人物的强烈表现力，使人物画迅速成为一种风尚。画家们纷纷以现实人物为题材作画，使西方人物绘画的题材得到了空前的提升。就连乔托的壁画《逃亡埃及》，也把逃难的耶稣一家表现得如同普通人。

自画像也成为众多画家惯用的题材。荷兰肖像画巨匠伦勃朗一生以肖像画为主要艺术创作活动，并力求人物的神形到达最完美的境地。为了塑造有个性特征的人物形象，他毕生研究相学，画了差不多100幅自画像，他的家人也通通出现在他的画作中。他从自画像开始学习捕捉面部表情，以此来揭示人物的内心活动。

西方画家对人物形神精益求精的追求，使西方人物画获得了巨大的发展。可以说西方人物画的成就，已经达到了形神兼备的真实感，这是其他画种很难达到的水准。

西方名画为何以宗教画居多

西方绘画跟任何一种艺术形式一样，与人类的生活密不可分。西方文化是以古希腊和基督教文明作为强大的精神源泉发展而来的，西方绘画从史前艺术到古希腊、古罗马时期，与祭祀、巫术、古希腊神话等有千丝万缕的联系，而在漫长的中世纪，西方绘画几乎作为宗教的艺术而存在。虽说文艺复兴时期，西方绘画从宗教艺术中逐渐独立出来，但是艺术家的精神仍受到宗教的深刻影响。

西方艺术家多为宗教信徒，比如马萨乔、多纳太罗、波提切利、提香、乔尔乔内、达·芬奇、米开朗琪罗、拉斐尔等绘画巨匠，他们的绘画与宗教精神是一致的。宗教性使他们的绘画具有现代人无法想象的意志力和决心，他们将欢乐、狂热、激情和才华凝于笔端，将人类的精神世界和自然世界用色彩表现出来。

绘画图解基督教教义

西方的宗教很早就发现了绘画的感召力，他们利用逼真的描绘来展现宗教所倡导的神明教义。可以说，西方绘画起源于宗教，是宗教活动的重要组成部分。在很长一段时间内，西方绘画是为宗教服务的，绘画成了图解基督教教义的画书。

在黑暗的中世纪，伴随基督教会对艺术的利用、依赖，艺术也逐渐争到了一些有限度的自由，并获得了一定的成就。西方许多绘画艺术巨匠都曾经为教堂画过壁画，大批的教堂壁画成为艺术史上宝贵的遗产。意大利拉韦纳圣维塔莱教堂的镶嵌画《皇后西奥多拉及其侍从》，还有桑德罗·波提切利的《春》，都是以宗教为题材的珍贵而富有价值的绘画作品。

宗教促进了西方绘画的发展

欧洲的历史一直贯穿着宗教精神，认为上帝是“真光”，照亮世界，上帝是“生气勃勃的光自身”，因此，以“光”和“色彩”隐喻和象征上帝便成为基督教最高美学价值的体现，光和色彩就象征着上帝的神圣力量。这种文化背景赋予很多西方艺术家研究光和色彩的科学热情，也成为西方美术的发展动力之一。所以说，宗教在一定程度上促进了绘画的发展。

大多数西方名画取材于宗教的教义、故事和传说，很少越出《圣经》和《希腊神话》的范围，因而难免会有题材的重复。但正是这种重复，使得画家更希望将相同的内容表达得更为完美，也更希望能有超出前人的成就。同题重画的现象就变得非常突出，拉斐尔留下的近300幅画作中，就大部分都跟圣母有关。这对同一题材的把握、精益求精，有非常大的好处。

对于熟悉《圣经》和《希腊神话》的西方人来说，不用解释，他们也懂得西方宗教画的内涵。而对于没有读过或者完全不了解《圣经》的人来说，宗教画就显得不知所云了。有一个带翅膀的女人，跪在或站在地上，在她的对面，有一个女人，或吃惊，或平静。不了解西方宗教的人看到这幅画，只能一头雾水了。但读过《圣经》的人则明白，这画的就是著名的“受胎告知”。安杰利科、达·芬奇都有这个

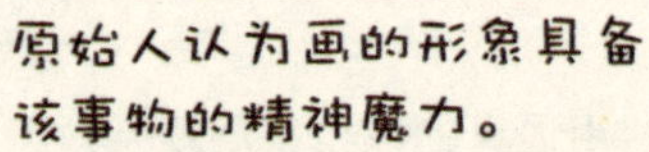

壁画是原始人与自然、神灵沟通的工具。

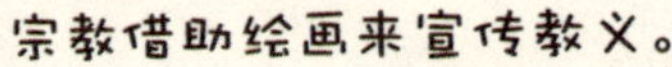

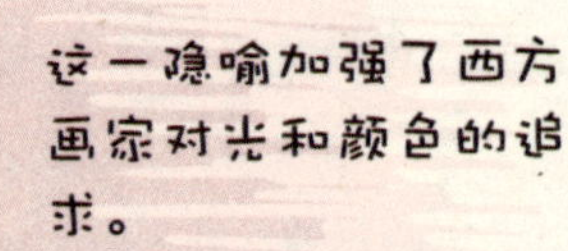

题材的绘画作品，那个带翅膀的女人是大天使加伯利，她对面的那个女人是圣母。天使向圣母传来了神谕：您怀孕了，您的孩子叫耶稣。

所以说，要了解西方绘画，还应该从了解西方宗教开始。

西方传统绘画是在追求真实的效果吗

西方绘画在发展过程中，不断地解放形式和内容，不断建立新的审美价值取向，但又有着恒定不变的内在一致性，那就是对真实效果或事物本质的追求。事物内在的真实，在绘画中是真理性的认知，具有永恒性和深刻性，像一个坚实的内核隐藏在西方绘画作品之中。

众多西方传统绘画大师，凭借自己的感悟不断寻找真实效果，接近本质。拉斐尔通过理想，修拉凭借色彩，高更依靠象征，塞尚借助形体。他们在不同道路上追求真实，并取得伟大成就。

绘画是为了模仿自然

西方传统注重追求真实效果的源头，可追溯到公元前6世纪的古希腊文化。古希腊哲学家德谟克利特说过，我们从蜘蛛那里学会了织布和缝补，从燕子那里学会了造房子，从天鹅和黄莺那里学会了唱歌。莎士比亚认为艺术是客观现实的镜子，自然是艺术和科学的对象，强调艺术直接模仿自然。

比起东方艺术，西方艺术更强调客观的再现，以求真求实的理性精神，提炼出对崇高人性的追求。哲学家赫拉克利特也认为艺术和谐的原因在于模仿自然。西方传统绘画所表现的，正是真实的世界。直到19世纪末期，西方绘画才开始向写意发展。

画你所看到的

很多人都知道达·芬奇学画画的故事。当时达·芬奇只有14岁，他到佛罗伦萨拜著名艺术家韦罗基奥弗为师。没想到这位著名的老师除了叫他画鸡蛋之外，连续几周都不让他画别的东西，也不教他新的绘画技巧。达·芬奇很不解，问老师为什么老是让他画鸡蛋，老师告诉他："鸡蛋虽然普通，但世界上没有绝对一样的两个鸡蛋，即使是同一个鸡蛋，角度不同，投来的光线不同，画出来也不会一样。"

这个故事中所讲的，正是西方绘画的精髓，就是要追求与"真实"高度的相似性，也就是要画你所看到的事物。达·芬奇说："画家的心应该像一面镜子，永远把它所反映事物的色彩摄进来，前面摆着多少事物，就摄取多少形象。"

西方传统绘画力求与真物相似，因此，非常讲究透视法，以及对光影的运用，强调通过对物的写生来掌握真实。人物肖像画要跟真人相似，物体的绘画需在现实中感受大自然，这也使素描成为学习西方美术的基本功。看看传统西方绘画中的那些市街、房屋、家具、器物等，形体、光影都很正确，很多几乎同真物一模一样。

科学推动绘画艺术

中国的画家大多是文人，西方的画家却大多是科学家、发明家。在绘画中，他们将模仿的观念与透视学、解剖学、光影明暗学、色彩学等科学相结合，相互融合，使绘画的逼真性获得了巨大的飞跃。

西方艺术家发现暖红色的皮肤上有蓝紫色的斑点，经过仔细观察发现那是皮下静脉血管的颜色。为追求真实的质感，他们大量解剖尸体，就是为了弄清血管所在的位置、结构。这使得一些西方画家同时也是解剖家、医生。

绘画是时代的照相机

对于还没有发明照相机的时代，能还原真实，就是最高的绘画境界。所以真实才成为了西方绘画的重要原则，绘画也成为了那些时代的照相机。为了追求真实的

西方文明认为人是
在向自然学习。

艺术也就是自然的影子。

为追求真实，画家注重观
察自然。

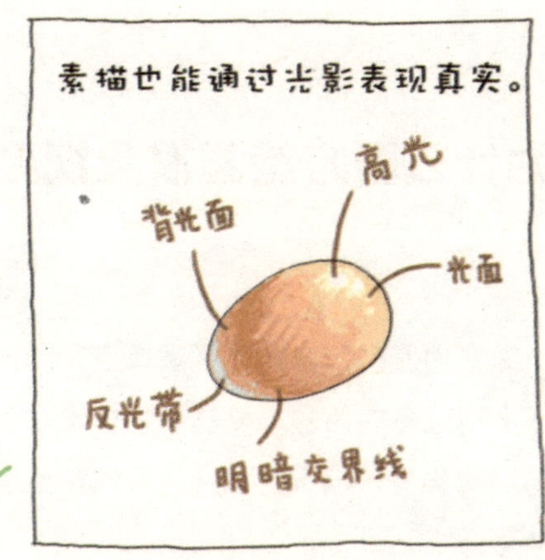
素描也能通过光影表现真实。
高光
背光面
光面
反光带
明暗交界线

对真实的重视使不少画家也
是科学家、解剖家。
科学光环

关注人性让绘画成为了时代
的照相机。

效果，画家不仅要对各种表现真实的技巧炉火纯青，还要对人性进行深入的观察，以求画出最具神韵的人物来。

西班牙画家委拉斯开兹的《教皇英诺森十世》，就以这种真实感而闻名。同时代的人在看到这幅画后评论说："所有其他作品都是绘画，只有这一幅才是真实的。"就连教皇本人第一次看到这幅画时，也吃惊而不安地说了一句："画得太像了！"委拉斯开兹所画的，不仅仅是教皇的外部形貌，更重要的是，他将教皇内心的伪善一并刻画了出来。这种对人性表现的深度，让人们忽略了对其画技的评论，而更注重画中人物的内心。为了纪念委拉斯开兹的成就，他的故乡塞维利亚为其塑了一座雕像，基座上刻着：纪念真实的画家。

为什么西方绘画很重视颜色

古希腊的艺术家为了塑造庄重的形象特征，追求简洁素雅，颜色单纯而和谐，不会用过多的色彩来掩盖事物的本质，那时的色彩还是以自然的原色为主。比如古希腊的雕塑，以石材本身的天然色为主；瓶画主要有黑绘式和红绘式两种较简单的色彩样式。

从公元4世纪开始，随着基督教在欧洲的兴盛，象征主义和神秘主义带来了色彩的勃兴。"光"是上帝的化身，基督教把色彩作为神的象征，以色彩隐喻和象征上帝便成为最高美学价值的体现。西方绘画非常重视颜色，还非常重视光影对颜色的影响，因此，西方绘画常把"彩"与"色"结合起来，强调绘画是一门由色彩和明度生成的视觉艺术。

西方绘画的色彩历程

西方绘画对色彩的运用，在不同时期和不同派别的艺术创作成果中，有不同的层次。以白色大理石为主色调的古希腊艺术追求质感；以红、金、绿、白等色为主的基督教艺术重视象征；以红、蓝、黑等色为主的哥特教堂艺术突出光感；从画家乔托开始的以明暗对比为主的艺术强调和谐感；印象派则强化对自然色彩的浓烈表现。

色彩的运用得到真正发展应该是在文艺复兴时期，色彩渐渐摆脱中世纪概念化的象征功能，油画的出现使色彩更具感染力。之后印象派画作的出现则将色彩的表现力推向了另一个顶峰。为了突出艺术主题，色彩成为艺术家宣泄情感、表达主题的最主要的手段之一。以塞尚为代表，印象派喜欢用色彩来造型，表现出色彩的纯粹性。以梵高为代表，则在色彩中融入了强烈的个人情感。

色彩是丰富绘画表现力的语言

对于人类来说，色彩语言是不可缺少的，它在人们的生活中具有特殊的地位。对西方画家来说，色彩是流动的生命。

《哭泣的女人》是毕加索后期畸形女人作品中最动人的一幅，是立体派理念的一个发展。但最值得一提的还是这幅画的颜色，它把色彩运用推向了极致。画作的背景是暖红色的，烘托出女人面部的绿调子，显出悲伤的感觉；她面色忽黄忽紫，浸透着墨绿的苦涩；她长着钢丝般的头发，头顶的帽子红得让人心焦。毕加索对色彩的推敲和运用，使其笔下的色彩都拥有了内涵。

注重颜色的表现力，是西方绘画的重要特点。单单一个红色，在宗教题材的画作中它可能代表王权，在战争题材的画作中它可能代表血腥，在印象派的画作中它则可能代表焦虑与不安。西方画家可以根据不同的需要，让色彩表现出千差万别的复杂情感。

色彩代表画家的情感

在绘画中，色彩是情感表现的最重要手段。现代心理学实验证实，各种色彩与特定情感反应有对应关系。比如红色代表热烈、庄严、兴奋；黄色给人明朗、欢快、活跃的感觉；绿色象征着自然、大方、生命力等。在西方画家的笔下，色彩是心境的反应，画家能利用色彩表现更为复杂、微妙的情感。

毕加索早期艺术生涯被概括为“蓝色时期”和“红色时期”。当他处于命运的低潮时，流浪艺术家的栖息地一片阴沉，悲观凄凉与冷郁凝重交织，这时期他的画作以蓝色为主，象征内心的孤独和苦难。当他的境况发生改变后，他的画作颜色变为轻快的粉红，象征内心的一丝愉悦和安慰。

荷兰画家梵高的《向日葵》中，强烈的黄色震撼人心。梵高认为黄色代表太阳的颜色，象征爱情，自己就是那摇曳着燃烧着的花朵。梵高笔下的向日葵不仅仅是植物，还是带有原始冲动和热情的生命体。金黄的颜色，流动的笔触，人们看到那激动人心的画面效果，都会为之感动，充满激情，心灵为之震颤，共同融入到梵高丰富的主观感情中去。

色彩的科学体系

随着色彩在西方绘画中越来越受重视，艺术家们开始用一贯严谨的态度去探索色彩的科学。他们对色彩研究的领域包括物理光学、生物视觉、颜色视觉以及适应色素与颜料物理化学特性等，他们对色彩的构成、属性、类型等，都有科学的研究。

这些研究让西方人对色彩有了很严格的科学分类体系。画家们根据这些对颜色的科学研究，来了解自然色彩，并利用技巧将其转化为画布色彩。在西方，不能掌握色彩科学的画家，几乎是不可能画出优秀画作的。

古希腊文化更注重材质本身的色彩美。

但基督文明需要利用色彩来宣传教义。

彩色玻璃窗是神光创造了颜色的隐喻。

色彩让西方绘画更有表现力。

对色彩的科学研究提升了色彩的运用能力。

色彩的情感表达提升了西方绘画的水平。

为什么西方绘画很难看到画家的情感

早期的西方绘画讲究写实性，更多的是理性思考，画家的主观意识反而很难在画中表现出来，因此，我们很难在西方绘画中看到画家的情感。

但西方绘画并非欠缺情感，只不过传统绘画受到题材、文化的影响，不少画家不得不将情感隐藏在画作中，而让我们很难察觉。当西方绘画开始大量运用浓烈的色彩、拼凑的几何图形时，我们就能去感受、去理解、去思考、去感悟画家的情感了。

绘画能表现情感

绘画作品与一幅实物挂图最大的区别，就在于情感表现。真正的绘画艺术，离不开艺术家的情感，是画面与情感的交汇融合。一幅优秀的画作，必然是画家经过反复思量的：对画面进行合理的布局，选取适当的形式，利用合适的色彩……这一过程融入了画家的价值观念，他的情感倾向促使了对现实元素的取舍。即使是写实性非常高的画作，画家的笔触和技巧中也难免携带了个人的情感。只是西方绘画的写实性，使人们更注重形象的逼真，而忽略了对画家情感的感受。

线条、色彩、构图所显示的视觉形象，都成为了传达画家情感的基础。画家在利用线条、色彩、构图来表现现实的同时，也借助它们来表现内在的情感。而有的西方绘画则不大着重客观世界的再现，只着眼于主观世界的表现，比如印象派、抽象派。许多抽象的画面甚至很难从客观事物中找到它们的影子，但终究不能逾越用特定的色彩、构图来表现画家的观点。还有的印象派画家，只渲染光影产生的强烈色彩，这成为他们表现情感的重要手段。

在宗教画中注入人性化情感

拉斐尔描绘的圣母是为宗教人物注入情感的明显例子。拉斐尔一生执著地描绘圣母，他笔下的圣母有着柔美的脸庞、丰韵的身材，是完美的女性化身。更值得一提的是，拉斐尔的圣母眼神中充满了母性的慈爱，她像普通的母亲一样抱着孩子，与孩子嬉戏，让人感觉圣母就如同我们自己的母亲一样，可亲可敬。这种为宗教人物注入情感的人性化，反而使宗教画拥有了更强的感召力。

这种将宗教画平民化的方式，在当时并不都受到各阶层的欢迎。卡拉瓦乔的《圣马太被召》，描绘的是还在当低贱税吏的马太被耶稣召唤为门徒的瞬间，画家一反过去宗教画场景的神圣性，将整个场景刻画得非常写实。在如同地下室一般的小酒馆中，放贷者与赌徒聚集，马太在混乱的场景中突然受到耶稣的召唤，神情惊讶而有些茫然。当时很多人都认为卡拉瓦乔的这种宗教画离理想太远，不能接受。但卡拉瓦乔却认为神性就在现实之中，并执著于将宗教画进行现实描绘。

自我情感的投影

波提切利则更多地在宗教画中表现了个人的情感，他一反过去宗教画的束缚，增加了很多异教的元素，并大胆描绘全裸，为西方绘画带来了全新的境界。实际上，波提切利对于现实充满了迷茫和困惑，他的画作，柔美中大多带有迷茫、惆怅的情绪。他那幅著名的《维纳斯的诞生》，描绘了刚从贝壳中诞生的美神维纳斯。一生下来就完美无缺的维纳斯，脸上并没有喜悦之色，有的却是脱离尘世的淡淡忧愁。明明是春光明媚的《春》，却缺乏欢乐的气氛，处处弥漫着春寒与哀愁，这也正是画家对现实惶恐不安的再现。

绘画是用主观来表达客观。

写实妨碍了主观的表达。
唉~

宗教使情感受到了压抑。
神圣的胡萝卜~

拉斐尔让圣
母更具人性。

乔拉瓦乔让宗
教变得现实。

波提切利为神
灵灌注了自己
的情感。

我们为什么看不懂抽象派的画

很多人觉得看不懂抽象派的画，搞不懂艺术家想表达什么，甚至觉得抽象派的画没有美感。

抽象画之所以难懂，是因为它具有强烈的形式，是用抽象了的形式来构成面貌的绘画，跟我们平时看到的桌子、椅子等实物不相同，与自然物象极少或完全没有相似之处。大多数人都不知道艺术家画的是什么时，就会觉得抽象派的画脱离生活，特别难懂，是一门高深的艺术，其实抽象画也不是那么高不可攀。

抽象派绘画不是天书

想要看懂抽象派的画，首先要明白抽象的概念。抽象是从众多的事物中抽取出共同的、本质性的特征，例如莲藕、芹菜、西红柿、大白菜，它们的本质特性就是蔬菜。得出蔬菜概念的过程，就是一个抽象的过程，可见这是一个需要思考、联系的理性思维过程。抽象派绘画也是这样，并不是无中生有的东西，是要通过对具体实物的概括和提炼，使得画面具体的轮廓和细节消失，甚至彻底摆脱具体的形象，变成纯粹由色彩、符号、点线面、机理等构成的高度象征性画面。

西方绘画的传统是非常重视写实的，重视“画得像”，重视模拟自然，但是当写实绘画达到一定的境界，就不能满足有些人对绘画形式及感觉的追求了。于是西方绘画开始对具体实物进行概括和提炼，摆脱了具体，使画面中没有任何我们的视觉所熟悉的物体。

塞尚是“现代艺术之父”，西方现代艺术史从他开始书写。塞尚重视对象内在的带有普遍性的结构，比如圆柱体、锥体和球体，他对抽象绘画起到了积极的推动作用。在他之后的画家越来越重视用简化的形象和强烈的色彩来表现内心。到了后期，画家甚至开始肢解自然的形象，将支离破碎的自然外在形象“零件”重新拼合，变成纯粹由色彩、点线面、机理构成的画面。不过，抽象绘画的基础还是客观存在的实物，或者是在人的思维过程中出现过的想法，只是在外表上看不出来罢了。

抽象艺术是西方文明的体现

抽象艺术的核心价值在于体现了西方文明对自然内在不断深入的研究精神。西方现代工业文明，让我们见识到了大到遥不可及的宇宙，小到肉眼看不见的细菌、病毒、细胞等形态。这种超出普通肉眼的眼界，是对事物本质的执著探索。从物理、化学、数学、生物学、天文学和地理学等基础理论，到工业、农业、医学、军事、航空和信息工程等各领域的科学技术，都体现着西方人对科学的严谨态度。

正因为西方人这种不断研究精神的存在，西方画家自然会在绘画写实达到一定的高度后，开始继续探索事物内在的理性。抽象画家致力于向世人描绘大多数人都看不到的宏观或者微观世界，这正是由西方人喜欢探索的遗传基因所决定的。

学会看懂抽象绘画

抽象绘画的流派很多，有蒙德里安代表的有几何学倾向的几何抽象，有康定斯基代表的抒情抽象等。要看懂抽象画，就要先明白画家的表现手法。

康定斯基是抽象绘画的杰出代表，他把点、线、面、色、形的造型元素与视觉、心理效应联系起来。他以心理学原理为依据，赋予各种形式元素以相应的象征含义。比如点是静止，线是运动；水平线属于女性，垂直线属于男性；黄色是大地的颜色，象征世俗，蓝色是天空的颜色，象征高贵。

蒙德里安则认为宇宙万物的结构都是按照数学原则建立的，因此，他的绘画带有数学研究的性质。他的绘画就像一道道严谨的数学方程式，通过结构比例和色彩搭配的变化产生和谐的变体，表达着宇宙永恒的纯粹真实。他的《百老汇爵士乐》，就是城市霓虹的爵士味华章，展现了非凡的数学和艺术才华。

大多数人看不懂抽象画。
晕！

被抽象的事物和其原本的形象有很大区别。

抽象画其实是对自然内在的提炼。

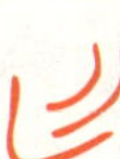

这种提炼来自于西方人对自然本质的探索精神。
无数
原子

大部分抽象画注重点、线、面、色、形的抽象组合。
线
面
点

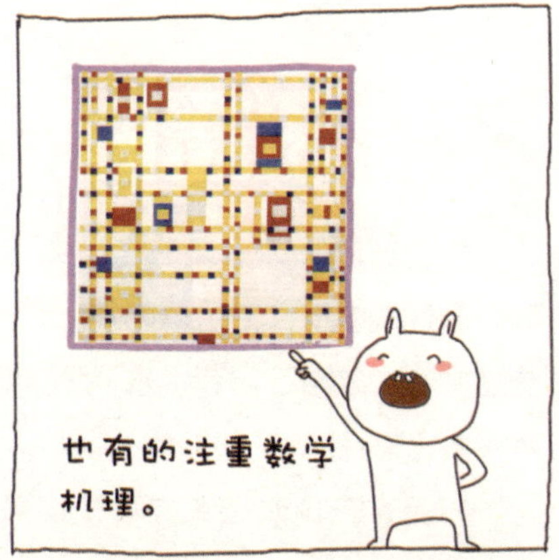
也有的注重数学机理。

怎样看懂超写实主义的画

传统西方绘画的写实主义要求正确、忠实地描写当下生活的社会环境。如《拾穗者》就写实地描绘了农民生活的窘境，体现出生活的艰辛，有无法取代的历史价值、社会价值。虽说写实绘画作品表现的是现实，但对人物、环境的塑造又都充满了画家个人的情感色彩和价值取向，是对现实的提炼、加工和美化。超写实主义画派却超越了这些情感，它追求完全抹去人为的印记。初看超写实绘画作品，会感觉它们非常真实，真实到容易误以为是照片，甚至拥有比照片更细腻的真实感。

重复劳动的“机器”

超写实主义画家为了追求惟妙惟肖的绘画效果，会利用照相机，把形象复制到画布上，还使用投影仪把照片放大，获得更精确的形象，再将其原原本本地移植到画作里。有的画家甚至是把一幅照片分成若干小块，再逐一复制，那些我们平时不能发现的或者忽略的细节就都展现在画纸上了。

要想达到逼真的效果，不是一朝一夕就能办到的。超写实主义的画家就像农耕时代的手工劳动者，把自己当成一台机器，承受着日复一日的劳碌和寂寞。在绘画的过程中，他们不知疲劳，没有情感，这也不是常人能够忍受的。这种机械化的生理消耗，以及对心理极限的考验，使超写实主义画家显得那么与众不同。

超写实主义中的人情冷暖

我们在超写实主义的作品里几乎看不到一丝情感色彩，看到的总是苍白的面孔，呆滞的神情，空洞的眼神，每一个细节都被放大了呈现在画面上，唯有人物的个性被彻底忽略了。艺术家不添加任何的个人感情色彩，忠于原型，是超现实写实主义的出发点。

不过，无论怎么真实再现，只要经过艺术家的手，就会在不经意间流露出个人感情，而超写实主义所追求的没有个性，恰恰就是这种艺术的个性所在。那种单调、无聊和重复，所传达出的是某种程度的冷漠、空虚、疏离，表现了在当代高度发达的商业文明社会中人们内在的情感。这种刻意隐藏一切个性、情感的做法，更能营造出画面中的平淡和漠然，反映出商业文明社会中，人与人之间精神情感的疏离和淡漠。

超写实的幻境

超写实画作还有一个重要的主旨，就是要让人们将被画的物体看做真实的存在，其终极目标就是要让人们忘却画布和油彩的存在，错误地将再现的真实当成客观的真实。

这一作画主旨使超写实画作变得极为有趣，最典型的例子当属热衷于街头涂鸦的超写实画家们的街头画作。我们可以在街头看到一台巨大的笔记本电脑、一只巨大的可口可乐瓶、一个塌陷的空口、一堆刚从矿土中发掘的黄金，甚至我们可以看到瀑布、海水。虽然这些都绘制在平面的街头，但画家利用绘画技巧，使它们拥有了强烈的立体感。只要我们位于画作的正面，就能感受到强烈的真实。

这种绘画趣味横生，它更多的是属于大众艺术，是现代商业社会的快餐文化。虽然它缺乏耐以咀嚼的内涵，但能让充满压力的现代生活出现一些意料不到的情趣，有瞬间释放压力的效果。

鉴赏中国绘画

对现实生活的注重，使中国绘画有非常理性的一面；但对精神自由的追求，又使东方绘画充满了对形式自由的追求。基于中国传统文化之上的中国绘画发展出与西方绘画截然不同的特点，并成为世界绘画史中非常独特的绘画种类。

中国画的材料有什么独特之处

中国传统的书画工具为笔、墨、纸、砚，它们被合称为“文房四宝”，在中国有着悠久的历史。“文房四宝”的诞生促进了中国文化的发展，其独特性是其他文明所没有的，它们决定了中国画的方式。

笔

毛笔是中国人发明的非常有意思的书写工具。古代人最早是用树枝等蘸取深色的墨汁书写，但一次写不了几个字。于是中国人将动物的毫毛聚成一撮放进笔管，利用毛的吸水性和出水慢的特性，来增加一次蘸墨后的书写时间。这一发明影响了中国人对线条的认识。

毛笔质地柔软，根据一个人运笔的轻重缓急，可以画出粗细深浅不同的线条来。字体线条的粗细变化，让中国字富于变化，更有艺术的美感，于是就产生了书法。后来书法家认为，毛笔书写的笔迹，能反映出运笔的人当时的心境和状态，这就让毛笔似乎拥有生命一般。从写字中感悟出的线条美感，影响了中国画对线条的应用。中国画非常注重线条的变化，利用毛笔的干湿和运笔时的轻重缓急，来表达不同的质感和情感。

墨

毛笔的使用，让墨迹变化丰富，这让古人发现单一的墨色可以具备丰富的情感表达。墨色可以有浓淡的变化，墨迹可以有干枯的区别，只用墨绘制的画不仅栩栩如生，而且更别有韵味。墨的表现力，使中国文人并不急于追求画面的色彩感，他们更喜欢用墨的张力来表现自我的内心。这就出现了中国文人画中非常突出的水墨画，这在世界画坛中是非常特别的派别。

中国人对墨的热爱，使他们也热衷于研究制墨。为了研制出色泽更纯正、书写更有质感、保持更长久的墨，古人几乎一直都在作尝试。他们燃烧各种木材来比较所得到的烟墨，最终发现松木所得的墨最好；他们往墨中加入动物的胶质，以使墨色浓而有质感，使附着力加强；他们还往墨中加入药材，以使墨色更为持久；甚至有人将血和金箔加入墨中，来增加其质感。更具创意的是，中国人将墨制成固体以方便携带，只要有水就可以将其研磨成墨汁用于书写。此外，调制好的优质墨可以保存很长的时间，历千年而不腐坏。

纸

虽然东汉时蔡伦就发明了造纸，但最终获得最佳书写绘画效果的纸，却是唐代时发明的宣纸。宣纸纸张轻薄，质地细密，纹理清晰，韧而坚，难折损，加上它抗虫蛀性强、遇光遇热不易变形退色的特点，使其成为非常适合书法绘画的材料。中国的经典绘画，大多都是在宣纸上完成的。

毛笔是为了延长书写时间而发明的。

对毛笔的运笔的不同能使线条产生多样变化。

古代中国人还发现了墨的无穷表现力。

对墨的钟爱成了中国文人的特色。

但好墨还要配好砚。
端砚
徽墨

宣纸的吸水性使中国画别具风味。

宣纸具有很强的润墨性，也就是当墨触及纸面，墨能顺着纸的纹理均匀地晕染开来。这种晕染效果使画作很容易获得一种特殊的艺术效果，让毛笔、水墨都得到了最佳的发挥空间。

宣纸的这种吸水性，使中国画一直以水为介质，中国画的颜料也一直用调和的水性颜料，水墨画也是利用了水和墨的不同比例。水媒介绘画能表现出缥缈、空灵的感觉，它逐渐成为中国人审美欣赏的主体，成为了中国画的主要表现形式。

砚

由于中国的墨在使用之前是固体，所以就需要有一个器皿来加水研磨调和出可供书写和绘画的墨汁来，这个器皿就是砚台。砚台其实在远古时期就已经出现了，当时古人所使用的墨还是纯矿物的，要调制墨汁就需要先敲碎矿石，再用研磨棒将矿石捣碎后加水。到了汉代，中国人就发明了人造的墨锭，用烟墨制作的墨锭只需在加了水的砚台上轻轻研磨就能得到浓厚的墨汁。

要得到好的墨汁，一定要使用好的砚台。好砚台需要用细密的石头雕制，这样才能在研磨的过程中，得到很细的墨粉，以利于墨与水的融合。它的石质还要柔软，研墨时不发出扰人思路的声响。能保持润泽的石头可避免砚台本身吃墨，使研磨出来的墨光润亮泽，好墨只有配好砚才能发挥其作用。

中国绘画为何更有诗意

中国传统思想认为诗与画的表现不能局限于描摹实物，须超越视觉范围，重视视线之外的内容传达，将艺术家的诗情融入绘画的“意境”之中。这种使绘画“诗”化的趋向，为中国画注入了新的活力，成为了东方绘画的标志，并逐步成为主流绘画的审美标准。

“诗中有画，画中有诗”

“诗中有画，画中有诗”是中国诗画艺术的重要特色，也是中国文人的艺术追求。最早明确提出这种诗意观念的是中国文人画先驱之一的苏轼，而实践者却是唐代的王维。王维既是诗人又是画家，常自题诗称自己“夙世谬词客，前身应画师”。王维把画与诗相互融会贯通，将“诗中有画，画中有诗”的境界成功运用到自己的诗歌和绘画作品中。他的诗句“大漠孤烟直，长河落日圆”，让人身临其境，觉得仿佛自己看到了壮阔的沙漠，而绘画作品《雪溪图》诗意盎然，让人似乎呼吸到了雪后清冷的空气。

宋代把“画中有诗”发挥到了极致，将诗的“意境”引入绘画之中，苏东坡、米芾等，都是极力倡导“以诗为法”的文人画家，他们大大提高了中国画的“文化品位”，也大大丰富了中国画的文化底蕴。

“画中有诗”并非具体的艺术形式

古代有一种“画中有诗”的形式，就像现在的命题作文一样。据说宋时宫廷画院中曾在画师考试时，以“踏花归去马蹄香”这句诗为主题让大家作画，居然有人画了几只蝴蝶在追逐那游春人的马蹄，还因此得奖。虽然这也算是一种巧思，但那并不一定真正意味着画里含有诗意。

还有一幅《出塞》，画的是“秦时明月汉时关”这句诗，这幅画很大，场景很多，重峦叠嶂，有关塞，有明月，一个披甲武将正下马与故人告别。虽说这样的画面跟诗中景物相比，一样都不缺，但与这首七绝诗的意境相较而言就显得苍白无力多了，缺少了简单语言中内含的激情与意境。这样的“画中有诗”，一般并不可取，但也有人不以为俗，反而激赏不已。

“画中有诗”的“诗”字，与其说是“诗歌”，倒不如说是“诗意”，是一个相对抽象的概念。诗是一种表达情感的文学体裁，中国诗尤其重视“意境”的表达。这个所谓的意境，是一种凝练的情景交融。优秀的诗作都必然有意境，它们能引起读者想象，触发读者联想。古人认为“画是无声诗”，当绘画中既有景又有情，并将两者有机地融合在一起时，就能构成一种与诗歌类似的意境。情景的交融

最早体现绘画诗化这一倾向的是王维。

苏东坡则明确地提出了绘画诗化这一创作主张。

《踏花归去马蹄香》

画中有诗，并非是画出诗句具象。

而应该是意境。

中国人的诗意生活是绘画诗化的基础。

是使绘画“诗化”的方法，也是绘画的最高境界。

中国画具有超出画面的精神意志，画与诗的结合扩大了绘画的艺术感染力与表现力，使中国画的思想情感、寓意更加豁达、深远，艺术趣味、艺术境界更上一层楼。

传统文化让绘画更有诗意

千百年来，中国人习诗诵词，这样的“诗化”审美来源于现实生活，已经成为中国人的审美精神情结，深深地融入我们的思维习惯之中。这种“诗化”的审美观，不断为中国画创作发展给予“营养”。感知诗歌之美，成为中国画家观察生活、提炼生活、表现生活的认识起点。

在中国人的观念里，诗歌是美好的，诗意代表着美好的品格，象征着“真、善、美”，绘画作品中也强调对美好的品格、对“真、善、美”的执著追求。所以说，传统文化赋予了中国绘画诗意的画面。

为什么中国绘画更喜欢使用线条

线条是中国画的“王牌”，伏羲画八卦，就是以最简单的线条结构揭示宇宙万象的变化。线条作为绘画的基本要素之一，历来在中国画中占据着重要地位。中国画始终没有离开过用线造型的传统，工笔画用线条勾勒轮廓，写意画则用线表达意境，线条就是中国画的基础和灵魂。

有的西方人看不懂中国画的线条，认为这些线条是人为添加的，不符合客观实际，可中国画的千变万化都少不了线条。从某种程度上来说，中国画中的线条类似西方画的印象派、抽象派，追求以抽象的形态来刺激观众的视觉，激发想象和深度认识。在中国画中，线条是最简练、最概括的基本造型语言，也是画家表达意念、思想、感情的形式和手段。

线条的形式美

中国画线条有轻、重、缓、急、粗、细、曲、直、刚、柔等丰富的变化，这种笔法上的变化，正是中国画的线条之美。中国画的笔法变化来自书法，悠久的书法历史，造就了中国文人利用对线条粗细、浓淡、润燥的掌握来表现文字的传统。中国文人在长期对文字线条艺术化的同时，也将这种线条的表现方式融入中国画中，不同的笔法构成了中国画特有的形式美感，呈现出条理与节奏之美。

书法笔法融入中国画中，有利地拓展了线条的发展，表现出了种种形体姿态，并且各具性格特质。如画面上的直线代表力量、速度，曲线则代表柔和、律动，粗线条给人以刚健有力之感，细线条给人以柔弱纤细之感，水平线条平和安稳，垂直线条庄重严肃等。这就是中国画特有的线条的艺术语言。

线条的情感美

中国画通过线条的变化，来传达画的意境，也用来体现画家的性格。如明末清初画家髡残，他的线条多秃笔，浓墨沉着，显现老辣、厚重。这些有力厚重的线条，体现出髡残性格的豪爽、耿直，个性的倔犟和满身的傲气。八大山人朱耷则以阴柔的长线、多变的折线表现孤傲不拘的叛逆个性。

通过画中的线条，我们还能看到画家的精神世界。如李公麟追求简单淡泊的生活，以山水陶冶自己的情操，他的作品是稳重不张扬的线描，是不加粉饰、纯墨色单纯的白描。画中每一条线还与艺术家的心理变化紧密相连，心情平和时，线条清晰、平稳、均匀，有很好的控制力；但如果心情激动时，线条就会出现剧烈的变化，用墨也变得不均匀。可以说线条就是画家的情感记录器。

线条的力度美

力度是蕴涵在中国画线条中的内在之美，是中国画审美的重要组成部分。“力透纸背”、“高山坠石”、“绵里藏针”等词语，都是用来形容绘画线条的运笔力度效果。中国画运笔讲究笔锋要藏而不露、一波三折、气贯始终，如果在运笔时力度的掌握不纯熟，就无法到达这一美感要求。

画中的力度，要通过运笔来实现。画家作画时，会根据其用力的轻重来改变线条的粗细、浓淡。有力度的笔画，其线条中的墨色就浓重，浸润度高，笔与纸面间产生的力与反作用力，能使线条表现出立体感。画家运笔时，只有在笔与纸的作用力之间求得均衡，才能画出蕴涵着深层次的力度之美。反之，没有力度的画，会让墨色浮在纸面，缺乏立体的感染力；无法掌握好力度，则可能使线条浓而无神，变得过犹不及了。

中国绘画对线条还讲究刚中有柔，柔中有刚，刚柔并济，这和中国传统思想的阴阳论不谋而合。中国画线条中的阴阳刚柔，讲究的是对立统一，从内外、刚柔、缓急、上下、险夷等方面体现出绘画作品中的平衡和谐之美。线条中真正的阴柔不应该绵弱无力，应该是一种刚极乃柔，而真正的阳刚也不是蛮力横行，而是带着柔美的阳刚之态。

线条的气韵美

中国画讲求“行云流水”、“一气呵成”，这不是简单的绘画技巧，而是中国文化中的气韵精神。中国传统哲学认为，生命是“气”的会聚，气一旦散了，人的生命也就消失了。

这种哲学思想深刻地影响了中国画，它要求绘画者在下笔之前，凝神静气，意在笔先，以气运笔，将全身之气运注于手腕，传至笔尖，贯注于画面。这样才能使画面上强弱、虚实的线条产生连绵不断的内在联系，形成一气呵成的画面效果。

中国画家多是文人。
书法
兰亭序
绘画

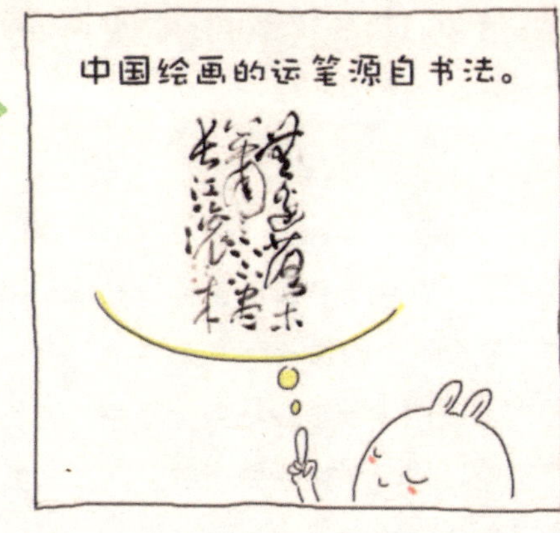
中国绘画的运笔源自书法。

均匀的线条能表现平和的心境。
禪

墨色变化能表现激动的心境。

一根线条要一气呵成。

才能获得气韵生动的画作。

为什么中国绘画喜欢在画面上留一块空白

中国画讲究留白，有些画的画面，空白的地方占据的空间比画面所要画的主体都要多，甚至有些画的主体只是由几组线条组成，绝大部分都是空白。这种空白，是中国画的一种独特审美。

画面的局部缺少线条、颜色，就仿佛是大地之上有了空阔的天空。大地因为有了天空，才有了生命繁衍的空间；人类因为天空，才有了思想的高远；中国画因为有了空白，才有了想象的空间。所以中国画的空白，就是文章的“言外之意”，是音乐中的“弦外之音”，是东方绘画的重要特点。

虚实的结合

在西方油画中，我们看到了太多的实景、真人，总会感到画得“过满”，想要呈现的内容过多，让人感到应接不暇，都忙着去理解画家的意图。

人的眼睛无法同时看清位置不同的几件东西。俗话说“心不在焉，视而不见”，极好地概括了人类这种生理现象。中国画根据人的这种视觉习惯来艺术地处理画面，运用“留白”突出主体。当我们看到一幅空白很多的画，很容易陷入深思，体会内心的真实感受。画中留出的空白，能无形地诱发人们的想象力，创造美妙的艺术境界。

中国画强调虚实结合。“实”是绘画的素材，“虚”是空白，它们的结合能起到强烈的对比效果。中国画中的天、地、水等多以空白代替，恰当的空白可以使主体更容易被注意，从而更好地表达理念、强化主题。可以收到虚实相映、形神兼备的艺术效果。

中国绘画的这一审美观，来自中国人喜欢通过观察外部客观世界来探索主观的内心世界，以构建更高尚、更真实的内心家园。中国古代画家画山水，多是饱游名山大川之后，回到书斋，重新构建他们所感受到的山川河流。这些画也许跟现实景物有别，却是画家对那个客观存在最真实的个人体验。画家不是在复制眼中所看到的，而是在表述内心所感悟到的。这是心灵与世界的融合统一，体现了“天人合一”的观念。所以天、地、水都不需要具有实在的形体，而多以空白表现。

道家的置身物外

在中国传统文化中，美学属于“道”的范畴。庄子认为得道之人要忘物忘我，去掉一切欲念，融入自然之中，要摆脱功名利禄，追求天人合一的静态之美。人内心的“道”也该是一片空白，达到“空灵”的精神境界。道家崇尚的美感，清远、恬淡而含蓄。

道家认为，绘画“非画也，真道也”，这让中国画追求超于现实物象之外的美。这种“虚无”的宇宙观，赋予中国画情趣别致、风格超诣的艺术美感。所以中国画追求“空灵”，喜欢用空白表现此时无声胜有声的境界。留白便是表现这种虚无、空灵的最好方法。

白而不空

“留白”虽然是画纸的质地，但是在绘画作品中，可将其置于“有形”之境，与画面中的主题素材相互补充，成为绘画的组成部分。留白在衬托了画面主体的同时还扩大了画面的意境。比如宋代马远的《寒江独钓图》，江面几乎全以空白表现，只画一条船和船上垂钓的渔翁，一种空旷渺茫的气氛油然而生。我们并不会感觉画面太空，反而有一种广阔而富有诗意的意境。这种以少道多的东方审美观念，能营造含蓄的画面意境，加强画面的形式感。

从“留白”的色彩上来说，似乎空白就代表着没有颜色，其实不然，空白之处，更能体现色彩的过渡与延续。“白”在中国画中不仅是色彩，还有一种禅意精神，中国画以淡为宗，而“白”为淡的极致。

老子讲“知白收黑”，就是说有了白色，黑色才会展现出来。白与黑在中国画的表现上相对存在，白为虚，黑为实，黑白对立对比，处理得当，可使对立统一，达到更好的表现效果。因此，“白”并不是没有颜色，而是一种能让人在视觉、情

过多的物体无法让
人眼同时辨别。

留白能让主题突出。

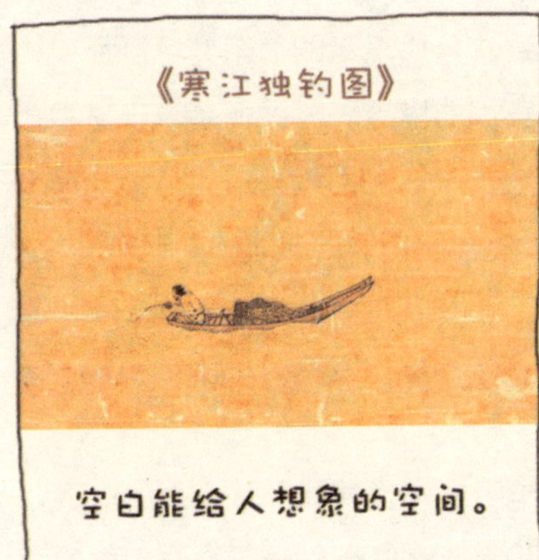
《寒江独钓图》
空白能给人想象的空间。

中国画家不重写实，所以
用留白来表现虚。

老子认为有白才有黑。

空白的空灵感很符合道家
精神。
道

感和想象上得到充分发挥的颜色。“留白”是一种色彩的扩充，是对视觉的再创造，这种画面上微妙的感觉是任何其他色彩无法达到的。

工笔画和写意画都能表现画家的情绪吗

中国画在技法上可分为工笔画和写意画，两者各有蹊径，各有特色。不过，有人却认为工笔画是工匠画的低俗作品，写意画才是文人的高雅艺术。这些人觉得艺术贵在反映人的主观情意，只有写意画才有主观情意，而工笔画只是客观再现。其实，工笔画同样能表现画家的情绪。

写意画抒发感情

中国的文人极为推崇写意画，这是用文人眼光看待自然、创造艺术，思维方式以人为主体，而不是以自然为主体。写意画随着自然景观的不同和画家的情感不同，而使用不同的笔墨、形态和色彩。

写意画纵笔挥洒，墨彩飞扬，用简练的笔法描绘，致力于体现所描绘物体的神韵。由于写意画几乎是一气呵成的，所以画家当时的情感能直接影响运笔的方式，影响线条的形式，直接体现画家的情绪、情感、情趣和思想，引发欣赏者的共鸣和感悟。

为了强调画家的个人情意，写意画画家刻意追求“不形似”，与客观一再拉大距离。写意画多以书法的笔法作画，比如清代著名画家郑板桥以书法的笔法画兰竹，风格明快劲峭。他不拘常规，肆意涂写，以一个“乱”字来表露自己的叛逆精神。同样是“乱”，这跟幼儿园牙牙学语的小朋友的乱涂乱画不是一回事。写意画是以简练的笔法，直接袒露出感情和个性，虽然缭乱，其布局却独具匠心。

工笔画神形兼备

与写意画不同，工笔画更多地关注“细节”，注重写实。画工笔画时，须以精致细腻的笔法描绘景物，先要画好稿本，再经反复修改，然后覆上有胶矾的宣纸或绢，接着用狼毫小笔勾勒，随后逐一敷色，层层渲染，从而取得美轮美奂的艺术效果。工笔画的“工”，就是一种认真创作的态度，在笔墨色彩的处理上，线描细如毫发，渲染细腻熨帖，在形象的描绘上，非常到位，没有逸出。

因为“形”在工笔画中占有重要的地位，所以容易使画面呈现出腻、僵、呆、板等缺陷，显得没有诗情、诗意、诗境，无法表现出类似写意画那般强烈的视觉冲击力，不能充满鲜活的生命力。

但这也不是绝对的，工笔画也讲究形神兼备，通过“形”的似来追求“神”的似。上等的工笔画，跟写意画一样，是忘形而求神的。虽然形式源于真实，却要超越真实，不仅强调对自然、生活进行真实的叙述与摹写，还重在凸现艺术构思中所产生的审美意象。

工笔画受到文人画家“排挤”

长久以来，写意画被视为中国画的最高传统，甚至是唯一传统绘画，而工笔画则是中国画的低级阶段。文人画家认为只有写意画才有主观情意，而工笔画则不能表现画家情绪。

文人画家的这种偏见，源自他们对主观情意的“意”有自己独到的看法。人人都有情感，成功的愉悦、失败的痛苦、获奖时的感慨万千……但这样的情意在文人眼里不是“意”。文人眼中的“意”，是超尘脱俗的清高，或是因受到不公正待遇、遭到挫败之后的愤世嫉俗，是少数人才有的“意”。所以中国文人要求的审美，绝对不是大众的，他们的画作要有不受世俗羁绊的高度。线条、构图规规矩矩的工笔画，在文人眼里完全没有“意”，不能展现个人情感，甚至算不上艺术作品，这实际上是一种审美或者说是认识上的偏见造成的。

写意画的运笔狂放。

乱中却有序。

写意画最能表现画家的情绪。

工笔画笔画工整。

工序繁复。

对形的追求使其难以表现
情绪。

活动视角是中国绘画的独特构图方式吗

中国画的画幅尺寸与西方绘画截然不同，或作长卷，或作立轴，从西方美学的观点来看，中国画的长宽比例可以说是“失调”。但这种画幅尺寸，却具有更强的空间表现力。

中国传统绘画认为“目有所极，故所见不周”，就是说眼睛所看到的，不能将所有的现实情况都包含进去。为了表现更全面的现实，中国画提倡用活动的视角来观察景物，强调“景随人移”，呈现出来的视角是活动的。这种多视角的空间表现方式，能展现更宽阔的空间，也能将画面美与精神美更好地统一。

边走边画

西方画家注重“模拟自然”，他们用焦点透视的手法来写实，在作画时，画家选一个定点来摄取视线之内的物体，再把物体正确地表现出来，使实物有远近、高低的空间感和立体感。西方绘画的透视原理就像照相一样，固定在一个点上，这也使其受到空间的限制。在镜头范围之内的实物，就会被如实地画下来，否则就不会被画出来。

中国画的视角没有固定在一个特定的点上，而是根据画家的感受和需要，使立脚点移动作画，画家呈现出来的视角是活动的。在大多数中国画作品中，很难发觉画家是站在哪一个点上来观察物体的。中国画家总是把不同时间、不同地点、不同情节表现在同一时间、同一空间的画面上。不仅如此，中国画在画面的构图和安排上远远超出了画家肉眼看到的东西，其中还包括了画家“心”里构思出来的画面。

活动视角利于画面取舍

中国传统绘画认为人受到视力的限制，只能看到景物的片段和局部，所以应该用活动的视点观察景物，强调“景随人移”，形成迂回连贯的空间，所构成的画面具就有多视域性、空间的跨越性和时间的迁移性，这就是活动视角。

常去实地写生的人，往往会遇到这种情况，即使对立脚点作了认真的选择，但是所选择的景物也不会集中在自己满意的位置上。有可能这边的山和建筑物都挺满意，可是总觉得有一处树木不如另外一处的好；这边的稻田金灿灿的，很漂亮，而想要画的农舍却在自己身后。这时，中国画家会转过身子，按自己的意图把别处的树木、身后的农舍等景物统统收敛在自己的画境之中。有时，画家想把几里之遥的景色全收入画面，但是山重水复，互相遮掩，什么角度都不能看得全面。此时中国画家会把走过的几里之遥，逐段速写下来，然后再加工组织。中国画独特的构图不会被动地或完全地受自然景物局限，而是追求艺术上的真实效果。这就是中国画独特的构图方式，以活动视角来取舍画面。

活动视角利于展现宏伟的画面

采用活动视角利于展现出宏伟的画面。比如宋代张择端的《清明上河图》就融合了壮阔的气势和充满生活化的情节，画出了以北宋都城东郊以虹桥为中心的风景人物，把城郭、市街、桥梁、船只以及形形色色的人物，交织在一个画面中。从远处的郊野到热闹的虹桥，欣赏者既可看得到近处的楼台树木，又可看到远处的街道与河巷，无论站在哪一段看，景物的比例都是相近的。这在西方焦点透视看来似乎不合理，很多地方都是无法画出来的。但我们在欣赏时，却能感觉舒适妥帖，仿佛是我们自己走过了画卷中的所有场景，所以对每个地方都能获得清晰的印象。这就是中国古代画家根据内容和艺术表现而创造出来的独特构图方式。

西方绘画具有定点作画
的特点。

被遮盖的物体就无法画出。

中国绘画却能弥补这种缺憾。

中国绘画喜欢边走边画。

能展现连续的画面。

活动视角还利于画家取舍
画面。

字在中国绘画中有何魔力

中国有书画同源之说，中国文字起源于象形字，这些模仿现实物体的字，其本身既是字也是画。可以说，汉字的点、横、竖、撇、捺、折、钩、挑，就是基本的“点画”技巧。中国画就是由点画发展而来的一种绘画形式，而点画同样发展出了另外一种表现形式，就是书法。书画同源使字在中国传统绘画中占据了很重要的位置。我们看中国画，几乎每一幅上都有字，以字来诠释画作，又以字来拓展画的深度和广度。而这种字与画的结合，在西方绘画中，是很难看到的。

中国画特有的“四绝”形式美

在西方绘画中，一幅作品完成后，只要签上名或日期就可以了。而在中国画的构图中则包括了题诗、落款、用印等特殊问题。绘画、书法、诗文、印章的巧妙结合，是中国画特有的形式美，被称为“四绝”。

恰到好处的题字是整幅画不可缺少的组成部分，对画作的意韵起着一定的补充和发挥作用。恰到好处的落款可以进一步补充画中内容的不足，丰富作品的主题思想。题字和落款的位置，还能影响画面构图，起到补白、均衡的作用。所使用的字体和风格，如能与绘画有机地融合，就能让绘画到达最高的形式美。如工笔画作品中题楷书、隶书等书体比较协调，而写意画作品中题楷书就不太合适了，就需要题行书、草书。

在中国画中，书画是配套的艺术。好画与好字相得益彰，能给绘画作品增添无尽的艺术魅力。

书画同源

我们之前也讲到过，西方书写工具与绘画工具的不同，使西方画家与文人形成了泾渭分明的职业。我们很难发现西方哪个画家同时又是出名的诗人、作家。但在中国，绘画所使用的工具就是书写的工具，这使中国文人更有可能通过利用毛笔来以不同的方式表达自我。书画同源，使绘画和书法得到相互借鉴和利用，将两者有机地结合在一起，也成了一种必然。

中国画与书法都是根植于中国文化的艺术。书法是以有限表现无限的“写意”艺术，创造出富于空间结构的线条形象，是一种表情达意和象征的艺术，这对中国画影响至深。书画相同的材料工具和近似的点、线构成元素，使中国文人将书法的这些养料融入自己的作品中，让绘画艺术更能表达中国文人的思想境界。

增添意味的题字

在画上题字，可增添绘画的意味，是情感的再一次抒发，其位置的巧妙安排可使画面的构成妙趣横生，增添形式上的美感。有的题字是短文、随笔，甚至长的文章，文辞内容无所不包。但大多数题字还是诗句，诗画相互辉映，相得益彰，能将诗情画意融为一体。

许多画家所提的诗句是即兴创作，一触而发的，这种诗句最能反映画的意境。如郑板桥《竹石》的题画诗：“咬定青山不放松，立根原在破岩中。千磨万击还坚劲，任尔东西南北风。”诗句的铮铮铁骨和绘画与书法的苍劲有力如出一辙，是书、画、意的完美结合。有诗文说“烟云满纸无人识，行半题诗意自明”，题字的魅力就在于此。绘画中的字须恰到好处，可省则省，该繁则繁，不能画蛇添足。王维挥毫作《雪溪图》之际，并未配诗，这位伟大的艺术家不题字，并不是胸中无诗，而是画中已经传达出盎然的诗意，再配上任何题诗都属蛇足。所以说，画中之字须恰到好处。

落款的学问大

中国画的落款本意很简单，是为了标明作者。早期的中国画大多不落款，有款也只落名字，而且字迹很小。至元明时期起，文人画落款开始讲究起来。明清时期要求画家“书画并工”，当时的大画家大多数也是杰出的大书法家，如明代

白石老人邨
中国画在图画之外还有文字。

题字
落款

绘画主要是对形体的描摹。

但不是每个人都清楚画家的思想。
这个可以吃吗？

居不可无竹
题字可用来表达思想。

居不可无竹
落款则表明是谁画的。

的唐寅、清代的金农等。这时中国画落款的位置变得醒目，成为作品不可分割的一部分。

常见的落款只落姓名或字、号，也有的落作画的时间、地点，画的题目，作者年龄、籍贯等。赠送的画则有画家和接受者的落款，居上的上款是接受者，居下的下款是画家。上款位置要稍高于下款，表示对接受画者的尊重。

为什么欣赏中国绘画时还要欣赏印章

给绘画作品印上印章是绘画创作的最后一步，选择刻工精美、内容得当的印章印在适当的位置，就能使绘画作品锦上添花。

印章虽小，却能在方寸之间见精神，对画面的构图以及一幅作品的精神面貌发挥作用。小小的一方印章可起到使画面色彩变化，与画面呼应，使画面布局平衡稳定等作用。在中国绘画中，特别是水墨画中，在题字旁、落款下，用上一方或两方红色的印章，能使整个画面立刻充满神采。

印章是一门造型艺术

印章作为篆刻的一种，本身就是一门独立的造型艺术，具有极高的艺术欣赏价值。印章在形式上有方形、圆形、椭圆形及各种自然形状，画上用的印章从内容上可分为姓名印和闲章，从文字安排上还可以分为朱文印、白文印及朱白文印等。有的印章是专门用来表示身份的，会刻上一个人的姓名或字或号。有的文人给自己的居室或者书房起了名字，就常常为这个名字刻一方印，印上这个印的书画信件等，就表示来自这所居室或者书房，比如，唐伯虎的“梦墨草堂”，清代著名画家徐渭的“孕山舫”等。也有为了收藏而专门刻制的印。在故宫收藏的画作中，我们经常发现有“得密”、“珍藏”、“鉴赏”、“密玩”等印章，都是用来表示曾有某人收藏的记号。另外还有以动物、人物等各种图案为主的印章。

随着印章使用范围的日益扩大，篆刻工艺也越来越精湛，印材越来越讲究。到元明时期时，印章已从最初单纯的实用品变为艺术品，和绘画、书法一样成为文人的雅事，历史上著名的书画家乃至一般文人，几乎没有不涉足印学的。他们大多自己刻制印章，用印章来为画作增添形式上的美感。

印章的“身份”

印章上一般篆刻着一个人的姓、名、字、号，代表着这个人的“身份”，让人知道这幅画到底是谁画的，与谁有关。不过由于中国古人的名字有姓有名，还有字有号，所以印章的内容可能简单，也可能复杂。如清代篆刻家邓石如，字顽伯，号完白山人，在单独篆刻其名时，就是“石如”二字；但要组合内容时，就可能篆刻为“邓氏完白”。当然，有时印章上还刻有地名。

这种篆刻姓、名、字、号的印章多为姓名章，以方形章居多。这样的印章大多印在画作落款的下方或左侧，有印一方的，也有印两方的。两方印联用时，居于上方的多为字印，朱文较多，朱文就是印章上凸起的字，印文呈红色；居下的为名印，白文较多，白文就是与朱文相对的阴文部分，这样的布局呈现出上轻下重的稳定之感。

闲章不“闲”

印章除了传递姓名等信息，还表达着多方面的意思。这一些印章被称为“闲章”，这些印章的内容通常不是正式的姓名信息，而是用来表达一些思想和情趣的。一个画家往往要有几十枚各种形状、各种内容的“闲章”以供选择，用在不同主题、不同形式的绘画作品上。

从内容上来讲，闲章传达了多层意思。比如说，石涛的印章上刻着“苦瓜和尚”、“瞎尊者”等，这些都是他的别号。还有高凤翰的印章上刻着“左以拙妙”、“左手”，原来他的右手残坏，后改用左手写字作画。也有许多印章内容是

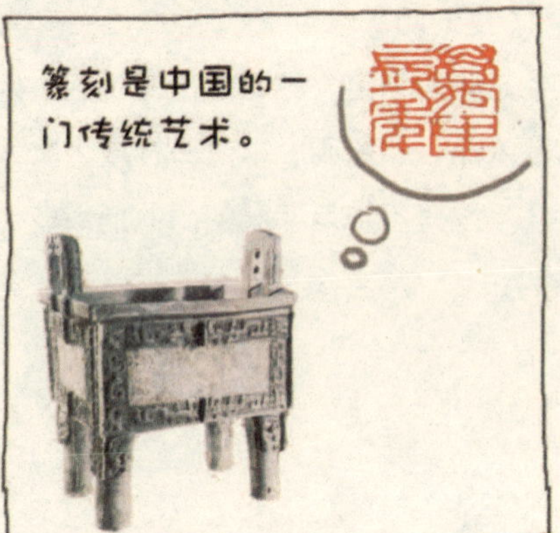
篆刻是中国的一
门传统艺术。

最早只有具备身份的人才能
拥有印。
玉玺

印章的便捷性受到了普通
人的青睐。
好玩

文人最早是将姓名印在画上。

印也可以表达思想或用于
收藏。

印也可以作为判断画作真
伪的依据。
印
印
印

短句，蕴涵丰富，反映了作者的情感、艺术趣味及处世见解。从构图上来看，闲章还有调节画面的作用。在画上用来“镇角”或起“引首”作用，或用在太过空白之处起调补作用。

鉴赏诗歌

在语言的艺术形式中，大约没有哪种形式能比得上诗歌。它在人类的文明之初就已经出现，并随着人类文明的发展而不断发展，直至今天仍然散发着其独特的光芒。品位鉴赏某一个时期的诗歌，你能感受到那个年代的整体气象。

音律是诗歌最重要的标准吗

流芳百世的诗词，必定有上佳的意境和韵味，注重突出对生命与灵魂的感受，形式倒在其次。但是诗词区别于小说、散文等其他体裁，就在于诗词的音律。写一首诗词如同造屋，音韵节奏就好比梁柱，倘若没有梁柱立基，那房屋终难稳固。所以说，诗词的基础是音韵和节奏，千百年来，这已成为诗词的重要标准。

诗歌讲求节奏韵味

诗歌和音乐的关系密切，诗人在写诗时会注意声音的表现，用语言去影响读者的情绪，调动声音去打动欣赏者的心灵。我们知道，音乐节奏能给人以快感和美感，能满足人们生理上和心理上的要求，语言也不例外。富于节奏的诗歌，就能制造一种乐感，让语言拥有更丰富的变化，使诗歌产生音乐的效果。

诗歌的形式有很多，诗、词、曲等都属于诗歌。在古代，不合乐的称为诗，合乐的称为歌，现在则统称为诗歌。诗歌须按照一定音节、韵律的要求来进行创作，以使其具有鲜明的节奏感，令朗读变得朗朗上口。虽然押韵的不一定是好诗，但好诗大多要求有韵味和节奏。

唐代以前的诗歌没有严格的音律规定，但是声韵都很和谐悠扬。究其原因，是因为诗歌和音乐基本相通，有的诗词甚至就源自歌曲。《诗经》中的《国风》，《楚辞》中的《九歌》，都本属于歌曲，是一种将歌词和音乐分离的记录方式，但它们最终在流传过程中彻底摆脱了音乐的束缚，成为一种单独的艺术形式。

民歌对诗歌的发展起到了积极的促进作用，民歌作为歌曲的源头，先天拥有音律和节奏的特征。它们不带矫饰，充满自然谐和的韵味，是官定音律无法改变或取代的。由于诗词最早脱胎于歌曲，它就自然具备了民歌的节奏与音律，可以说是文字化的音乐。

以音律发展诗歌

汉武帝设立乐府，把诗词的音律之美提升到一个新的境界。虽说后来诗词和音乐脱了节，但是诗人仍充分保持了诗词中的音韵美感，并没有因为缺失音乐伴奏而忽视音韵的调配。唐代是中国诗歌发展的黄金时期，这个时期在诗歌用韵方面加上限制，不利于诗歌的发展，但也明确了音韵和诗歌的不可分离。

词是中国古代诗歌的一种。由于音乐的广泛流传，在唐代的都城里有很多以演唱为生的优伶乐师，根据唱词和音乐节拍配合的需要，创作或改编出一些长短句参差的语句，这就是最早的词了。宋代长短句的广泛运用，打破了唐代五言、七言律绝的刻板规范，使词句和音乐更为接近。元代散曲杂剧开始流行，元曲本身就是歌曲。曲牌受契丹族、女真族和蒙古族音乐的影响，为了配合胡乐，风格上和宋词很不一样。这也表明，诗歌的风格和形态，都受音乐的统驭。

诗与词的音律

诗歌按照音律可分为古体诗和近体诗两类。大多数汉赋、乐府诗等都属于古体诗，比如《楚辞》、《敕勒歌》等。古体诗不讲究对仗，押韵较自由。近体诗是唐代形成的一种格律体诗，分为“绝句”、“律诗”两种，其字数、句数、平仄、用韵等都有严格规定。虽说古体诗押韵较自由，但是也讲求音律之美，比如《木兰诗》的语言音律就都十分整齐。古体诗和近体诗都追求音律的美感，只不过近体诗对音律有严格的规范，这是近体诗最重要的标准。

词大致可分小令、中调和长调。一首词分成上、下片或上、下阕，须有分有合，有断有续，有承有启，句式也有同有异。虽然词的音律不如诗来得工整，但它实际对每句的音律、节奏都有严格的限制。一个词牌的词，就只能按其字数、韵律进行创作，否则就会不合音律。而各词牌的音律则注重创造一种离合回旋、若往若还、波澜荡漾的效果。

中国诗词的平仄韵味

中国文字一字一音，加上声调分平、上、去、入四声，使其本身就具备了很强的变化性。这使中国文字，拥有音乐化的先天特质。

中国人将五个声调归为“平声”和“仄声”，古代“平声”这个声调在现代汉语中就是通常说的“一声”、“二声”；古代“上声”相当于现代汉语拼音的“三声”；古代“去声”相当于现代汉语中的“四声”；古代“入声”这个声调在现代汉语中已经不存在了。好的诗歌都讲求平仄变化，但古代许多字的读法与现在普通话的读法是有区别的，因此，现在有的诗歌用普通话读起来，跟当时文字的音律变化是不同的。

在人类早期就有了歌曲。

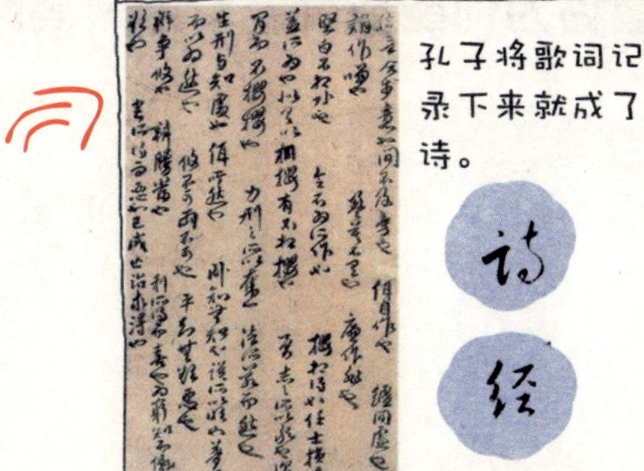
孔子将歌词记录下来就成了诗。
诗
经

诗歌的发展一直无法脱离音乐。

音乐使诗歌具有音律美。
唐诗
三百首

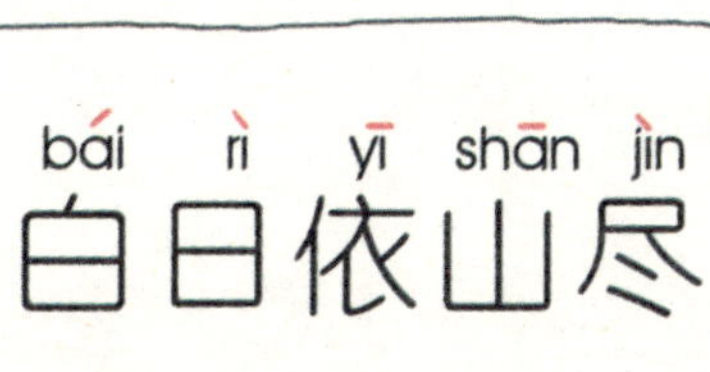
bái rì yī shān jìn
白日依山尽
huáng hé rù hǎi liú
黄河入海流
中国字的平仄使其先天具有音律的变化。

平平仄仄平平仄，
仄仄平平仄仄平。
诗歌的平仄要对应。

唐诗为何能成为诗歌的最高峰

中国是一个诗的国度。唐代是诗歌创作的高峰，盛唐时期诗歌便是这个高峰的顶点。这座高峰的出现绝不是偶然的，而是与诸多因素有关系。

经济文化的发达

唐代在建国的7世纪初到安史之乱以前的8世纪中叶，100多年来经济一直处于上升中，经济的发展必然促使文化的繁荣。就算在安史之乱以后，由于南方的开发和南北交通通畅，经济文化增长的势头也没有停顿下来。这个时期的经济文化发展，是唐代诗歌快速发展的温床。

在这个时期，五言、七言古诗已经成熟，绝句和律诗也得到了相应的发展，可以提供给唐代诗人自由采用的形式。前辈积累的艺术经验，充分展现了多种形式的语言美。唐代的诗人借鉴了这些经验，再凭借个人的灵性，扩大了诗歌的反映面，提高了诗歌的表现力。

广泛的群众基础

唐代的统一，结束了多年的混乱局面，是一个各民族由斗争转向融合的过程。加上当时与外邦的交往日益频繁，使各个阶层的生活都变得丰富多彩，这为诗人们的修养和创作提供了多种养料与素材。

在长期南北分裂以后建立起的唐帝国，对各种文化思想，采取了兼容并包的态度，如儒、释、道三教始终并存，各种外来宗教也没有受到限制。当时人们的思想都比较活泼，言行很少受到拘束，为诗歌的创作和流行提供了方便，形成了良好的群众基础。在当时，几乎人人都喜欢写诗。另外，唐帝国为了巩固统治地位，制定了通过科举从庶族地主中选拔人才的制度，而进士是科举中最重要的，进士的考试就是以诗赋为主要内容。士子为了前途，定会多多钻研，这直接促进了诗歌的创作。

盛唐诗是极品中的极品

诗歌在盛唐的发展不是一条直线，而是以始于755年的安史之乱为界限。在安史之乱之前，诗人们的作品充满浪漫主义色彩，有的追求隐秘，爱好自然；有的追求功名，向往边塞。孟浩然、王维等诗人，喜欢写幽静的景色，衬托宁静的心境；高适、岑参、王昌龄等的诗作，集中反映了盛唐时期的积极进取精神，塑造了边疆战士的英勇形象，又充满对和平的向往，交织着英雄气概和儿女情长，悲凉慷慨又缠绵悱恻。

安史之乱是唐代由盛转衰的界限，也是唐代文学发展的转折点，很多诗人都经历了这场军阀叛乱。有的诗人依然在怀念盛唐气象，意志消沉；有的诗人则比较警醒，敢于站出来为国家的安危和百姓的疾苦作诗。

品味盛唐时期的李白杜甫

安史之乱之前，以李白为代表的浪漫主义和安史之乱之后以杜甫为代表的现实主义，是中国诗歌的两座高峰。李白的诗歌多数源于《楚辞》，充满了浪漫、诡异、奇特的想象，拥有最为自由的情思。“白发三千丈，缘愁似个长。”为了表现愁绪，李白可以将三千发丝夸张到三千丈的程度，其骨子里的狂放使其与众不同。李白毫不掩饰自己对功名的向往，同时又对不合理的官场现象嗤之以鼻，可无论什么题材，在他的笔下都大气磅礴，拥有一种高洁之美。故而李白被誉为“诗仙”。

杜甫的诗歌大多出自《诗经》和乐府诗，他直面现实，抨击黑暗，反映民间的疾苦，他的诗如同史笔一样尖锐，因此有“诗史”之称。在他“安得广厦千万间，大庇天下寒士俱欢颜”的诗句中，我们看到的是一个真正忧国忧民的杜甫。杜甫还拥有非常高的诗艺，尤其擅长律诗，在诗意深刻的同时，还拥有最完美的形式，加上他为人高尚，因而获得了“诗圣”的称号。

唐代是经济发达的时代。
肉

科举制对诗很重视。
白发，白发……要多少丈才合适呢？

普通人也都爱写诗。
我将屠刀向猪肉。

黄河之水天上来！
盛唐的诗人大多有浪漫的情怀。

安史之乱摧毁了盛唐的繁荣。
唐明皇
杨贵妃

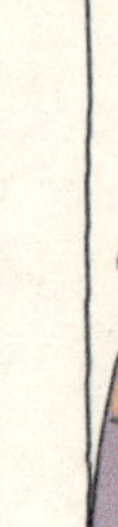

之后的诗人则更关注现实。
朱门酒肉臭，路有冻死骨！

宋词为何更有乐感

词，原本是配合隋唐以来的燕乐而创作的歌词，后来才逐步脱离了音乐，成为一种长短句的诗体。晚唐五代期间，词逐渐流行起来，及至北宋，词风大盛。在宋代，宋词成为这个历史时期文学上最有成就的代表。宋词兼有文学与音乐两方面的特点，音乐性是词的本质属性，因此宋词更有乐感。

宋词的参差之美

宋词始于唐，兴于五代，盛于两宋，故称宋词。宋词与唐诗交相辉映，并传于世。词最早起源于民间，后来，文人依照乐谱声律节拍而写新词，称为填词。渐渐地，词与音乐分离，形成一种句子长短不齐的格律诗。

如《乌夜啼》的词牌格式是“（平）平（平）仄平平，仄平平。（仄）仄（平）平平仄、仄平平。（仄）（平）仄，（仄）（平）仄，仄平平。（仄）仄（平）平平仄、仄平平。”全词又分成两个部分，前部有三个平韵，后部有两个仄韵、两个平韵。我们对照看李煜的词，“无言独上西楼，月如钩，寂寞梧桐深院锁清秋。剪不断，理还乱，是离愁，别是一般滋味在心头”，就严格遵守了这种格律。

五言、七言诗句匀称对偶，表现出整齐美；而词以长短句为主，呈现出参差美。长短句的广泛运用，打破了唐代五言、七言律绝的刻板规范，使词句和音乐更为接近。

宋词是当时的“流行歌曲”

作为一种音乐文学，词同时还是一种口头文学，所以必须好懂、好听。其实，苏轼的以诗为词和辛弃疾的以文为词在当时并不为人认可，反而是秦观的词被奉为正宗。究其原因，词以婉约为宗，这是由它的音乐性所决定的。作为文化娱乐的一部分，宋词均由妙龄女子吟唱，莺莺燕燕的歌喉所唱的正是经女音化、软处理过的婉约小词。再加上词最初的兴起是在南方，柔美婉约的曲调美，就成为了词的重要特色。

许多宋人词作，原来写的就是歌词。懂得音律的人，自然能够充分发挥音韵的巧妙搭配，柳永、周邦彦、姜夔等都通晓音律，既能根据古乐翻新调，又善于创造谐和音谱的词，把词的音韵之美带上一个高峰。姜夔本身是位音乐家，他写的词，平仄调配恰当，音节清婉感人，非常适合吟唱。还有柳永，可以算是当时的一位杰出流行歌曲的歌词作者。“凡有井水处，皆能歌柳词”，可见他写的歌也算当时的流行歌曲了。由此可见，诗词能够普遍流行，不仅与广泛的群众基础有关，也基于音韵的调配得宜。

不同的宋词风格

宋代词人创作风格各异，分为婉约派和豪放派两大流派。婉约派的词富于乐感，委婉柔美。以柳永为代表，反映市民生活，擅长慢词长调创作，体现了音律之美。李清照继承了柳词风格，其词委婉含蓄、清新淡雅，充满了音乐之美。

豪放派的词，豪迈奔放，以苏轼、陆游、辛弃疾为代表。有人认为苏轼创作的词，不守音律，其实苏轼作词也严守声律、辨四声，即使对入声要求也特别严格，所以苏轼也是音律大家。苏轼以诗为词的创新主要在题材风格方面，是在辨守音律的前提下进行的。还有周邦彦、姜夔等词人所作的格律词，辞藻工丽、音律典雅，在宋词中也占有一席之地。

一首词和一首诗最明显的一个外部特征区别就是长短句，除此以外是词牌名。古代很早就开始填词作曲了，人们只须按曲作词就好了。词作为抒情言志的载体，是与音乐紧密结合的典型。比如在敦煌发现的五代《云谣集杂曲子》，就是一个歌词本，歌词上的词牌名就说明了歌名、乐曲和伴奏。

每一首词都有一个词牌名，词牌名就是这首词调的名子，出自原有一个现成的曲调，比如唐明皇的《雨霖铃》、《后庭花》。这些曲调优美异常，于是填上词后就变成一个词调，加上它的字数、平仄、情感等种种规律，它就是词牌了。除了精通音律的人会继续创作曲、调、词外，大部分人的创作还是照着前人的样品格式填

词最早是南方小调的歌词。

喜欢小调的文人为其谱曲
就成了词。

词大多温婉而有乐感。
数声啼鸟，
梦转纱窗晓。

不过有的词却极为豪放。
大江东去浪淘尽~

词的长短句打破了诗的
呆板。
词
诗

词仍有很严格的格律。

写罢了。如辛弃疾“郁孤台下清江水，中间多少行人泪”的《菩萨蛮》，从声韵和平仄上，都是模仿了李白的《菩萨蛮》。

近现代诗歌在如何追寻美

中国近现代诗歌的新诗，诞生于五四新文化运动后，是在适应时代要求的基础上，创作出的接近群众白话语言的诗歌，它更加能够反映现实生活，是以打破古代诗格律形式束缚为主要标志的新体诗。

近现代诗歌追求意境美

诗歌中的意，是诗人要表达的感情世界；诗歌中的境，是诗中所描绘的生活图景。诗歌中的意境，是诗人要表达的感情世界与诗词中描绘的生活图景有机融合形成的一种耐人寻味的艺术境界。

近现代诗人一直在追寻意境美，在诗作中营造出一幅画面，其中凝聚着诗人独特的情思。从具体的形象把握住诗歌的意境，是近现代诗人追求意境美的途径。比如胡适在《鸽子》中写道：“云淡天高，好一片晚秋天气！有一群鸽子，在空中游戏。看他们三三两两，回环来往，夷犹如意，——忽地里，翻身映日，白羽衬青天，十分鲜丽！”鸽子飞翔的动态不仅被描绘了出来，还使诗歌具有极其亮丽的色彩之美，意境恬静优美。

近现代诗歌追求语言美

诗歌是语言的艺术，诗歌中的语言是诗人千锤百炼的结果。汉字具有内容表达和形式结构的神奇力量，是人类最美的文字。汉语由古代汉语发展为现代汉语，虽然发生了很多转变，可依然蕴藏着独特的最佳组织形式。

汉字的组合形式能更好地表现诗歌的哲理、情感。虽然诗歌是诗人用有限语言表达出来的，可往往又存在着言在此而意在彼、言有尽而意无穷的韵味。例如，诗人顾城在《一代人》中写道：“黑夜给了我黑色的眼睛，我却用它寻找光明。”短短两句话，却在警醒世人，表明了作者及整个时代的心声。语言含蓄隽永，寓意深刻，内涵丰富。

近现代诗歌追求技法美

经过多年的摸索，近现代诗歌的表现形式及表现技法变得多姿多彩。追求诗歌的形式美、语言美是一首好诗的前提。精美的近现代诗篇体现在诗篇的形式上，如语言、音韵、节奏和旋律，还重视诗篇完美的表达形式，恰当贴切的表现技法，如联想想象、用典铺垫、渲染烘托、暗示省略等。

近现代诗人也常用各种修辞手法，如象征、排比、比喻、拟人、夸张等。冰心在《春水·三三》中写道：“墙角的花！你孤芳自赏时，天地便小了。”诗人运用拟人的手法，没有具体写墙角花朵的形态，却仿佛能让我们感受到它生动的形象。这一手法唤起了我们丰富的想象力，使人体会到诗句之外的思想。

近现代诗歌追求情感美

诗歌在本质上还是抒情言志，情绪和情感才是诗的基础。与其他文体相比，诗歌更能充分地显示人的品格和情怀。诗歌是把诗美好地展现，而不是把哲理简约地表述。舒婷在《思念》中写道：“蓓蕾一般默默地等待，夕阳一般遥遥地注目，也许藏有一个重洋，但流出来，只是两颗泪珠。呵，在心的远景里，在灵魂的深处。”这首诗把思念的真切，从内到外，由浅及深，表现得淋漓尽致，尽管诗歌的思维是跳跃的，但给人情感感受的空间是真实立体的，让人回味悠远。

对于“思念”这个题材，无数的骚人墨客都曾写下流芳千古的诗句。可见情感的表达自古不变，在当代女诗人的笔下，“思念”还是那么纯美真率，让人伤怀落

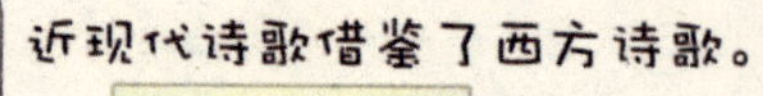

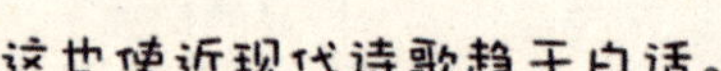

黑夜给了我黑色的眼睛，
我却用它寻找光明。

泪。这种情感的共鸣，正是近现代诗歌所要追求的。

近现代诗歌追求立意美

跟中国传统诗歌相比，尤其是经历了多年的战争时期，近现代诗歌更加追寻立意美。诗人更加注重用诗歌来表现民族精神内涵，如深沉的思想、诚实的品质、宽宏的怀抱、自然的意趣以及爱国情操等，以此来改造并提高人们的精神境界，净化人们的灵魂。

流沙河在《理想》中写道："理想是石，敲出星星之火；理想是火，点燃熄灭的灯；理想是灯，照亮夜行的路；理想是路，引你走到黎明……理想使忠厚者常遭不幸；理想使不幸者绝处逢生。平凡的人因有理想而伟大；有理想者就是一个'大写的人'……"流沙河用诗歌提醒人们充分发挥自己的聪明才智，展现自己的人生价值，创造无愧于时代和人民的辉煌。立意高的诗歌，能让每一个欣赏者体会到亢奋的激情、高涨的热情，这样的诗歌才能站在一个之前无法到达的高度之上。

诗歌需要丰富的想象力吗

诗歌的创作绕不开感染力，诗歌之所以感染人，因为它情感丰富、真实。但诗歌不能仅仅靠情感支撑，只有充满了想象力的诗歌，才更富有情真意切的艺术张力。

想象力是诗人的翅膀

创造性的艺术绝非来自虚无，也不是对自然的全然模仿。诗歌应该被意象化、被创造性地再现。想象力就是这样一种能力，能把外在世界与自己想象中存在的形象重新综合，并推演出一种新的形象。这也意味着诗人一定要具有新鲜意象建构的能力，意味着想象力是诗歌的翅膀。诗歌以文字的形式呈现，都是静止的文字。想象力丰富的诗人，能将诗句所写的内容转换为生动的声色形态；缺乏想象力的诗人则不能将其转换为人物的情感等，不能让景与人互动，就没有镜头感、场面感，也就没有美感。

白居易在《琵琶行》中写了一段琵琶女演奏的过程："大弦嘈嘈如急雨，小弦切切如私语。嘈嘈切切错杂弹，大珠小珠落玉盘。间关莺语花底滑，幽咽泉流冰下难。冰泉冷涩弦凝绝，凝绝不通声暂歇。别有幽愁暗恨生，此时无声胜有声。银瓶乍破水浆迸，铁骑突出刀枪鸣。曲终收拨当心画，四弦一声如裂帛。东船西舫悄无言，唯见江心秋月白。"用文字来表述音乐是一件不容易的事，所以白居易就调用了他所有的感官来对不同的音乐进行描写，并借用了不同的生活场景来与音乐的情绪、节奏相对应。这段充满强烈动感和乐感的场景，非得有高超的想象力才能写出来。

充满情感的想象力

其实最富想象力的古代诗歌是《楚辞》。《楚辞》是在楚国民歌的基础上加工发展而成的，所以受到了楚国风俗的影响。楚国巫术盛行，保留了大量的神话传说，楚人喜欢用歌舞来娱乐神灵，这就使楚国发达的诗歌音乐中充满了原始的宗教气氛。在这种具有深厚浪漫主义的民风基础上，屈原的诗歌也自然充满了瑰丽的想象。在诗歌中，他时而游行于大地，时而穿梭于空中，他可以与神鬼交流，也可以具有神鬼的力量。从屈原开始，中国诗歌具有了丰富的想象力。

中国古典诗歌在艺术表现上非常精练，优秀的诗人能将自己的思想感情和丰富的内心体验，轻巧而毫不费力地凝聚于数十字之中。当这种情感与想象力相融合，诗歌的意境又登上了另一座高峰。比如杜甫的诗《蜀相》："丞相祠堂何处寻？锦官城外柏森森。映阶碧草自春色，隔叶黄鹂空好音。三顾频烦天下计，两朝开济老臣心。出师未捷身先死，长使英雄泪满襟。"其中的描绘凝集了诗人对自然景物的细致观察，是倾注了感情的表达，诗人从眼前之境，联想到"三顾茅庐"，再联想

战国时期的楚国巫术盛行。

神秘文化催生了
浪漫的想象。

九歌
楚辞是诗歌
的浪漫源头。

有想象力的诗歌更有意境。

举杯邀明月

低头思故乡

到今后之事。我们似乎读到了诗人内心复杂深沉的情感，感叹寂寞没有人欣赏，感叹自己空怀敬仰英雄之心却英雄无用武之地。

欣赏者亦要有想象力

诗歌的创作与鉴赏，与想象力关系紧密。如果创作没有想象力，我们几乎难以见到美妙的诗歌作品；如果鉴赏缺少想象力，我们则不能领略诗歌中的景象美、形象美、意境美、情致美等。想象力为诗人和欣赏者之间建起了一座桥梁，能让彼此“心领神会”。

诗人常常为诗歌留下一点空白，在已有的诗句背后隐藏丰富的信息，这就能带动读者的想象力，给其无限遐想。在白居易的《卖炭翁》中，我们看到的只有卖炭翁的形貌和他卖炭的经历，全诗没有过多的评价，但我们却能在叙述性的文字中感到白居易对官吏的斥责。由读者想象力得到的意向，比文字的评论更为有力。

因此，欣赏中国诗歌，需要感情的投入，也需要艺术的想象。只有当我们像诗人作诗时一样饱含激情，进行艺术想象，才能真正进入诗歌的艺术境界，才能感受诗人丰富的内心世界，从而领略诗歌深刻的思想和高妙的艺术，得到一种难以言传的美的享受。

歌词已经成为现代诗歌的主要欣赏方式了吗

现代诗歌与现代流行歌曲的歌词创作联系越来越紧密，甚至与唐诗宋词也有不可分割的联系。聆听现代歌曲，有的能让我们感受到现代诗歌的韵律，有的能让我们感受到唐诗宋词的意境。歌词可以作为欣赏现代诗歌的一种方式，但是绝对不能取代现代诗歌的地位。

诗即歌词

诗歌是有节奏、有韵律，富有感情色彩的一种语言艺术形式，也是世界上最古老、最基本的文学形式。从诗歌的起源上来看，诗词就是歌词。早期的诗、歌与乐、舞是合为一体的。在当时，诗歌原本是入乐的，比如《诗经》中的大雅、小雅，在实际表演中总是配合音乐、舞蹈而歌唱，后来诗、歌、乐、舞才慢慢各自发展，独立成体。

随着社会发展，流行歌曲已经成为我们生活中不可或缺的组成部分。尽管流行音乐被称为通俗文化，但它和文学作品是相辅相承、异曲同工的，歌词创作同样也是一种文学创作，属于诗歌的范畴，为一种语言文化。

现代诗歌与歌词一脉相承

现代诗歌与流行歌词有许多相通之处，都从多方面突破了传统格律的限制，形式和内容变得更自由。流行歌词与现代诗歌同出一源，诗歌和歌词都需要在相对较小的篇幅内展现动人的表现力。长篇大论虽然也能传神地表现内在的情感，但语言拖沓重复，节奏和音韵不整齐，这样的作品即使内容再好再感人，还是不能变成一首歌、一首诗。

因此，写好诗歌是创作流行歌词的基础，诗歌创作的经验也能给歌词创作以很大的帮助。写歌的人练练写诗，能使其文笔更精练、更准确、更富表现力，这些对歌词创作会有极大的促进作用。

歌词不能等同于现代诗歌

近代以后，诗与歌完全分离，诗歌不讲究入乐了。而现代诗歌的形式自由，内涵开放，意象经常重于修辞，许多现代诗歌都是能够入乐的歌词。在这种意义下，诗歌本身和歌词就是一回事，歌词实际上也可以视为诗歌的一种类型，只是它比一般的诗歌更讲究韵律。

歌词又不能等同于现代诗歌。歌词为了能够配上曲子唱，在结构、语言、韵律等方面要受音乐旋律的影响和制约，同时它又反过来制约和影响着旋律。所以，流行歌词相对于现代诗歌而言，自由度要小很多，不能随心所欲、海阔天空地写，语言也要求通俗易懂，尽量避免谐音产生歧义。

可以说，现代诗歌与歌词的追求是不同的，歌词讲求的是韵律，能跟音乐合拍，呈现出音乐的特性。流行歌曲的歌词还追求通俗易懂，能够朗朗上口。相较而言，现代诗歌更加追求意境之美，追求语言之美，还要从中体现出对人生的感悟、对社会的反思。

“中国风”的流行

流行歌曲能展现千姿百态的生活，表达形形色色的情绪与现代人的心理状态。现在流行的“中国风”歌曲的歌词，则跟唐诗宋词有不解之缘。尽管处于不同的时代，人们所经历的事物、情绪、感受各有不同，但作为人的情感，却并不受时间与地域的限制，因此用以表现古人情感的诗词歌赋，同样也是现代人的心理映照。

中国古诗词非常讲究韵律，音乐感极强，在遣词造句、行文起势、叙事抒情上，表现一流，往往是字字珠玑，千古传诵。这恰恰符合了现代人的审美需要，虽然现代的流行音乐创作也追求含蓄曲折的情感表达，但很难达到古诗词的凝练效果。于是有的人从经典的唐诗宋词中撷取灵感，换一种角度来诠释千古佳句。所以说，“中国风”歌曲的流行，是对唐诗宋词的再一次升华。

林夕是当
代华语歌
坛最富灵
性的填词
者。

遇见一场烟花的
表演，用一场轮
回的时间。

王菲是其最钟爱的歌手。
大风吹，大风吹，
爆米花好美。

方文山是当今华语
词坛新贵。

《东风破》是最具中国风
的歌曲。
一盏离愁孤单……

陆羽泡的茶，
像幅泼墨山水画。

充实之谓美。

—— 孟子

第五章
应用美学的秘密

任何具备美的事物都更受喜爱，所以企业注重为自己的商品打造一件美的外衣。应用美学的诞生，源自让商品获得更多人的认同，所以制造更符合目标人群审美观的商品，是应用美学的最大秘密。

设计中的应用美学

报章杂志、图书广告、商品外包装，都涉及形状、线条、颜色、块面等美学常识。我们将对它们的规划制作称为“设计”，平面媒体的设计称为“平面设计”，对产品外观和包装的设计称为“包装设计”。我们虽然不一定去从事这些专业设计，但了解设计中的应用美学，可以让我们在选择商品时更具眼光。

版式中两组图片并排合理吗

平面设计通常会使用到图片，图片具有一定的面积，它的线条、色块比文字更容易吸引人的注意。有研究认为，图片的视觉冲击力比文字强85％，它具有吸引阅读，帮助理解文字的作用，还能使平面版面更加立体、美观。所以在读图时代的今天，图片在平面设计中所占的比例非常大。

虽说一幅图片胜过千字，可如何在平面中摆放图片，并非易事。图片摆放怎样才好看，怎样才能和文字结合，怎样才能保持平衡，都需要丰富的美学知识和细心的研究。

图片的位置

在一个版式页面中，图片由于线条和色块的关系，可能成为视觉感较重的块。因此我们在安排图片位置的时候，应该考虑整个版式的平衡问题。

最为清晰、简洁、有条理性的方法，就是利用版式上的线条，将图片放置在版式的上下左右四边，借助边框的稳定感来固定图片。对角线有稳固性和灵活性两个特征，将图片放在这两条线上，能在平稳的同时，增加灵活感。将图片摆放在中轴线上，可以制造非常平稳的效果，不过它的平稳性过强，所以会较为死板，只适合那些较为正式的版式，或者中式的版式风格。除非有特殊的需要，最好不要将图片摆放在横向的中线上，包括版式的正中，它并不能制造稳定感，反而容易让人感觉无所依靠。

如果出现两组以上的图片，为了平衡，我们不应该将它们并排在一起，也要避免将其摆放在相对的位置。如某本翻开的杂志两页上有两张图片，我们就不能将它们都摆放在左页，也不能都将它们靠在中间，左右对称的摆放也不适宜。最好的办法是左上右下或者左下右上地错落摆放，既能平衡，又能活跃。为了顾及平衡，最好还能将相对较大的图片摆放在下方。如几张图片属于一组图片，则可以连在一起当一张图片使用。

图片的大小

一张图片，要在版式中占据多大的位置，应该看它对于整个版式的重要性。一张极具吸引力和表现力的图片，能够强烈地诠释版面要传达的主要信息，就可以尽可能地将其放大，甚至大到占据整个版面。在杂志中，我们经常看到一些精美的跨页图，平面广告中也以整图居多，这些都是图片气场强大的例子。

如果图片的诠释能力没有那么大，我们就应该让它变小一点，让它成为版式的部分注解和装饰。小的原则是以能清晰看到图片中重点为准，如果图片本身过大，多余的因素过多，则应该对图片进行裁切，只留下重要的部分。

同理，如果有多张图片时，应该将重要的图片放大一些，次要的图片放小一些。最忌讳所有的图片都同等大小，当然连成串的图片不在此列，它们的同等大小

图片比文字更具有吸引力。

报
XX杂志
在平面媒体中图片不可缺少。

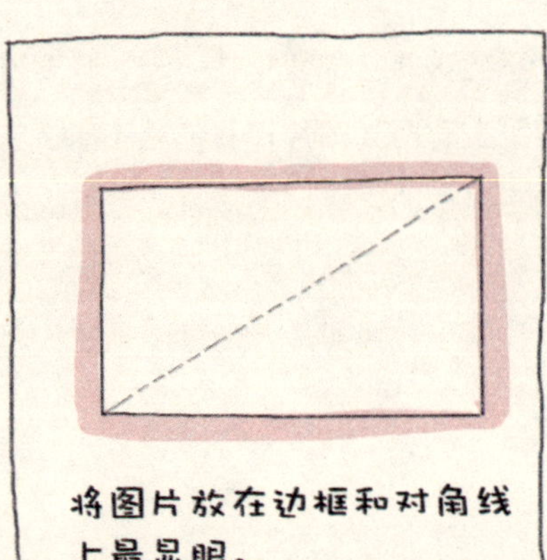
将图片放在边框和对角线上最显眼。

两张以上的图片应该有大有小。

好乱啊！
图片贵精不贵多。

有方向感的图片要向着内部才好看。

反而能制造秩序美。

图片的数量与方向

图片的数量贵精不贵多，只要有一张极具表现力的图片，其他图片都是多余的。毕竟简单的才是最美的。只有一张精美图片的版式通常能以质取胜，获得最大的吸引力。

但如果一张图片无法精确完美地表达我们想要传达的思想，就要选择多张图片。多张图片很容易制造活跃的气氛，尤其是三张以上的图片会显得非常热闹。但图片多了，也容易看起来混乱，最好能将同主题的图片组合成条状、块状等几何图形，构成一组图片来使用。

很多图片是有方向感的，比如一个侧面的人像、一辆开动的汽车、弯曲的公路、面向大海的别墅、飘扬的旗帜等。如果让两幅有方向感的图片面对面放置，容易制造针锋相对感；如果将它们背靠背放置，则容易制造背道而驰感。所以通常一个版式中，如没有特殊需要，我们最好只选择一张具有方向感的图片。

具有方向感的图片，应该让其面向版心，这样可以制造整体的和谐，但有时将其背向版心，也能制造特别的视觉效果。如一个侧望着天的人像，将其背向版心，可以给人超越世俗眼光的态度；一个背向版心跑步的人，则可以带来打破传统的动感。

设计的字体是越多样越好看吗

在平面设计中，少有绝对只有图片的设计，大多或多或少都有文字，如广告中的标语，图书、杂志、报纸中的标题。这些文字为了获得醒目的效果，大多采用了不同的字体、字号来进行突出。

字体的种类是非常繁多的，单单看word中使用的字体，就有黑体、宋体、楷体、魏体、姚体、隶书、彩云、琥珀、幼圆等及其变体二三十种，专业的设计用字库中更有上百种字体。另外对字体还可以进行变形、加阴影、加粗等处理方式。同一个字，在设计中可以千变万化，但怎样进行设计才最好看，则需要对字体、字号、修饰等有所了解才行。

风格与内容统一

文字要选用什么字体，应该先看文字内容的风格。每种字体都有自己的风格，采用与图片和文字风格一致的字体，就能将内容信息更直接地传达出去。

黑体字是指字面呈正方形的粗壮字体，它的笔画横平竖直，且一样粗细，结构醒目而严密，所以看起来非常庄重醒目，是最适合做标题的字体。如报纸的头条都会用黑体，甚至有整个头版都使用黑体的情况。不过黑体使用过多，会让版面看起来过于沉闷，所以黑体有很多变体：粗黑、超粗黑、大黑、细黑、美黑、宋黑、水黑、艺黑、毡毛黑、平黑等。不同的黑体又各具风格，根据内容来进行挑选，就能让整个版式大方又不过于呆板。

宋体字很像是黑体字的变体，但它横的笔画粗，竖的笔画细，在笔画的末端还有一些点、钩、尖的变化，比起黑体字，在庄重中多出一份活跃的舒适感。所以宋体字是最常用的标题字，能表现庄严大方的风格。

仿宋体潇洒而浪漫，隶书庄重而富于古韵，幼圆清新而富于文艺气息。它们适合被用到不同风格的标题中。而楷体是模仿书法中的楷书创造的字体，明快而活泼，通常被用作正文字体，很少被用到标题上。

简单之美

曾经有一段时间，杂志、报纸都喜欢把标题做得能多花哨就多花哨，可事实证明，文字的式样并非越复杂越美。文字所承载的主要还是其含义，它能清晰明了地传达含义最为重要，更何况文字本身已经具备美态，过多的修饰无异于画蛇添足。

事实上，现在的标题、广告文字设计，大多选用简单的方式。用得最多的字体是黑体、宋体、楷体、隶书、幼圆和它们的变体，修饰也只在压图时用简单的勾边、加浅阴影等。这样文字就得以简单而突出地显示出来。

当然我们也可以对文字进行特别的美化。突出某些字的笔画是比较常用的方法，如标题的首字扩大，或者尾字的末笔延长，或对某些字的弯曲笔画进行夸张。如为了制造浪漫的效果，也可以对某个字进行图案化设计，如“心”字中心的点就可以变成一个心形，“花”字的草字头可以变成两朵十字形的花朵。不过最好不要对每一个文字都进行美化，只用一两个文字来作点睛之用就足矣了。

最佳的排放技巧

文字的排放方式非常多，它的限制没有图片的限制大，几乎版式中的任何地方都可以排放。横排、竖排，甚至斜排，都可以。其设计应该以文字和图片的关系来设定。但不论怎样排都最好不要将文字过于靠边，在文字和边框之间，应该有一定的空白才能让视觉感觉舒服。标题字体具有一定的面积，如果周围没有空白就与边框、图、文字相接，就会显得过于紧凑，令人窒息。

把文字排在图片中时，要尽量避免将文字压在图片上面。空旷且颜色统一的区域较适合摆放文字，这样能让文字看起来清晰，也不容易影响图片的整体质量。即使必须压图的时候，也要注意不能压住图片的最重要部分。如以人为主的图片，不能压着人脸；以房屋为主的图片，不能压着其主体；以花朵为主的图片，不能将主要的花朵遮盖了。字的颜色应该尽量与图片的颜色相融合，但为了突出字的效果，应该为其勾边或者加浅阴影。

文字可以制造和图片一样的视觉冲击力。

不同的字体有不同的风格。

黑体黑体黑体

宋体宋体宋体宋体宋体

宋体宋体宋体宋体宋体

楷体楷体楷体

隶书隶书隶书

文字设计应该崇尚简洁之美。

空

空白也很有表现力。

文字尽量不要压图。

过于讲究形式，文字就会变成图片。

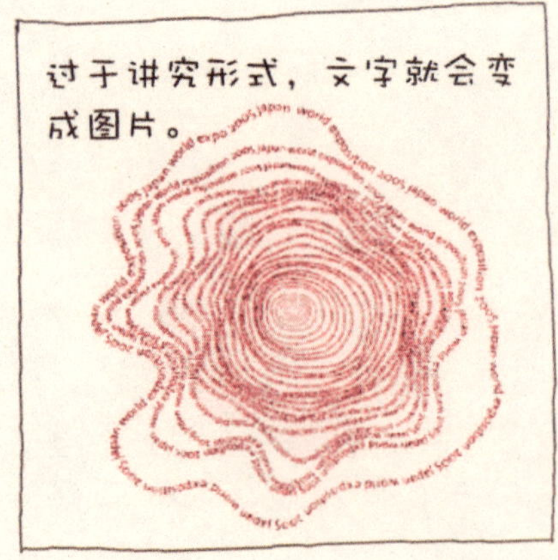

怎样的封面设计可以更好地展示内容

封面是一本书或杂志最吸引人的地方，封面的优劣关系到书或杂志的销量。如果一本讲时尚的杂志，连封面都做得不够时尚，有谁会购买呢？所以封面的精彩度，绝对是书本杂志最重要的外衣。

内容决定一切

无论封面设计的内容和形式是什么，最关键的就是要更好地展示出内页的内容，这是封面设计的灵魂所在。就像讲人的杂志封面会突出人物的形象，讲动物的杂志封面会突出动物的形象，讲地理的杂志封面会突出地理地貌。每本杂志图书都有自己的中心内容，封面的内容就应该突出它。

在封面上最值得借鉴的杂志，当属《中国国家地理》，它每期都刊登当期编辑是如何挑选封面的过程。为了表现这一过程，《中国国家地理》会将每期封面提案都陈列出来。同样的标题，不同的图片，呈现出不同的风格。有时我们会觉得被否定的封面看起来更好看，但编辑会说明他们之所以作这样的选择，是因为现在的封面更能准确地传达本期的主题。在美与主题之间，编辑更看重的是主题。当然能两者兼而得之，是最完美的。

风格的选择

同样的主题，我们可以用不同的风格进行表现，但究竟应该使用怎样的风格，则要视内容的风格决定。一本讲狗狗的书，如果是介绍喂养技巧，就是非常实用的风格，所以在设计封面时，无论图片、字体都要避免过于花哨。但如果是讲“狗眼看世界”的，则是一种略带嬉皮的玩笑风格，可以尝试使用较为卡通的或设计感强的设计。

封面的设计元素还应该注重杂志的目标读者，这部分人群最想看到什么，封面就应该展示什么。如女性时尚杂志所面对的是追求时尚的女性，她们希望看到怎样的装扮才是最时尚的，而最红的明星们又是如何穿着的，所以女性时尚杂志的封面就应该突出明星和时尚两个元素。但如果期期都将女星的性感图片作为封面，则不是绝佳之选，它更适合用于吸引男性的杂志。所以，如果我们要自己设计一个封面，给家人看的，只要能突出家庭的温馨就好了；给上司看的，则要注重理性；给客户看的，则要增加对目标客户的吸引力。

最稳妥的图片

大部分时候，封面都需要图片，图片除了满足上述的因素外，还应该有什么？其实最稳妥的图片选择就是要简单。所谓的简单，就是画面要单纯，不要期望一张图片能传达多复杂的内容，只要它能够直接反映内容最核心的思想就行了。如一本成功人物的传记，可能是讲述某人成功的一生，就可以选择表现他成就感的图片；如果他经历坎坷，则可以选择他表情复杂的图片；如果他以奢侈闻名，图片中的他就应该在极尽奢华之能事。

封面的设计一般只使用一张图片，上面的人物也应尽可能少，如果背景元素过于复杂，则尽可能将背景去掉。好的时尚杂志，都会为明星量身拍摄封面照，其目的不仅在于获得新颖的效果，还在于获得与主题的有机结合，以保证画面的干净纯粹。

有时封面不一定要用图片，单一的色彩也很有表现力。红色的热烈、黑色的沉思、褐色的文艺、绿色的环保、黄色的明快、白色的纯洁，每种颜色都各具表现力，其单纯的色调有极为突出的效果。使用能突出色调的图案，也具有很好的视觉吸引力。即使使用图片，也应该注意颜色的表现力。最好选择颜色方面有所偏向的图片，这不仅能让封面看起来和谐，也能借助颜色的一致性来增强视觉吸引。

好的封面能提升销量。
XX畅销书
抢啦~

好的封面能美化生活。
PPT封面
DV片头

封面是内容的反映。

图片不能太繁复。
XX封面

主要的文字要大一点。
兔样
生活
……

单纯的色彩也很有力量。

为何现在的包装设计都更圆润了

人们都喜欢拥有符合自己审美观的物品，一件商品的外观是否能满足人们的审美观，关系到它的销量。所以在现实生活中，几乎所有的商品都离不开设计，无论商品本身，还是其包装，都充满了设计的艺术。小到一个杯子、一颗纽扣，大到汽车、轮船，都在利用设计将其美化。

产品外观是时代审美的印记

每个时代对美的标准都有所差别，产品的设计风格，也会随着时代的变化而变化。

战后美国的大批量生产，曾经制造了大量方正而缺乏修饰感的商品。这对当时将风尚从繁复转为简约，起到了非常大的作用。这种粗犷的简洁风，也成为当时的一种时尚，美国的工业化产品大多有此特征，就像IBM笔记本电脑，虽然在当时也算是奢侈品，但设计元素之简单，使它看上去简直就像一个方正而笨重的黑盒子。

随着世界经济的发展，细腻的流线条开始受到青睐，越来越多的商家开始注重为产品制造流线型的外观。大部分笔记本电脑开始改变其外形，将方正的边角改得圆润一些。一方面保留了方正的外观，一方面在细节之处进行线条的柔化处理，这样既保留了稳重的外观，又符合新的时尚，更能突显细节之美。

现代商品大多有简洁明快的外观，简洁的几何造型加上流畅圆润的线条，是最主要的造型方式。这种简约之风源自抽象主义的理念，它让物品具有化繁为简的美态。

香奈儿是将简约普及化的重要人物。作为法国知名的服装设计师，她一早就厌倦了繁复的女性服装，她推出的服装大多方便易穿。而她精心打造的香奈儿5号香水，其瓶身也一反当时时尚界的奢侈之风，只是简单地略带圆弧的方形，在刚开始推出时被批为丑陋，但就是这款“丑陋”的瓶子，让当时的女性感觉到了自由的新意，竟让它成为了最知名和畅销的香水。直到今天，它的造型也没有改变过。

香奈儿在晚年进一步对服装进行了简约化设计，虽然当时没有获得法国时尚界的认同，但美国的工业化生产帮助香奈儿占据了美国的市场。战后美国强大的经济影响力，使这一风格反流回欧洲，最终波及全世界。所以今天受到欢迎的产品，大多有简约的外观，这已经成为了现代生活的标志之一。

追求新意

商品从来都是求新的，要让它和别的商品有所区别，就必须有自己的新意。抽象艺术的造型法，其实就是做减法和加法。先抽离造型中过于复杂的元素，再加入一些细节或者风格元素，就能让产品的外观不失简约，又富于变化。

将两种几何造型相结合是最简单的造型变化，通过其本身几何造型的变化和组合的变化，可以获得非常丰富的外观效果。如酒瓶，大多都是不同圆柱体的组合，单靠对圆柱体大小、高度的改变，就能彻底改变酒瓶的造型风格。

将民族风融入简洁的造型中，也能制造有新意的外观。现代的中式简约风格，其实就是在最为简单的造型基础上，增加简化了的某一种中国风元素。这是通用的民族风添加方法，如果民族元素过多，增加到两种以上，它所拥有的现代设计感就会荡然无存，风格反而变得过于老旧，显得不伦不类。

对情感的慰藉

无论怎样设计外观，有一点是不变的，就是产品的外观应该具有情感的慰藉作用。在中国，传统的物品一定要有吉祥的形体，可以借助它们来表达吉利的寓意和追求。在西方，也会通过具有宗教感的十字架、玫瑰形等物品来获得情绪慰藉。现代文明以对科学的崇尚为美，所以在产品的外观中，科学的理性是一定要遵从的。科学的理性原则，原本就符合人性所需。如具有平稳造型的物品，能给人带来安稳感；具有秩序性的物品，能让人获得安全感；外形圆润的物品，有很强的容纳感；线条流畅的物品，更符合人体力学的原理。

相反，现代艺术大多具有烦躁、机械的特征，所以我们生活中的物品理所应当具备更强的情感慰藉作用才行。

过去女人的衣饰非常复杂。

香奈儿推出了解放女性的衣服。

她将简约推向了世界。
N°5
CHANEL

简约的造型是对事物的简化。

造型应该符合科学原理。

适度的民族风可以增加造型的新意。

建筑中的应用美学

建筑是我们的居住之所，最初的建筑只注重实用，但随着建筑水平的提升，建筑也开始不断美化。这使建筑不仅具有不同的风格，还独具造型的艺术美。

为什么古希腊建筑能影响整个欧洲的建筑模式

西方建筑起源于古希腊建筑，这也是现代建筑的根基。我们从今天的希腊神庙中可以发现，两千多年前的古希腊文明已经拥有了相当发达的建筑技术。现在留存于世的帕提侬神庙、宙斯祭坛等建筑，可以算是建筑历史上的经典之作。这些建筑在尺度、体量、材质、造型、色彩等方面都拥有完美的技术和技巧，其上的绘画、雕刻更带来卓越的美感。古希腊建筑因此也具有了超越其他建筑形式的持久魅力，在两千多年中一直影响着西方的建筑模式。

被不断继承的模式

古希腊建筑的模式被后世的许多人模仿、借鉴。古罗马建筑受古希腊建筑的影响最深，几乎都是在古希腊建筑的基础上发展起来的。例如，在古罗马时期发展了一种混合的柱子模式（罗马柱），这其实就来源于古希腊柱式。

古罗马建筑师、工程师维特鲁威写了一本《建筑十书》，这本书从城市规划、建筑设计基本原理和建筑构图原理等方面总结了古希腊建筑的经验和当时罗马建筑的经验，是西方建筑史上最古老的建筑学专著。这部著作后来成为西方建筑最重要的指导教材，一直在建筑界流传。依靠《建筑十书》，古希腊的建筑精华获得了广泛的传播和应用。虽然在这过程之中有对其模式风格的扬弃，但它的影响始终难以从西方建筑师的模式库中被完全消灭，以至于现代建筑中也会出现古希腊建筑理念的光芒。

以比例为美

古希腊的数学非常发达，所以古希腊的建筑师在修建房屋时，将比例运用到了建筑各处。如将房屋的平面构成1:1.618或1:2的矩形，这样的房屋匀称而大方。比例之于古希腊建筑，就是一种理性美的体现。古希腊人对建筑的比例进行了详细的规定，在《建筑十书》中记录了古希腊建筑重要组成部分的柱子，必须具备一定的比例原则，其比例规定的范围涵盖了包括柱础、柱身、柱头整个柱子的尺寸，还更进一步地包括了基座和山花的尺寸比例。其细腻程度，令人咋舌。

《建筑十书》还认为，古希腊建筑的这种比例美，源自对人体比例美的崇尚。维特鲁威认为多立克柱式就是模仿了男性的身体，其柱身底部直径和柱高的比例，与男性足长和身高的比例一致，这使多立克柱拥有了雄健沉稳的阳刚美。而科林斯柱则参照了女性的身材比例，使其看上去苗条而柔美。

维特鲁威的这一论述，对文艺复兴起到了非常重要的影响，达·芬奇的人体比例论就是在《建筑十书》的基础上经过更细致的研究所得到的。

以雕饰为美

古希腊建筑与雕刻艺术紧密结合，在古希腊的建筑中，我们随时可以看到圆雕、高浮雕、浅浮雕等多种雕饰艺术，这让整个古希腊建筑仿佛是用石头雕刻出来的艺术品。在多立克柱式中，我们可以看到极具阳刚之气的凹槽；在爱奥尼克柱式的柱头上，我们可以看到流线状的旋涡；在科林斯柱式的柱头上，我们可以看到忍冬草叶片组成的花篮；在女郎雕像柱上，我们发现柱子就是一个个神态自如的少女；在两面斜坡状屋顶形成的山花墙上，则更多地布满了雕饰。

古希腊雕塑原本就已经具备完美的技术，当它与建筑相结合时，就让古希腊建筑更显示出神秘与高贵之美来。这种在建筑中对雕塑的重视，使西方建筑也尤其注重建筑模式的雕塑化，连整体建筑也要有雕塑般的强烈形体感。在一些注重装饰艺术的时期，建筑上的一些雕塑、绘画细部都可能是由建筑师亲自完成的，这也使许多艺术家同时兼备了建筑师、工程师的身份。

以整体为美

古希腊建筑除了讲究单独的建筑美，还认为建筑在整体上应该具备和谐、崇高的特质，雅典卫城可以说是集中这一理念的场所。

卫城是古希腊人祭神的地方，位于雅典城西南的一个高冈上，由一系列神庙构成。所有的建筑都顺着山势而建，利用山势的高低起伏制造错落感。位于顶端的神庙是卫城的中心，其庞大的体态将其从众多的建筑中突出，获得了使视线集中的效果。对于各建筑之间的布局，则注重了平衡和不平衡的变化，使我们在任何的角度，都可以感受到建筑之间的和谐。

卫城的建筑群落模式，影响了西方建筑的群落模式。主次分明、高低错落、平衡中求变化，成为西方建筑群落的主要布局观念。

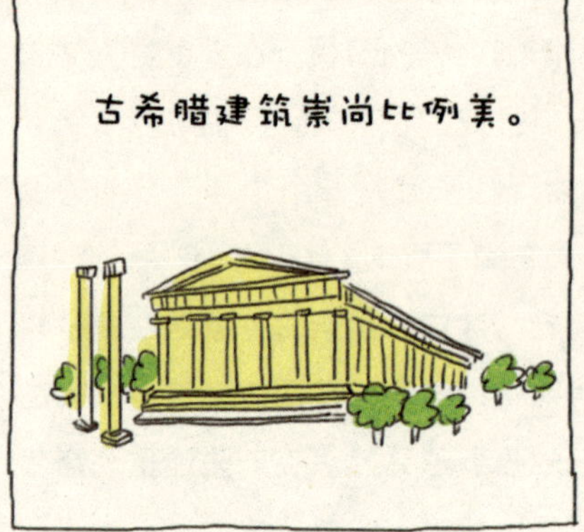
古希腊建筑崇尚比例美。

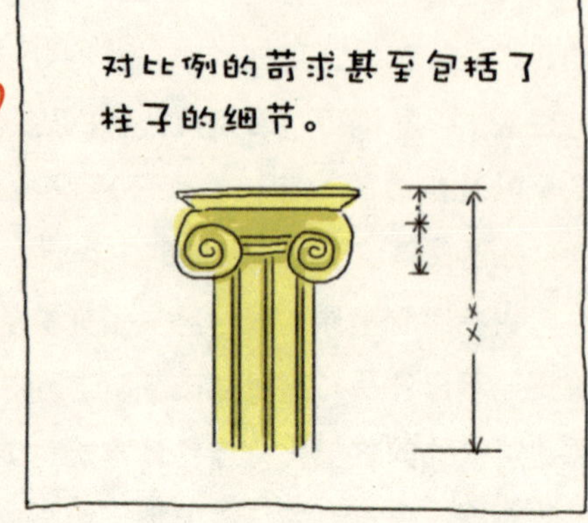
对比例的苛求甚至包括了柱子的细节。

雕塑是古希腊建筑的显著特点。

高低错落之美对西方建筑影响颇深。

《建筑十书》令古希腊模式成为建筑规范。
建筑十书

今天的建筑仍能看到古希腊建筑的影子。

哥特式建筑为何又高又瘦

西方建筑除了古希腊建筑闻名于世外，最为世人称道的，就是哥特式建筑。哥特建筑整体上高耸而瘦削，体现了西方卓越的建筑技艺。在建筑风格上，它一方面华丽非凡，一方面又充满了神秘、哀婉、崇高的情感。哥特式建筑对后世的艺术产生了很大的影响，是西方美学不可忽视的光彩。

罗马风的发展

欧洲文明其实在9世纪时已经开始出现，在建筑上就体现为罗马风的回潮，当时的僧侣利用古罗马废墟的材料来建造修道院，发展基督文明。

在公元1000年前，欧洲曾经有一种传言，认为基督会在千禧年重生，人们为了获得神的眷顾，就用更大的热情去建造教堂。于是罗马风在法国形成，并迅速发展。此时的罗马风建筑采用了古罗马建筑的结构、技术和方法，如拱券、穹隆。新加入的高塔，是西方建筑史上第一次成功地将高塔组织到建筑构图中来。另一个重要的改造是将木造天花板由石头的半圆拱顶所代替，又产生了扶壁、肋骨拱、束柱等建筑结构，以用来支撑顶部的重量。如此建筑的内部空间非常大，但由于窗户窄小，所以使其充满了阴森而神秘的气氛。

罗马风建筑的结构模式，使建造复杂而高大的建筑成为可能。它完美地将沉重的结构和垂直上升的动势结合了起来，为后来的哥特式建筑打下了坚实的基石。

上升的高度

教堂的作用是为了感受神迹，聆听教义，所以它一定要拥有可以接近上帝的高度，于是人们希望教堂能越建越高。尤其是从11世纪下半叶开始，民主的出现使人们对公共活动的兴趣日益高涨，教堂不仅仅是宗教的圣地，更是炫耀城市的一种方式。比谁的建筑更高更大，成为当时建筑的一种时尚。由于罗马风建筑已经解决了如何将沉重建筑拔高的问题，所以从12世纪开始，欧洲的教堂就开始了拔高的比赛。最开始是钟塔的高度，一座高过一座，其后整体建筑的高度也获得了提升，使教堂内部的空间高度远远超过了实用所需。

这样的拔高，取得了非常显著的艺术效果。超高的空间感在各种立柱、拱顶线条的指引下，具有强烈的上升动态，线条的细腻流畅使整体建筑看起来更加轻盈。站在这样的建筑之中，人会显得非常渺小，但上升的空间和轻盈的拱顶，使人感觉天堂仿佛就在穹顶的尽头，神迹会顺着神的眼神落到敬仰他的世人身上，而人的精神也可以由此而上，直达天堂。

哥特式建筑由此几乎成为最能表达基督精神的建筑模式，也是欧洲建筑的精华所在。

哥特式装饰

哥特式建筑仍然喜欢古希腊式的复杂装饰，其繁复程度有过之而无不及。不过这些繁复的装饰都以不破坏建筑内的垂直线条为限度，所以那些雕刻在石头构建上的雕饰大多轻盈美观。这一审美，使得线条本身也成为了一种重要的装饰手段。哥特式大门的设计，就是轮廓线条的层层向内推进，以此制造进深感。这种对垂直线条的强调，使建筑风格和结构手法形成了有机的整体，令教堂的内部空间高大、空旷、单纯、统一。

花窗玻璃的出现，则形成了哥特式建筑独特的华美之风。由于罗马风建筑过于阴暗，为了增加光线，哥特式建筑不断增加窗户的面积，最后整个教堂都采用了大面积的排窗。这些窗户不但高大，还承担了墙体的功能。在光线问题获得解决的同时，为了进一步宣扬神与光的联系，哥特式建筑借助了阿拉伯国家的彩色玻璃工艺，利用五颜六色的玻璃拼组成一幅幅宗教故事，以宣传教义。这些花窗玻璃以红蓝为主，蓝色象征天堂，红色象征基督的鲜血。在光的映照下，花窗玻璃为教堂内部制造出灿烂而富丽的神秘感，一如神圣之光照耀世间。

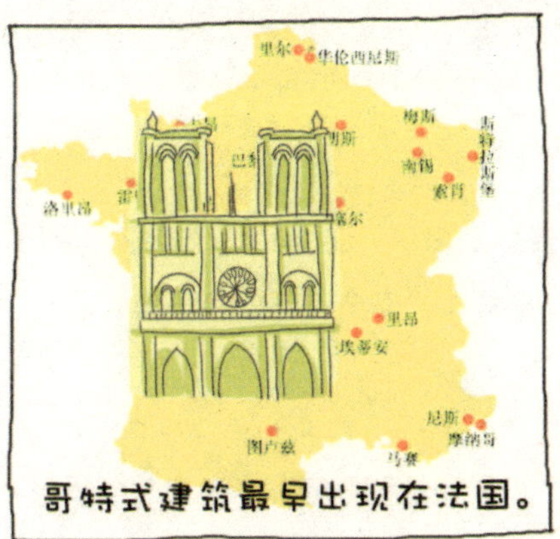
里尔
华伦西尼斯
梅斯
斯特拉斯堡
南锡
索肖
洛里昂
里昂
玟蒂安
尼斯
摩纳哥
图卢兹
马赛
哥特式建筑最早出现在法国。

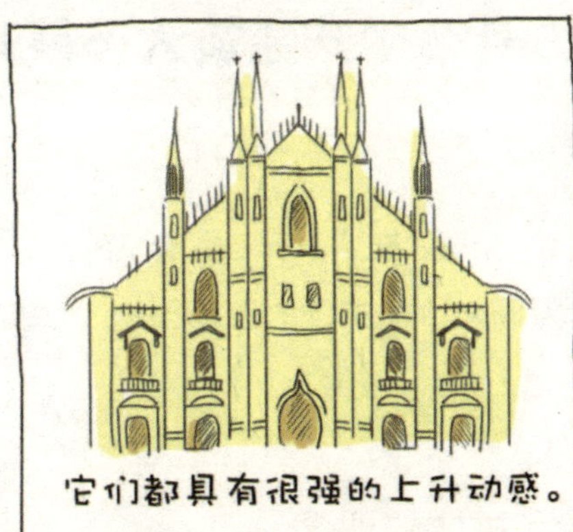
它们都具有很强的上升动感。

其内部十分空旷。

立柱和拱顶的线条强化了上升感。

线条成为重要的装饰元素。

花窗玻璃制造了富丽神秘的美感。
哇

为什么中式建筑大多很对称

中国古代建筑和西方建筑的差异很大，从根本上来讲，这是由于文化差异的缘故而形成的。中国的儒道思想，创造出了与西方基督文明完全不同的建筑模式。

中庸的理念

中庸是中国传统思想的最高价值原则，它是指儒家所认同的做事不偏颇、行为适度的准则。儒家认为，行“中”道才能符合宇宙规律，所以强调万事万物都应该具备这一原则，以求达到天人合一的理想境界。

在建筑中，中庸之道为建筑平面上的对称。中国建筑在群落的布局上，非常讲究南北向的中轴排列，这条中轴线就好像是建筑群落的中枢神经，将最主要的建筑串联起来，而其两旁的建筑则都对称设立。

这种建筑理念自商周时期就已经出现，我们看古代城池的地图，大多是方形的城池内有对称的中轴线排列。不过最为出名的中轴线还是明清时期的北京城和故宫。从最南端的永定门到北面的钟鼓楼为止，一条长达7.5公里的中轴线将整个北京城有机地组织在一起。其间的建筑重重叠叠、高低错落、井然有序，故宫中最重要的三大殿则位于中轴线上，很有点像在模仿宇宙的坛城模型。中庸之道还使中国建筑在体量上并不追求过于高大，无论是宫殿还是平房，大多更喜欢横向发展。虽然中国人很早就掌握了建筑高楼的技术，但中国建筑总体上以单层为主。通常以单间的房屋为单位，先组成一个院落，再以无数个院落组成建筑群。这种建筑方式，不仅利于组合，方便发展，还使其具有天人合一的和谐感，使建筑犹如在大地上蔓延一般。

等级制度的体现

儒家崇尚礼制，就是要维护社会的等级和秩序，在《礼记》中甚至规定了建筑应该具备对等级制度的体现。我们从故宫的布局中就能看出这种森严的等级制度。作为宫中最重要的大殿，三大殿都位于高大的台基之上，左右的各个殿堂、寝宫则都地势低矮。宫中还有外朝和内寝的区分，朝臣和妃嫔只能在自己的许可范围中活动，不得逾越。

在普通民宅中，通常长辈住在上房，哥哥住东边的房屋，弟弟住西边的房屋，女眷居住在后院，不得迈出二门（这就是俗语“大门不出，二门不迈”的由来）。其他的正房、厢房、耳房、门厅、走廊、偏房等都各具等级，各房的形制不得逾越自己的等级，不同等级的人使用不同的房，不同等级的房有不同等级的作用。如用来祭祀祖先的祠堂或者堂屋就可以拥有较高的等级。

内儒外道的风格

儒家作为维护中国封建统治的重要精神支柱，具有非常严格的礼制规范。但儒家的礼制过于束缚人性，为了满足精神上的自由，中国传统思想又以道教作为辅助。在建筑上，也体现为方正与灵活风格的结合。

中国的古代建筑大多会按照伦理制度建造庄严的外观，但在建筑的内部，特别是建筑的后部，则充满了诗情画意。中式建筑的屋顶是非常具有特色的，它从两面、四面、六面、八面到圆顶，具备了多种形态。建筑师们还利用木结构的特点对屋顶进行举折、起翘，制造出形同鸟翼伸展的檐角和柔和优美的屋顶曲线。屋脊上的雕饰、檐口的瓦当、琉璃瓦的色彩，又进一步让屋顶具有了强烈的装饰艺术。因此屋顶的形式成为中国建筑的典型形象之一。

中国建筑是以木结构为主，结构方式有点像今天的框架式结构。其中间的墙壁没有任何承重作用，只作分隔用，因此能使房屋内部的空间布局获得最大的发挥。作为房间分隔的建筑构建，通常是便于安装、拆卸的活动构件，能对空间进行任意的划分和改变。这使得建筑的内部空间也可以很好地与外界空间相交流，甚至可以在室内叠山辟石，栽花培木，建造走廊，搭凉棚花架，使空间极富变化。

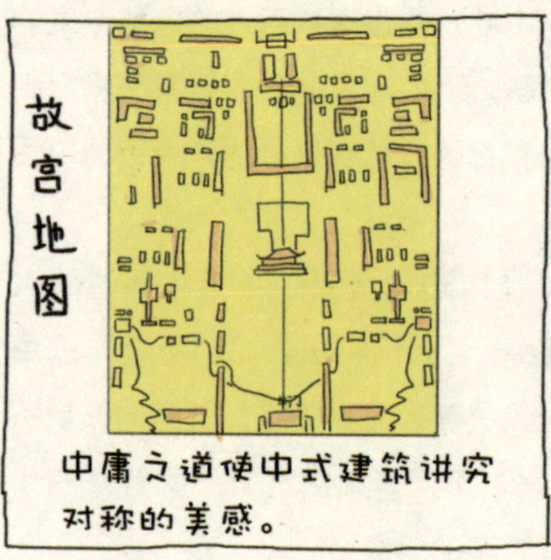
故宫地图
中庸之道使中式建筑讲究对称的美感。

儒道的方正使中式建筑方正庄严。
太和殿

中式建筑以间组合院落，以院落组合群落。

中式建筑有森严的等级制度。
女性生活区
公共活动区

中式屋顶极富民族特色。

木式框架结构使空间变化灵活。

现代建筑如何在将建筑变成雕塑

我们曾经将悉尼歌剧院看做世界建筑奇迹，对倾斜的欧洲之门瞠目结舌，但现在我们身边也出现了越来越多奇异的建筑。有的如含苞待放的花蕾，有的如盛开的莲花，有的如扭动的高塔，有的如缠绕的飘带，有的像是巨大的门，有的像是堆砌在一起的方盒子。我们还能看到如鸟巢般的国家体育场，如方形冰块的水立方国家游泳中心，如一只大蛋壳的国家大剧院，如“Z”字拼接为立体窗户形状的央视新大楼。我们已经迎来了建筑雕塑化的全新时代。

现代建筑形式与功能的变化

现代建筑的模式起源于西方建筑模式，古代经典的建筑模式都非常注重形式美，对于一些大型建筑的建造，形式的需要甚至已经大过了功能的需要。到了19世纪，随着工业化的进程，越来越多的人拥入城市。城市的扩大，急需大批量的工厂、仓库、住宅、办公建筑、商业建筑。具有装饰性质的建筑修建费时，又难以增加建筑的层数，为了获得更经济实用的房屋，当时的建筑大刀阔斧地去掉了古代建筑的装饰性，修建了大量以一间间层叠的小房子累积而成的楼房。

摩天大楼一栋接一栋地拔地而起，这些含有大量房屋的高楼，大都形式简洁，能最大限度满足功能的需要。而摩天大楼最值得炫耀的，还是建筑技术的革命使其拥有了建筑新高度。过于简单的形式容易复制，也容易丧失个性。经济的发展和技术的发达，使越来越多的建筑师怀念起传统建筑的形式美，开始认为简洁的建筑也应该有所修饰。这一思潮，使建筑师们开始将传统建筑中的雕塑放大为整体建筑，用建筑的外形去打造一个具有象征意义的形体，用这一形体来表达建筑的个性。其中最有名的，莫过于贝聿铭为卢浮宫设计的玻璃金字塔。其后各种以抽象为元素的建筑形式不断出现，建筑在符合其功能性的同时，变得更具形式美。

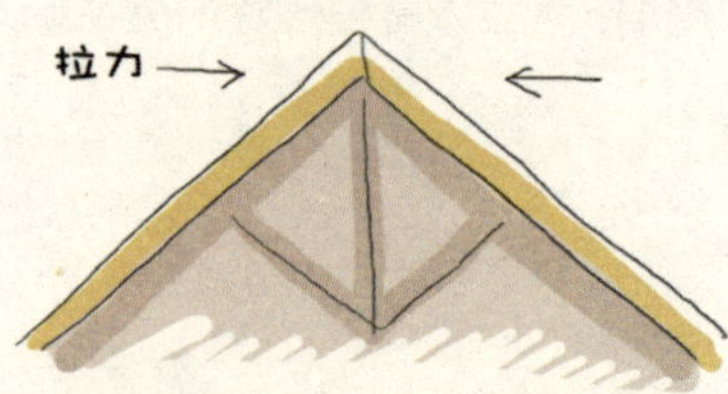

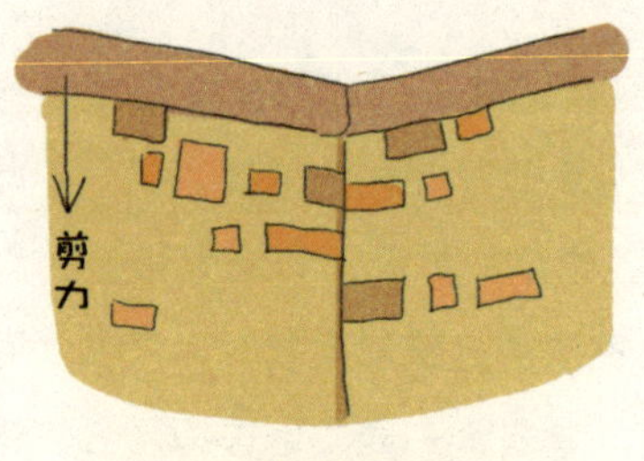

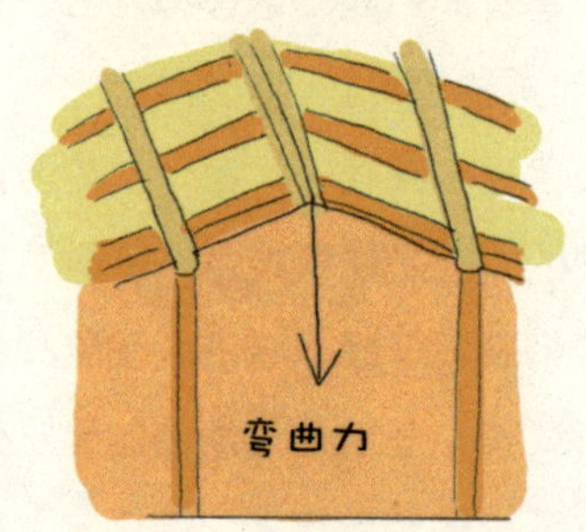

现代建筑力学让不可能变得可能

现代建筑的变化得益于建筑力学的发展。在过去，西方的建筑师是按照传统的方式，将建筑的构件一件一件地压在承受重力的墙体上。这导致了建筑下部墙体厚实，同时很难通过开大窗户解决室内光线的问题，这些传统的建筑很难获得较高的高度。

随着数学和力学的发展，在19世纪后期，科学家们弄清楚了建筑结构的内在规律。他们认识到建筑中存在压力、拉力、剪力、弯曲力、扭力……只要找到了这些力的方向，并对其施以反作用力，就能让力与力之间出现稳定的状态，从而形成坚固的结构。建造工程由经验变成了科学，建筑可以通过预先的计算来获得坚固而经济的最佳结构设计。1889年巴黎建造了300米高的埃菲尔铁塔和跨度达115米的机器陈列馆，就是当时建筑结构进步的伟大成就。

现代建筑力学的发展让建筑似乎有了可无限发展的高度。2010年1月落成启用的世界第一高楼“迪拜塔”，建筑高度达到让人瞠目的828米。其启用典礼的整个过程由当地媒体作全球高清直播，全球20亿观众收看，可见人们对建筑奇迹的关注与好奇。

现代建筑材料支持更多造型

建筑力学发展的同时，建筑材料的改进则让建筑变得更为坚固而轻盈。

由沙、石子、水泥混合水而成的三合土能承受强大的压力，但拉力的承受能力很弱。建筑除了有向下的压力外，还要受到风传来的扭力和弯曲力，又有梁传来的剪力，所以为了使建筑获得更为坚固的效果，工程师们又在水泥里添加了能同时承受压力和拉力的钢筋，这就是现代建筑中被广泛使用的“钢筋混凝土”。钢材和混凝土混合的建筑材料，具有超高的可塑性、易建造性、坚固性，给予了现代建筑在造型上更多的支持。

科学的力学计算和先进的材料，使过去认为的不可能一一变成现实。现代建筑工艺，几乎可以建造任何的设计形式。

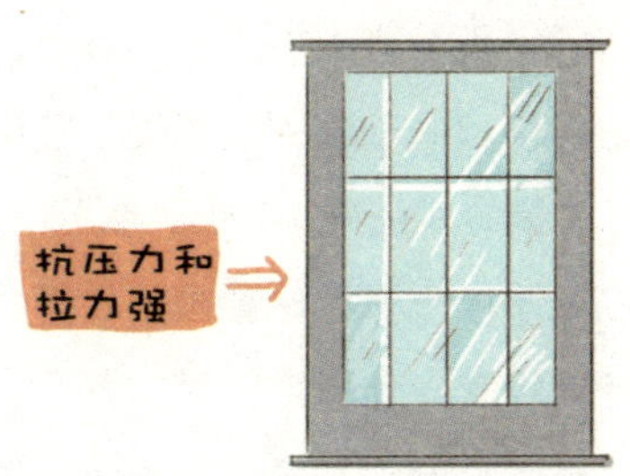

钢筋：钢筋水泥柱中暴露的钢。

玻璃：钢架上的玻璃。

影视中的应用美学

看电影电视是我们现代生活的重要消遣内容，一方面我们在选择喜欢的影视作品，另一方面电影电视又在引领我们的视觉享受。多种美学知识在影视中的应用，使今天的荧屏更为精彩与唯美。了解影视中的应用美学知识，能帮助我们更好地评判一部影视作品的质量和了解创作者的用心。

色彩能让电影更吸引人吗

随着色彩在电影中运用技巧的日益成熟，色彩让电影的表现变得更加丰富。王家卫的《花样年华》有一层淡淡的黄色，使画面有一种年代久远的感觉；周星驰的《大话西游》采用了近红的暖色调，突出了它的解构性；而《午夜凶铃》等恐怖片，则使用了大量的冷色调，让影片看起来更为阴森恐怖。

我们现在几乎能一看到电影画面的颜色，就判断出电影的类型。色彩柔和的影片，大多温情而细腻；色彩感尖锐的影片，更倾向于文艺；饱和度高的明亮影片，大多是时尚片或者喜剧；有暗淡阴森色彩的影片，则具有魔幻或恐怖的特色。在现代电影中，色彩已不仅仅是吸引人的手段，更是电影重要的表现语言。

对电影色彩运用的质疑

一些电影评论家指出，强烈和刺激的色彩会吸引观众的注意力，使观众的注意力从电影的叙事性中游离开去，色彩不过是光的把戏，不应该为其损失电影的本质。有的电影评论家则认为，色彩让电影具备了绘画感，但也同时让影片的静态感得以增加，使影片显得缓慢而沉重，导致故事产生呆板感。而许多电影人都认为，表现战争、死亡、暴力、恐怖、心理的影片，根本不适合使用色彩。

这些确实是色彩在电影运用中可能存在的问题，一些蹩脚的彩色电影，只有空洞的色彩，看上去华丽异常，可看过后却无法获得深刻的美感享受，只剩一堆色彩而已。所以优秀的电影人开始尝试对电影颜色进行控制，他们通过生理和心理学研究实验发现，人们对颜色的感受并非色彩本身，而是色彩的价值，这使他们明白了色彩不一定要真实，而应该根据不同色调的价值和心理与戏剧的含义去运用色彩。

有的电影人认为，当电影人懂得运用色彩在情调方面的潜力时，才是电影色彩的真正实现时间。

极具表现力的电影语言

第一部真正意义上的彩色电影，是意大利著名的现代主义电影导演安东尼奥尼的《红色沙漠》。这是一个讲述因车祸使精神受到刺激而对世界充满病态感官的女人的故事，它是导演对工业文明使人际关系成为荒漠的思考。在女主角为儿子所讲述的虚构故事中，有蓝色的大海、红色的沙漠，但现实却是由成排的厂房、工业设备及浓烟滚滚的烟囱组成的灰色画面。影片的结尾处，灰色的天空下，女主角绿色的外套是最亮丽的色彩，这仿佛象征着女主角对自然的渴望。在安东尼奥尼的影响下，电影画面开始具有了调色板的功能，导演可以通过不同的色彩来表达不同的情绪和象征。

于是，马龙·白兰度主演的《巴黎最后的探戈》，弥漫着扑朔迷离的黄色，让整部电影充满了热情、欲望和疯狂；2008年的美国影片《旧爱新欢》中，男主角绿色的房间，女主角粉红色的房间，以及白色的客厅，充满了强烈的情感对比。《红高粱》中，张艺谋则使用滤镜把一望无际的高粱地处理成红色，利用红色代表生命

最早的电影是黑白的。

彩色电影的初衷是还原真实的世界。

~夕阳~
色彩让电影画面更美。
~哇~

色彩是有力的电影语言。
哇~

过去导演用道具、滤镜、胶片处理等增加色彩感。
~红色滤镜

今天的职业电影调色师利用电脑调色。
~职业电影调色师

的勃发和情感的宣泄。

色彩甚至也成为了戏谑的元素。在《厨师、窃贼，他的妻子和她的情人》中，蓝色的停车场、绿色的厨房、红色的餐厅、白色的卫生间、黄色的医院、金色的藏书间，都具有隐喻，女主角的服装在不同的场景中色彩错乱，仿佛是一场戏谑的色彩玩笑。

是什么让电影画面更艺术了

虽然电影和电视都是活动的视觉艺术，但是电影一直拥有更高的地位，究其原因，是电影比电视在制作上更为精良的缘故。电影通常耗资巨大，充裕的资金能让导演在各方面精益求精，包括在画面上，也能追求一种完美的艺术效果。我们在超大的银幕上，可以看到光影、颜色、构图的完美组合，每个镜头都着力于使用最具表现力的画面语言。可以说，拥有唯美的画面是电影非常大的特色。

静态镜头最具艺术效果

观众在电影的唯美画面中，可以看到大量的绘画技巧：将重要事物摆放在黄金分割点，运用光线的空间塑造力，使用色彩的情感表现力。几乎所有的绘画技巧，我们都可以从电影画面中获得。有的导演为了获得绘画般的画面效果，喜欢使用定点拍摄的模式。就是在一段镜头中，将摄影机固定在一个地方进行拍摄。这样的拍摄可以先通过镜头获得绘画般的背景构图模式，演员再在其中进行表演。英国导演格林那威就是这样的导演，他是绘画专业出身，先天对绘画充满了热忱，所以他喜欢使用大景别的镜头，其画面构图也极为讲究。这样的镜头使观众的视觉如同在剧院一般，这也使他所使用的演员，不仅要善于表演，还要善于运用戏剧中的站位、肢体语言等技巧。

静态镜头确实可以制造绘画感超强的艺术画面，所有成功的影片中最美的画面，几乎都是静态的。我们从极为崇尚艺术感的王家卫电影中，可以看到大量的这种镜头。

动态镜头也能具备艺术感

虽然静态能制造艺术感，但电影最大的特点还是具有动感。当一格一格的画面被连续播放时，动感产生了。如何让静态的画面在动态中获得更美的表现，就成为电影画面非常重要的探讨内容。最经典的动态艺术效果，莫过于乘着小船在风浪中驶向阴暗的前方。这样的镜头也会预设一个艺术化的构图模式，摄影机会被放到船中乘客的位置，甚至船舷的位置，让整个画面晃动起来，以制造身临其境的感觉。

利用透视线条制造的运动镜头，不仅能提供强烈的空间感，也能让画面具备强烈的构图感。向下俯冲的镜头，在隧道中穿梭的镜头，不断奔跑的镜头，都是绘画想达到而无法真正达到的，绘画只有通过透视线条的加强来表现动感。而电影则可以轻松跟随这些运动，甚至也能通过运动来表现空间感。但有些电影中仍然借用了这些透视线条，那是为了强化电影画面的绘画艺术性。

这样的例子我们还能在慢镜头中看到。《黑客帝国》中男主角躲避子弹时，虽然镜头本身在运动，但仍然利用了男主角风衣和子弹的运动线条来强调动感，让画面变得更为精美。

确保镜头美感的分镜头草图

在国外的电影运作体制中，绘制分镜头草图是电影拍摄的一个环节。由于导演所监管的范围非常宽，真正掌握镜头构图的不是导演，而是摄影师。如果摄影师无法领会导演的意图，所拍摄出来的电影很可能无法达到导演的期望。在胶片昂贵的时代，西方电影人就发明了利用分镜头草图来确定拍摄镜头风格的方法。

分镜头草图是电影美术师根据剧本所绘制的未来影片画面结构的草图。接触过广告拍摄的人就知道，在拍摄之前，广告制造商先要绘制广告的分镜头草图来阐述广告拍摄的理念、手法，一旦通过后，广告拍摄就会按照分镜头的指示进行。这一

两千年的西方绘画拥有成熟
的技术和技巧。

新生的电影自然要借鉴绘画。
开拍

静态的画面更容易制造唯
美的艺术感。

运动也可以制
造美感。

透视线条也是镜头的
艺术化手法。

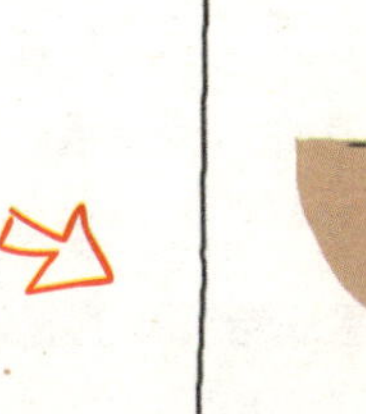

方法让摄影师明确了镜头的风格，更能拍摄出符合导演审美意图的镜头来。甚至有些电影拍摄的镜头跟分镜头草图的布局几乎一模一样。

《乱世佳人》是一部非常成功的电影，但在拍摄的过程中先后换了5位导演，可观众很难看出电影中有风格的差异。这种统一性，归功于该片的美术部门，该部门的成员在开拍前就绘制了1500张分镜头草图，以供导演、摄影师使用，从而保证了影片风格的一致性。

电影可以没有音效吗

好的音效对电影有不可忽视的诠释、导引、融入功效，蹩脚的音效则很难让观众融入。所以在有声电影发明之初，卓别林等电影导演仍然倾向于拍摄默片，就是不想让蹩脚的声音影响了情节的表述和情绪的表达。实际上音效的使用远在戏剧中就已经出现，为了表现风暴雷雨等场景，音效师会在后台制造声响。而默片时代，也会通过现场的音乐演奏来吸引观众。

虽然我们很容易忽略音效在电影中的作用，可真正成功的影片，必须有完美的音效。我们在《魔戒》、《角斗士》、《黑客帝国》、《拯救大兵瑞恩》、《侏罗纪公园》、《终结者》、《拆弹部队》等影片中，都能感受完美的视听效果，所以它们都获得了奥斯卡音效大奖。

不可缺少的音效制作

在电影中，声音的元素包括了三个部分：一是对白，二是音乐，三是音效。音效是除开对白和音乐之外的其他声音元素，而将对白、音乐和音效组合起来的混音过程，也是音效制作的一个部分。所以奥斯卡音效奖项分成了两个，一个是音效制作过程的成就，一个是最终呈现给观众的整体音响效果。

在电影中，影片会呈现出怎样的声音效果，除了跟导演的意愿有关，还跟声音设计师的设计有关。声音设计师是对影片中各种声音进行总体设计的专业人员，他需要构思、策划影片中如何使用声音，以此来更好地表达影片的内容、风格和情绪，并且要负责整体声音的录制、编辑和合成的监督工作。不同电影根据表现内容需要不同的声音风格。《拆弹部队》要反映真实的伊拉克战场，所以就制造了最真实的音效，完全以音效的表现力来征服评委。《阿凡达》所展现的是异星球的瑰丽华章，所以用极大的声音场景制造了史诗般洪大的音效，整体音响是音乐与环绕音的完美混响。

有趣的音效制作

和拍摄DV不同，电影中的声音和画面的录制不是同步的。现场录音师所录制的声音通常只有对白，其余的声音就需要依靠音效师的创作。

音效制作中最有意思的莫过于拟音的过程。在有声电影的初期出现了一位先锋派的音效大师——杰克·弗雷。当时电影中的声音只有对白，为了模拟真实的声音环境，弗雷制造了一个拟音室，在这里有各种道具，用来制造电影中可能出现的大部分声音。雷电、风雨、脚步、刀枪、衣物等发出的各种声音都可以在这里模拟出现。拟音的工作，就是一边看着画面，一边拿出各种道具在麦克风前制造接近的声响。看音效师的工作，就仿佛在看一场有趣的表演。

有些声音可能是在拟音室无法获得的，如动物的叫声、自然界真实的声音。为了获得最佳的视听效果，音效录制师需要去采集动物真实的吼叫，去真实的自然中收集声音元素。音效录制师可能会在一个环境中的不同位置摆放多个麦克风，以获得多方位的声音元素，为制造多种音效和环绕音效作准备。他们也可能去采集一些特殊的声音元素，用来制造现实中没有的声音。如《星球大战》中激光炮的声音，就是音效录制师用铁锤敲打无线塔上电线的声音而获得的。

AVATAR
好的音效能紧紧抓住观众。

制作音效的声音首先要
现场录制。

嘎吱~
现场无法采集
的声音要在拟
音室模拟。

音效录制师还要录制动物
的声音。
~喵

还要录自然的声音。

经编辑和混音才能获得完美
的电影音响。

最佳的音效编辑

被录制好的声音并不会被直接使用，它们会由音效编辑在电脑上进行加工，以形成最符合电影需要的声音。如一个人遭到枪击的声音，通常取自子弹射入猪的尸体时所发出的声音，但这个声音可能与观众所期望的声音效果不符，音效编辑就会在这个声音中同步加入西瓜被凿的声音，以获得子弹射入人体时黏而淤积的声音效果。所以电影中的声音可能并非真实的声音效果，它所要达到的，是声音表现出来的感觉对观众的感官刺激性。

当所需要的声音元素都被制作出来之后，音效师就要对其进行混音。混音的过程非常考究，哪些声音要高一些，哪些声音要低一些，怎样的混音效果更能推动画面的情节，怎样的音响更能吸引观众。经过混合的对白、音乐、音效还要拿到模拟电影院嘈杂环境的混音室中进行细致的微调，务必使画面和声音达到最佳的融合效果。

怎样让演员更接近剧中的人物

周润发以黑道英雄“小马哥”的角色起家，到了《秋天的童话》，他已经能将重情的市井小人物自尊又自卑的内心刻画得入木三分，在《纵横四海》中他是玩世不恭的盗贼，在《卧虎藏龙》中则变身为在世俗与情爱中挣扎的道家侠客，在《孔子》中他又扮演了内心压抑的孔子。即使身为王者，他还可以在《安娜与国王》中做一个宽容、浪漫又儒雅的国王，也可以在《让子弹飞》中扮演一方恶霸。

当我们在欣赏演员酣畅淋漓的表演时，我们也会寻思，他们是如何做到的?

阅历揭开演技

稍加留意你就会发现，演技派演员大多不年轻，或者说他们的从影时间都不短。他们有表演经验的积累，但更重要的是生活阅历的增加，使他们更懂得发掘自我的潜力。

每个人的自我都可能呈现出多面的状态，我们在身处社会交际和在家中的状态不同，对待朋友和敌人的状态不同，地位和名望发生变化后的状态不同，甚至在不同情绪下也会有状态不同。每个人都有多面的性格，这也是让我们理解他人行为与心态的重要依据。年轻人经历的事情较少，当他们无法从自身的经验中找到与剧中人物相匹配的情感时，就难以把握这个人物，使出演的角色变成没有灵魂的躯壳。而阅历丰富的人，就能从生活体验中找到与剧中人物相匹配的一些细微情感，他们能将其有效放大，自然演得更为神似。

张曼玉刚出道时，就是一个缺乏内心体验的花瓶，她那些傻乎乎的貌似可爱的表演，在今天看来十分可笑。但随着阅历的增加，她越来越能把握人物的内心，她可以时而泼辣性感，时而温婉贤淑，举手投足间尽显女性之美，成为最负盛名的华人女星之一。

行动的力量

演员要想在镜头前变成剧中人物，就要通过一系列符合剧中人物的心理行动、形体行动和语言行动来表现，可以说行动是演员创造角色的最重要技巧。

电影和戏剧最大的区别，就是戏剧需要排演，而电影则靠演员的临时发挥。导演会在每一场戏的拍摄前给演员讲戏，演员则根据剧本和导演的要求，以及自己对人物和剧情的理解，在镜头前进行行动的表演。优秀的演员能在场记板拍下的瞬间迅速入戏，他会立即用自己在头脑中组织的一些行动来表演。而这些个性化鲜明的行动，也进一步提醒演员，他就是剧中的人物。行动引领着演员进一步入戏，让他从内心到行为都发生变化，接下来的表演更像是一种下意识的行为。利用下意识进行表演所塑造出的人物，比一般排演出来的人物更鲜活，更有生命力。

角色像不像，首先看导演选角。
啊～我的太阳～

演员在演戏前需要研究剧本。
剧本

演员要从经验中寻找与角色匹配的情感。

化装让演员更自信。
将军

导演会在拍摄前给演员讲戏。
你会死得很壮烈。

挡我者死！
表演中演员已经变成了角色。

“装”出来的角色

为演员化装是塑造角色非常重要的环节，外部条件的改变，能让演员的形象最大限度地接近剧中人物。优秀的化装师，能对演员的形象掌控自如，简单的是服饰、发型、妆容的变化，复杂的则可能对肌肉纹理、五官细节等进行改造，不仅能将演员化装成不同的人物，更能做到几十年的年龄跨度。

形象的改变，是直接刺激演员心理变化的重要因素。有了形象的基础，演员就能对所演角色更为自信，能诱发出相应的精神气质来。不过化装师对演员的化装，并非用一个模子去印，而是要考虑演员的自身条件。

化装师在设计化装前，先要了解一个演员的表演特点、言行习惯以及面部肌肉的特征。并考虑演员自身的条件中，哪些与角色的外部形象相近或相符，哪些对角色的形象有害，哪些是角色需要而演员欠缺的。去掉有害的部分，保留相近相符的部分，添加欠缺的部分，这样的化装就能贴切、自然，将演员最大限度地化装成角色了。

电影的主要人物为何比电视剧的少

无论电影还是电视，最核心的人物可能就是1~6个，如果要加上对剧情有推波助澜作用的配角，电视剧的主要人物就可能会大大增加，而电影则仍然保持在较低的数量上。一个讲述足球比赛的故事，可能涉及的人物最少有24个，双方球员加双方教练。如果拍成电影，可以采用双方主力加其副手再加双方教练最少共6人的阵容；而电视剧则可能涉及一半以上的人物。

这种人物数量的设置，使我们有时觉得电影非常精练，电视过于拉杂；但有时又会感觉电影无法表现更丰富的内容，而电视则能完成更完美的刻画。这种差别感，源自影视不同的特性。

制作成本

电影可以拥有比电视剧更多的运作资金，所以电影常常能制作非常宏大的场面，动辄请成百上千甚至过万的群众演员。拥有这样雄厚的资金，为何剧中的主要人物却不多呢?

其实电影的制作比电视剧更耗费成本。从工具上讲，电影拍摄所使用的机器并非普通人可以买得起的，而电视剧所用的器材便宜很多，这就使一些小成本电影在拍摄时，不得不去租借拍摄器材。电影拍摄还需要耗费大量的胶片，而电视剧的磁带则可以反复使用。胶片的成本较高，现在的数字拍摄器材还较难达到胶片的水准，虽然可以使电视的质量获得改善，但对于需要在大银幕上放映的电影来说，却还不足以替换。如果还要加上特技，其开支就更大了。电影拍摄的时间通常很长，从半年到几年不等。其间剧组的开销用度，全部要从成本中开支，另外演员的开支也是不小的数目，如果请了大牌演员，还要支付高额的片酬。

为了让资金得到有效利用，资金较少的电影就只能减少主要演员人数。而电视剧原本资金就少，所以他们更倾向于有效利用所请到的每一个演员。电影还存在长时间的拍摄容易导致人员变数大的问题，所以电影不得不减少主要人物的数量。像王家卫这种一拍就是两三年的导演，势必要将演员的人数减到最低，而电视剧则没有这样的困扰。

播放时间

电影的时间局限，也是导致主要人物较少的原因。电影播放的时间通常在一小时到三小时之间，要在这样短的时间中完整地展现一个人物本来就不容易了，如果再要多增加人物，那只能是可以帮助展现这个主要人物的角色。这样的辅助人物数量，用一两个就足够了。

如果要同步展现多个人物，电影就实在有些捉襟见肘了。所以一个群体的戏，电影只会从中选择几个主要人物来进行展现，其他人只能作为陪衬，都可以归入跑龙套的了。像《20、30、40》这样平均展现三个人物的电影也有，但这样的电影对人物的刻画能力就弱了很多，三个人物也是这种方式的极限。

电视剧则不同，它少则三集，多则几十、上百集，有足够长的时间来一一展开剧情。一集没有交代清楚的人物，可以留待下一集交代。出场的每一个人物，都可以有足够多的表现机会，甚至可以随着剧情的变化，不断补充全新的人物。特别是美剧这种按周拍摄的电视剧，完全不受拍摄时间的局限，人员如果发生变动，立刻可以让编剧修改剧本，对剧中人物进行增删。随着剧情的推进，在剧中出现过的较为重要的人物就会越来越多。《疯狂主妇》就是很好的例子，除了四个女主角雷打不“换”之外，其他的配角都有可能消失，而几乎每一季都会有全新的人物出场。

观众接受度

观众对片中人物的接受程度，也是电影电视剧对人物数量取舍的关键。电影播放的时间毕竟过短，要想让观众在短短的时间内记住片中人物，是一件很难的事。很多电影在播放完之后，观众甚至不记得片中主角的名字，只会用男主角、女主角、教练、父亲、姐姐等代表身份的词来代替。所以，要让电影人物在观众的头脑中留下深刻的印象，就必须减少人物的数量，以给观众足够的时间和精力来认识和理解主角。

电视剧则不用急着让观众对它所要介绍的所有人物都印象深刻，它有足够多的时间来培养观众和剧中人物的感情。观众可以持续性地品味剧中人物，当感觉腻味了，就换一个人物来品味。对于集数多的电视剧，反而需要更多的人物来充实剧情，时时给观众以新鲜感。

Tom Hanks
Forrest Gump
主要人物少的片子更容易出彩。

电影人物多少跟钱有关。

租借器材是不小的开支。

一部电影要养一大票人。
演员
道具
编剧
化装

一个明星片酬1000万？？减人！
减人！
制片人

追求完美的导演更需要减员。
明天我们罢演回家！
都拍两年了！

《跟乐嘉学性格色彩》

作者：乐嘉

这本工具书简便、实用、易学、能触动人心最底部。让你可以搞定一切你想搞定的人。文雅点解释就是，与谁都能友好相处并且可以达成你的目标。

《美学其实很好玩》

作者：陈韵鹦

扔掉深奥，只留实用的好玩美学书！

生活就是一堂大大的美学课，无时无刻不在考验你的美感力。本书汇集大量实用和有趣的美学小知识，让你迅速变身生活中的美学达人。

《每天用一点办公室超实用心理学》

作者：（日）内藤谊人

日本职场心理大师超级心理课！

老板和同事都不会告诉你的：瞬间洞悉人心的5大读心术；扫除不良印象的15个绝招；化敌为友、结交死党的20个诀窍；牢牢霸占主动权的30大说服技巧……

《每天用一点神奇催眠术》

作者：廖阅鹏

催眠大师独家锦囊全兜底！

华人顶级催眠师领进门，10分钟学会为人催眠与自我催眠：4大催眠心法，32个催眠技巧，88个催眠运用实例……学催眠，看这本就够了。